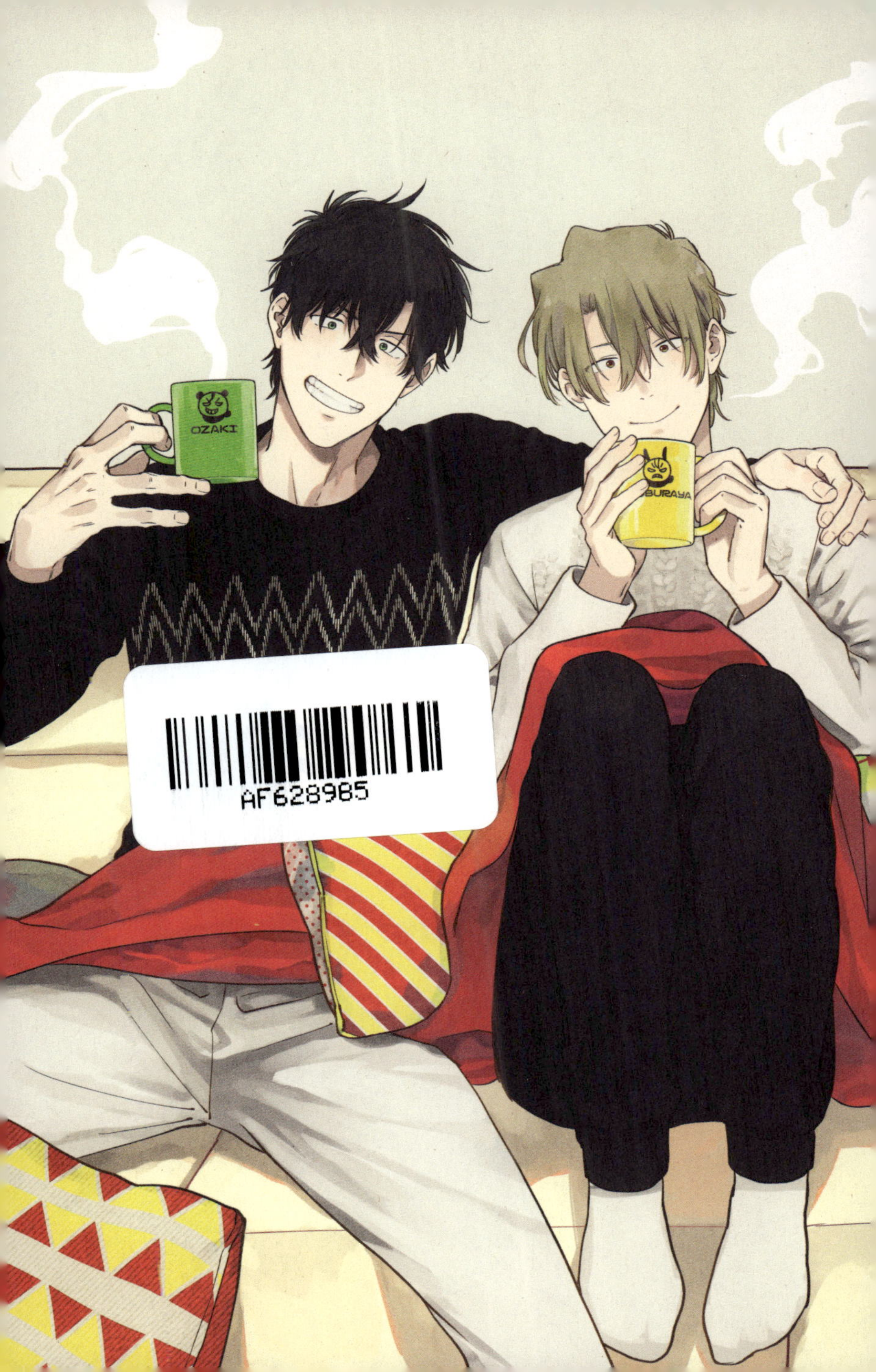
OZAKI

Profil

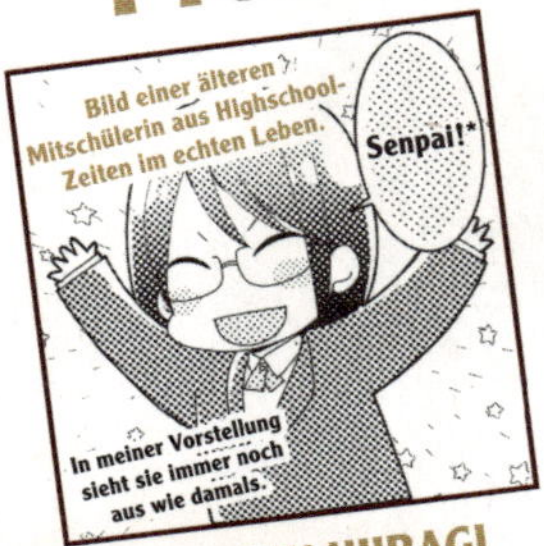

NOZOMU HIIRAGI

■ Geburtstag ■
20.10.

■ Blutgruppe ■
B

■ Wohnort ■
Yamaguchi
Präfektur

■ Ich mag ■
In letzter Zeit
Filmfestivals

■ Ich mag nicht ■
Gerade nichts Spezielles

■ Befinden ■
Ich möchte mich öfter mit
anderen Menschen treffen

*Anrede für ältere Mitschüler*innen

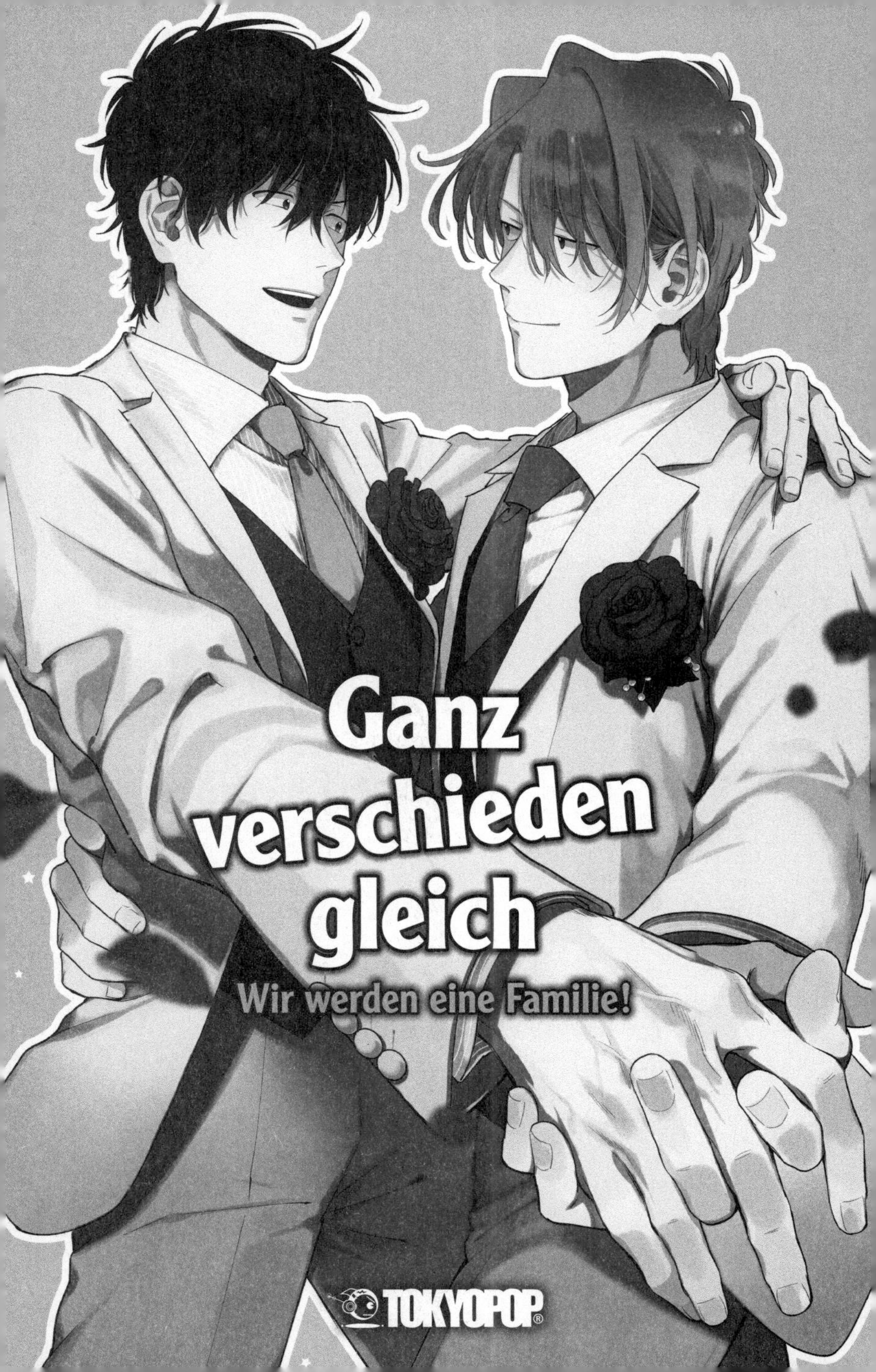
Ganz verschieden gleich
Wir werden eine Familie!
TOKYOPOP

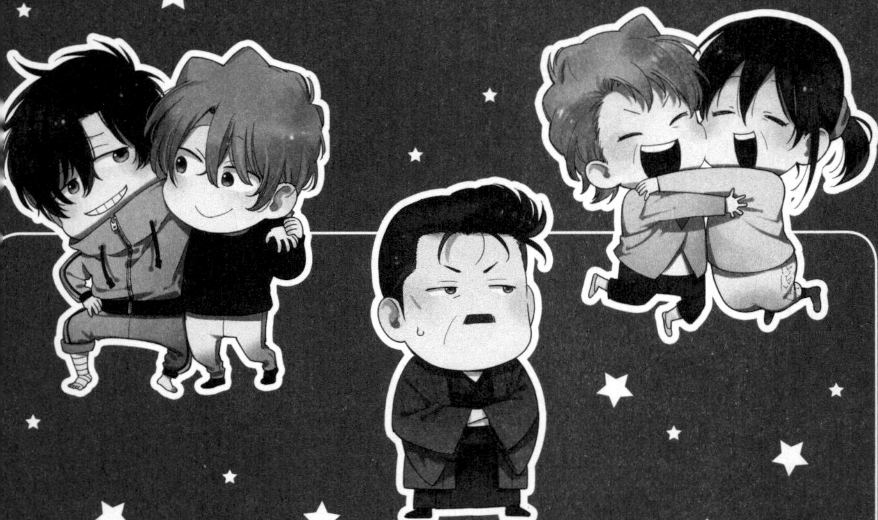

Inhalt

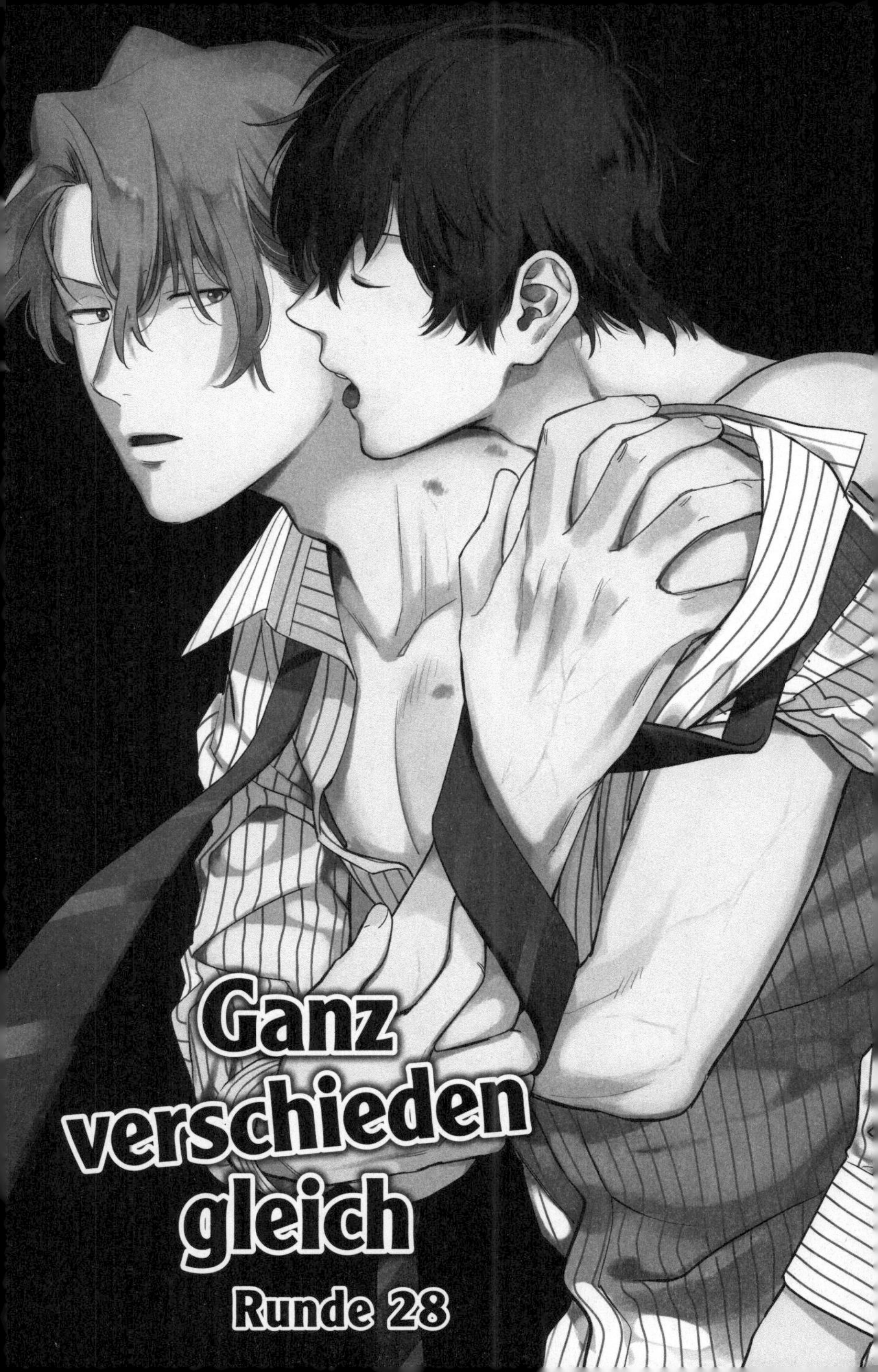
Ganz verschieden gleich
Runde 28

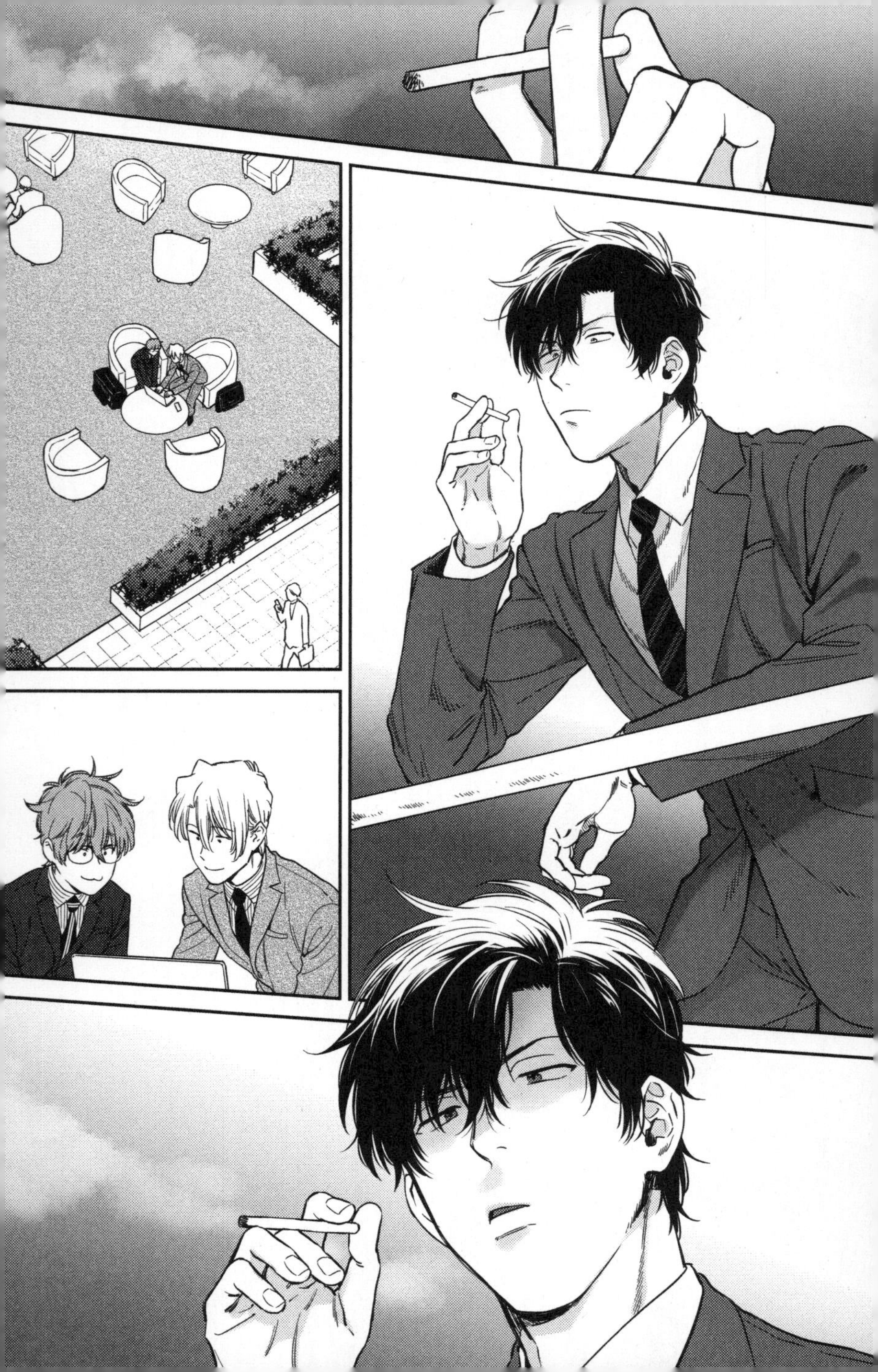

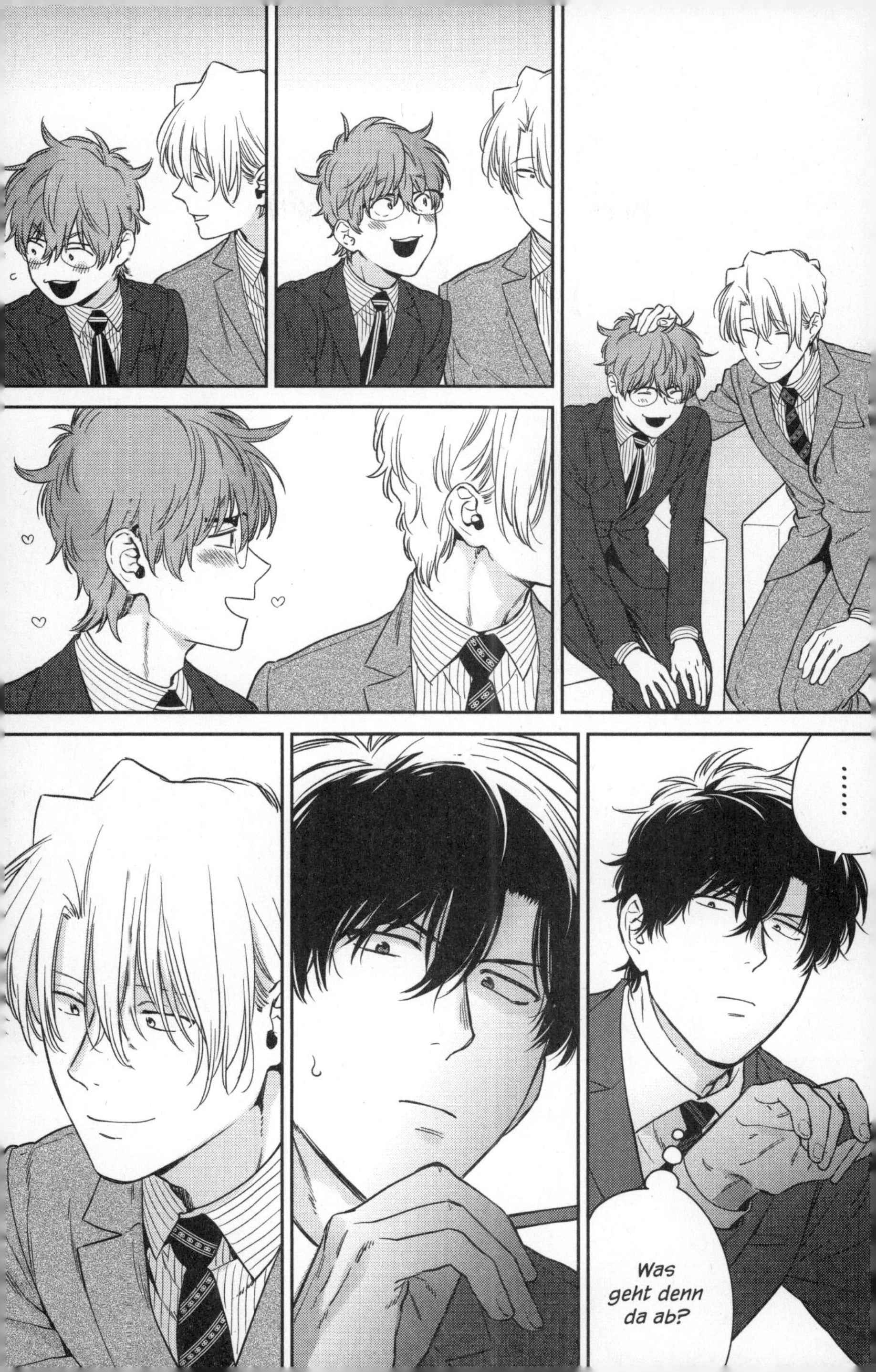
……
Was geht denn da ab?

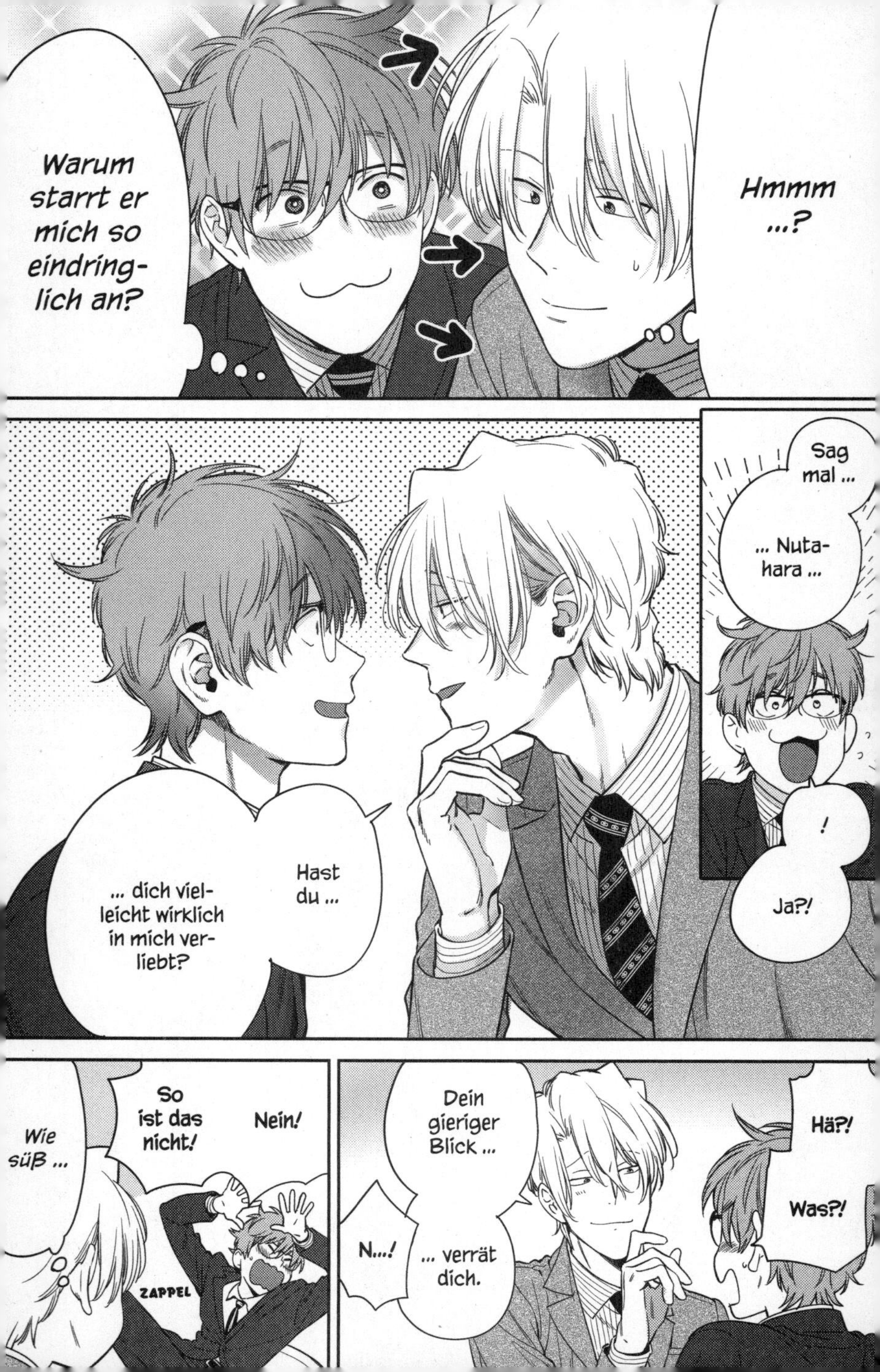
Hmmm ...?
Warum starrt er mich so eindringlich an?
Sag mal ...
... Nutahara ...
!
Ja?!
Hast du ...
... dich vielleicht wirklich in mich verliebt?
Hä?!
Was?!
Dein gieriger Blick ...
... verrät dich.
N...!
Nein!
So ist das nicht!
ZAPPEL
Wie süß ...

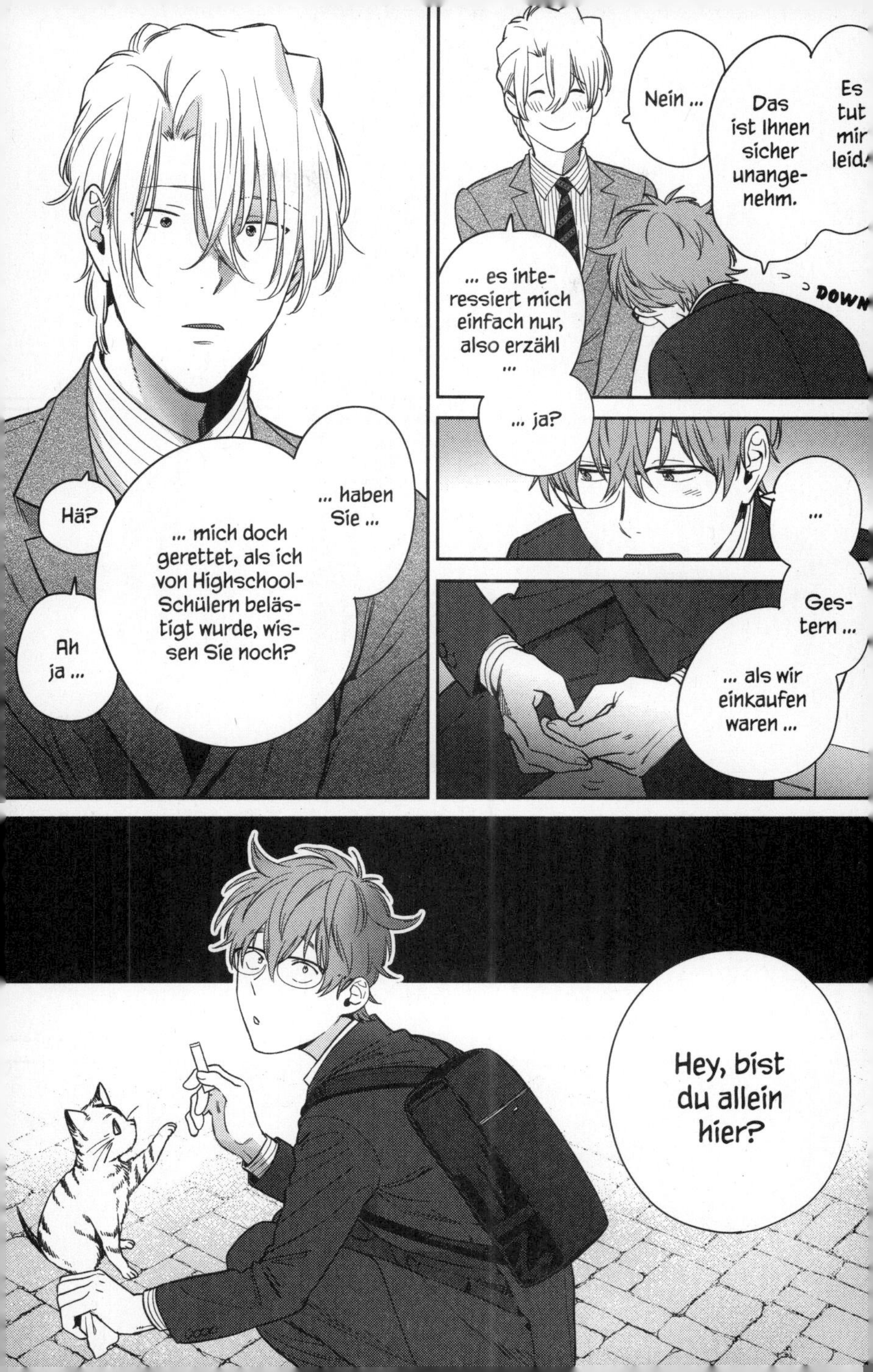
Es tut mir leid!
Das ist Ihnen sicher unangenehm.
DOWN
Nein ...
... es interessiert mich einfach nur, also erzähl ...
... ja?
...
Gestern ...
... als wir einkaufen waren ...
... haben Sie ...
... mich doch gerettet, als ich von Highschool-Schülern belästigt wurde, wissen Sie noch?
Hä?
Ah ja ...
Hey, bist du allein hier?

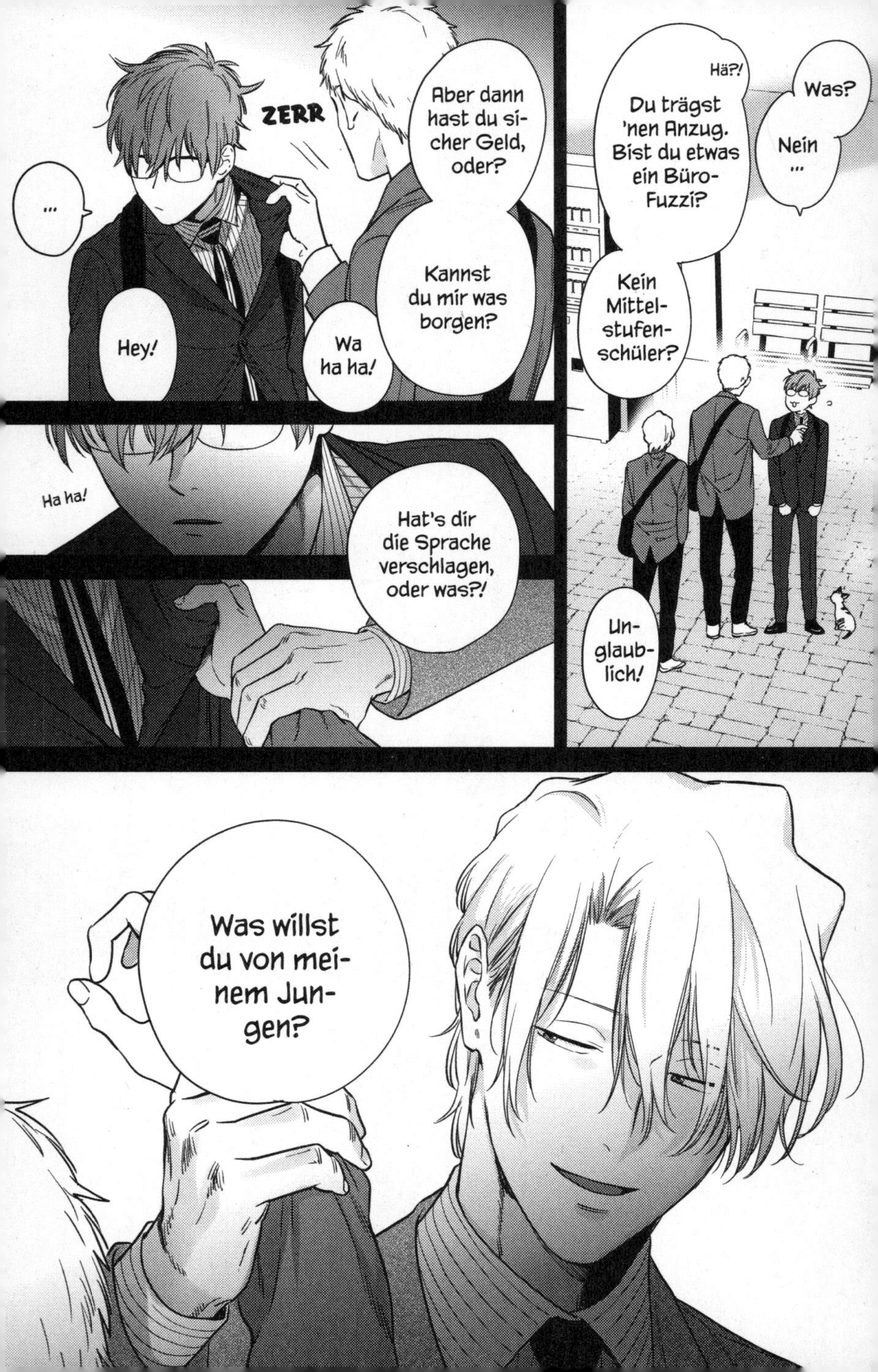
Hä?!
Du trägst 'nen Anzug. Bist du etwas ein Büro-Fuzzi?
Was?
Nein ...
Kein Mittelstufenschüler?
Unglaublich!
Aber dann hast du sicher Geld, oder?
ZERR
Kannst du mir was borgen?
...
Wa ha ha!
Hey!
Ha ha!
Hat's dir die Sprache verschlagen, oder was?!
Was willst du von meinem Jungen?

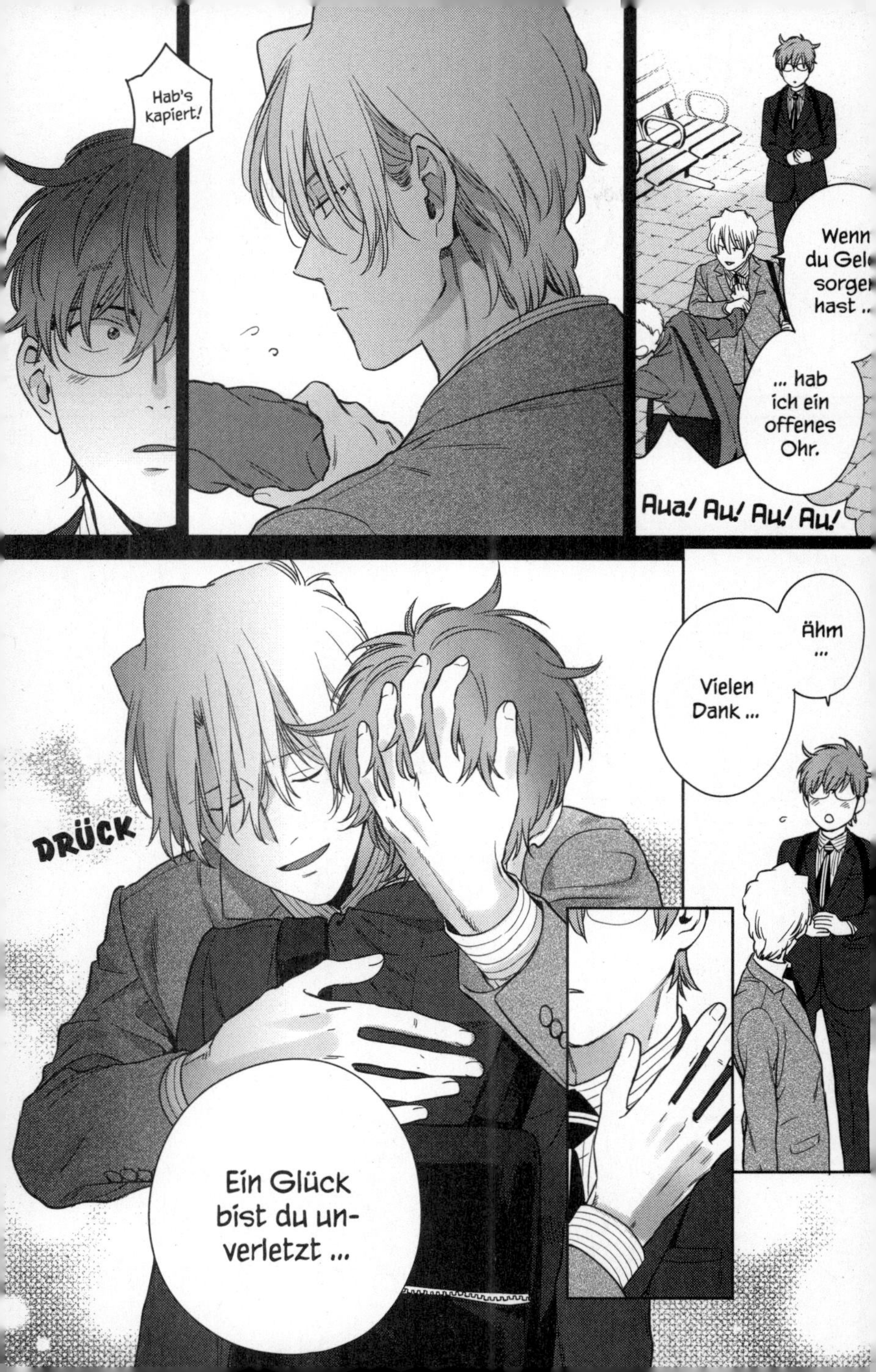

Wenn du Gel sorge hast ...
... hab ich ein offenes Ohr.
Aua! Au! Au! Au!
Hab's kapiert!
Ähm ... Vielen Dank ...
DRÜCK
Ein Glück bist du unverletzt ...

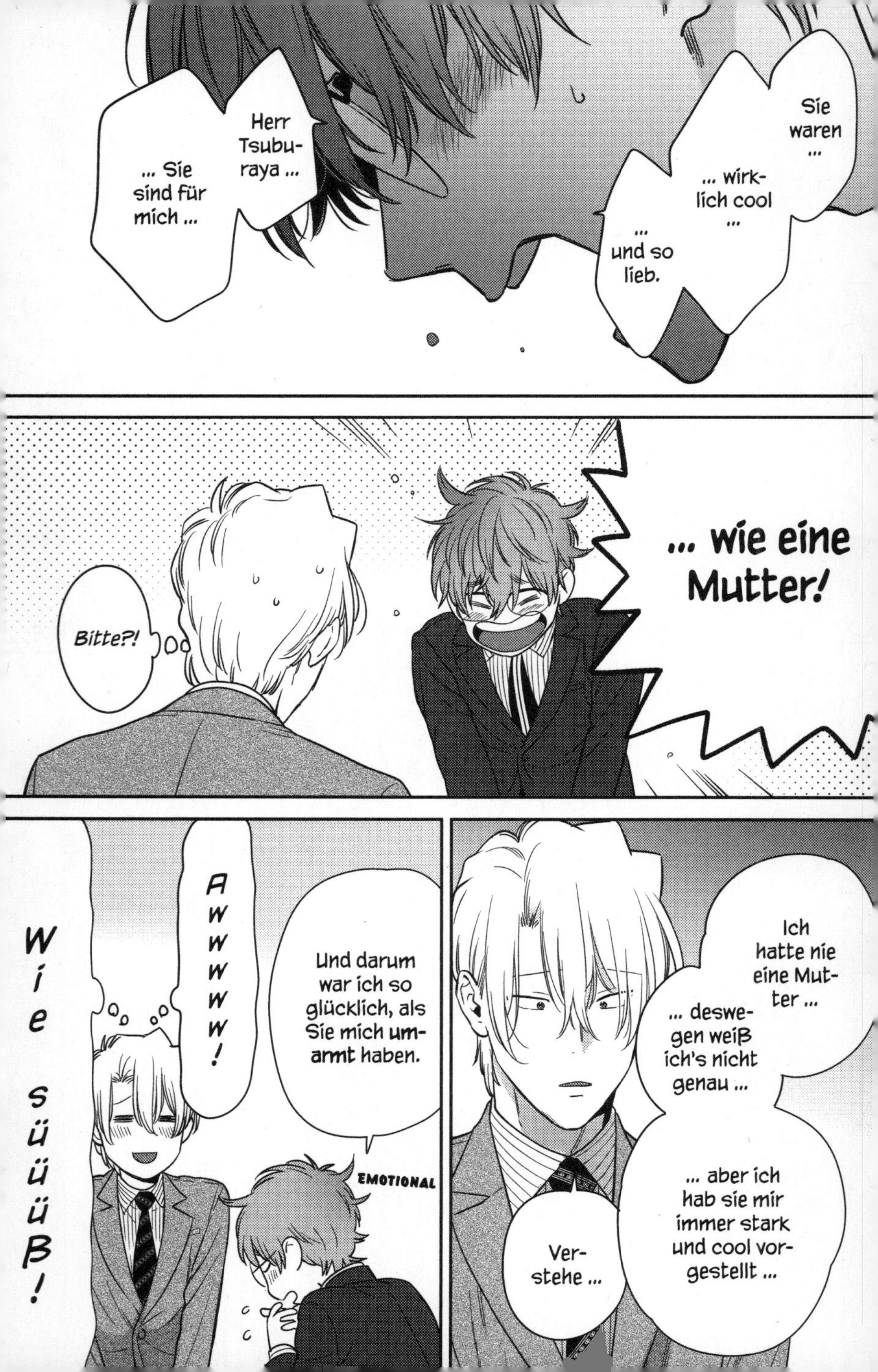

Sie waren ...
... wirklich cool ...
... und so lieb.
Herr Tsuburaya ...
... Sie sind für mich ...
... wie eine Mutter!
Bitte?!
Ich hatte nie eine Mutter ...
... deswegen weiß ich's nicht genau ...
... aber ich hab sie mir immer stark und cool vorgestellt ...
Verstehe ...
Und darum war ich so glücklich, als Sie mich umarmt haben.
EMOTIONAL
AWWWWWW!
Wie süüüß!

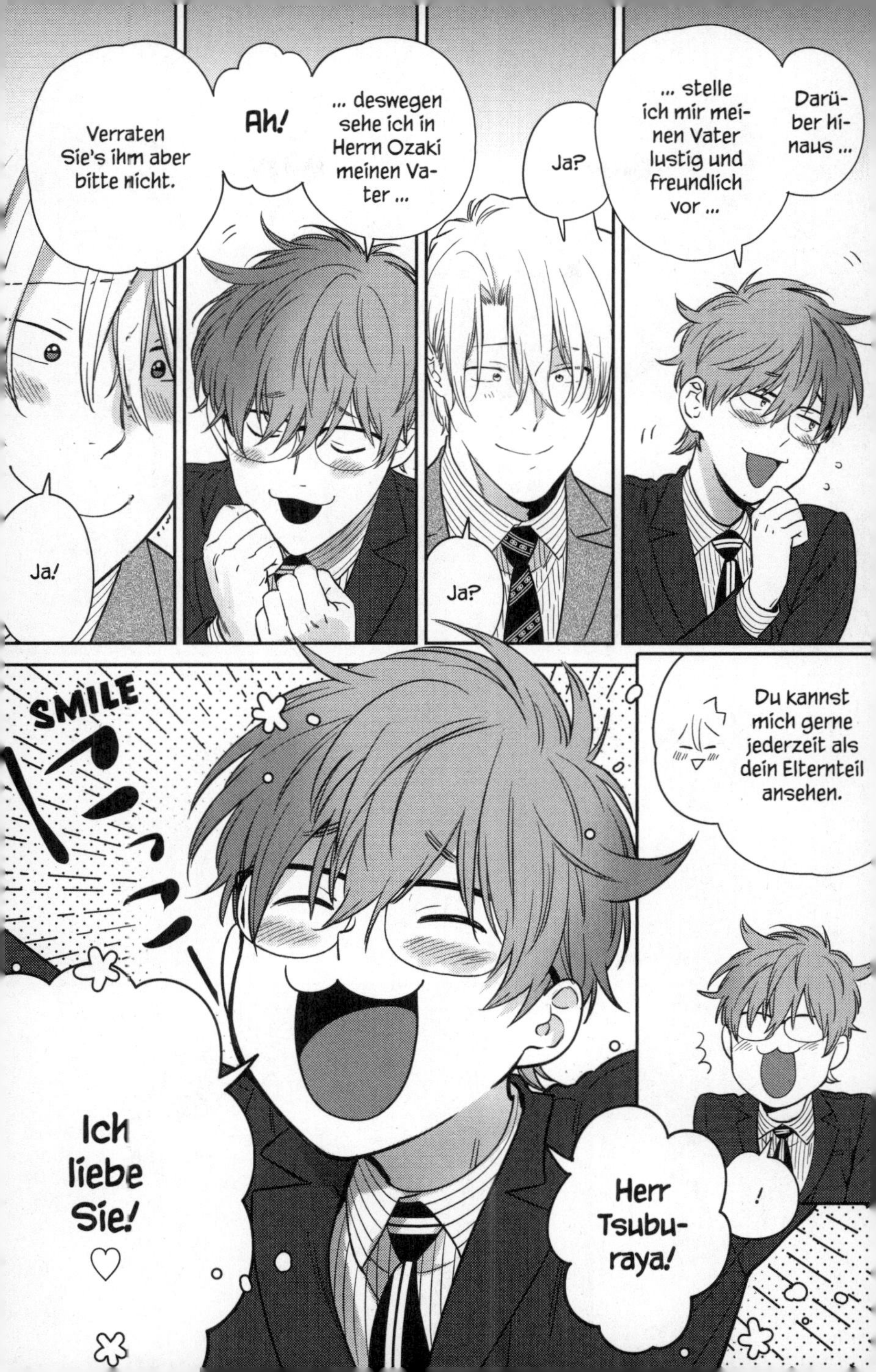
Darüber hinaus ...
... stelle ich mir meinen Vater lustig und freundlich vor ...
Ja?
Ja?
... deswegen sehe ich in Herrn Ozaki meinen Vater ...
Ah!
Verraten Sie's ihm aber bitte nicht.
Ja!
Du kannst mich gerne jederzeit als dein Elternteil ansehen.
!
Herr Tsuburaya!
SMILE
Ich liebe Sie! ♡

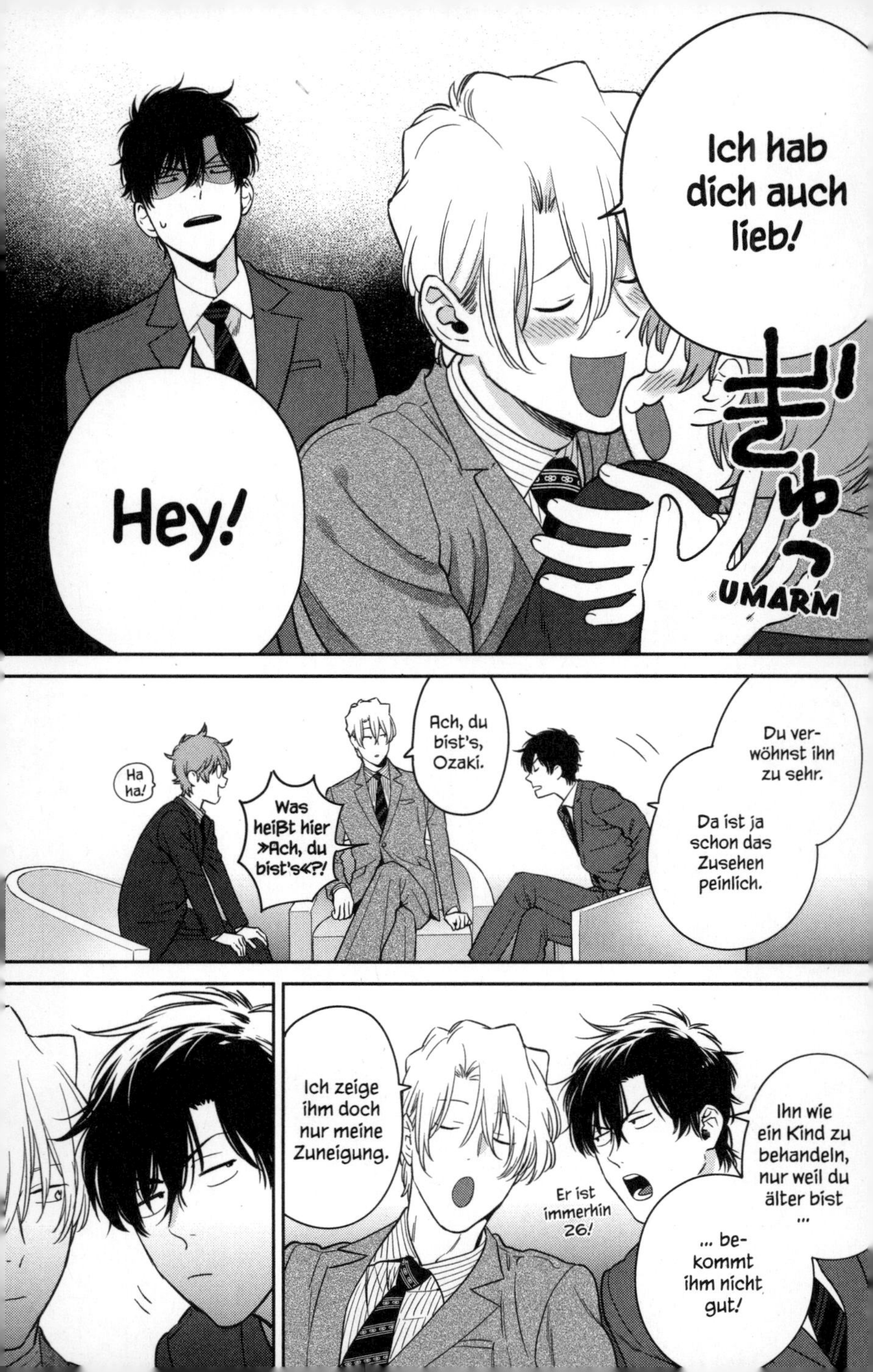
Ich hab dich auch lieb!
ぎゅっ
UMARM
Hey!
Du verwöhnst ihn zu sehr.
Da ist ja schon das Zusehen peinlich.
Ach, du bist's, Ozaki.
Was heißt hier »Ach, du bist's«?!
Ha ha!
Ihn wie ein Kind zu behandeln, nur weil du älter bist ...
... bekommt ihm nicht gut!
Er ist immerhin 26!
Ich zeige ihm doch nur meine Zuneigung.

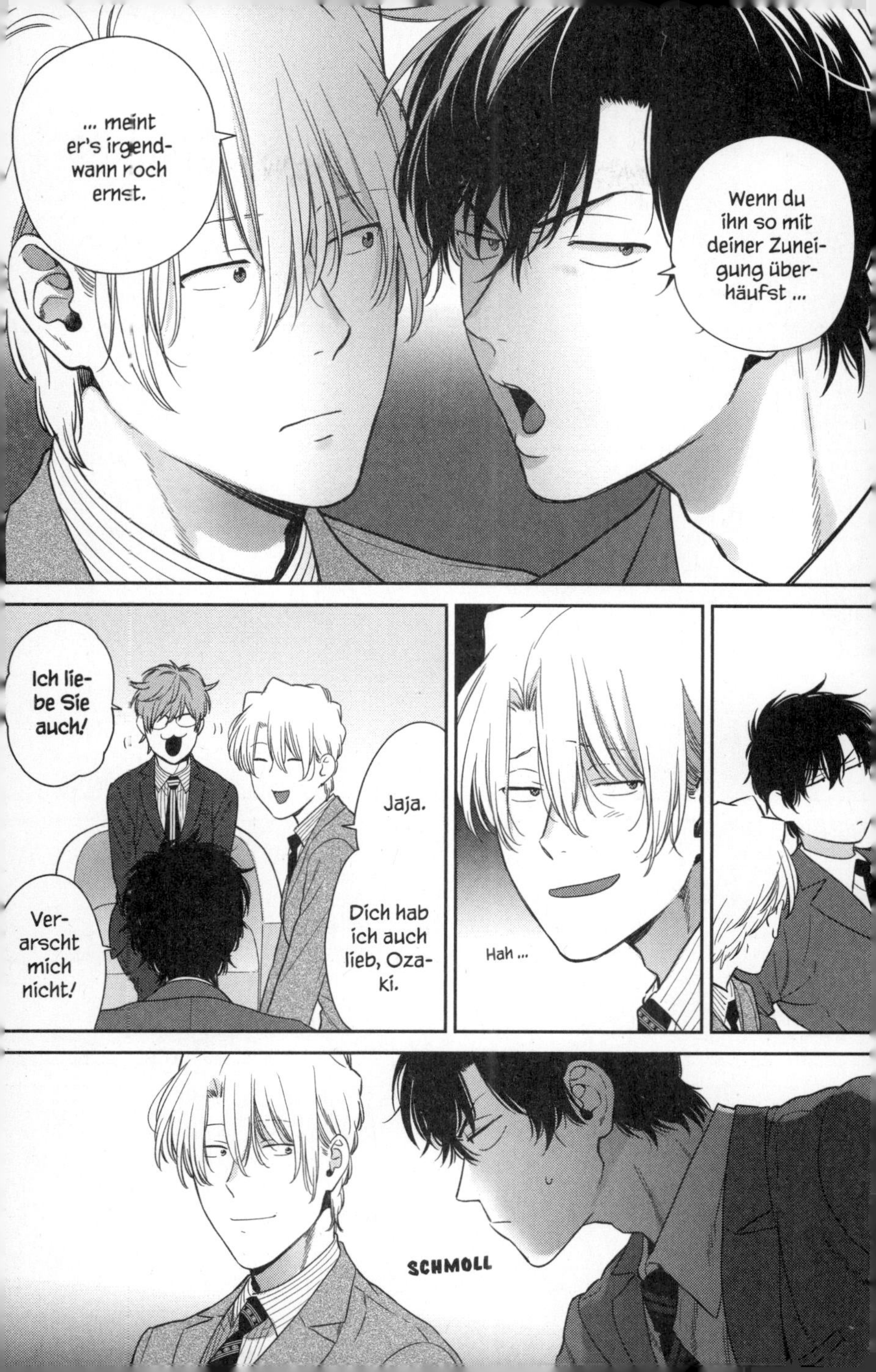
Wenn du ihn so mit deiner Zuneigung überhäufst ...
... meint er's irgendwann noch ernst.
Ich liebe Sie auch!
Jaja.
Dich hab ich auch lieb, Ozaki.
Verarscht mich nicht!
Hah ...
SCHMOLL

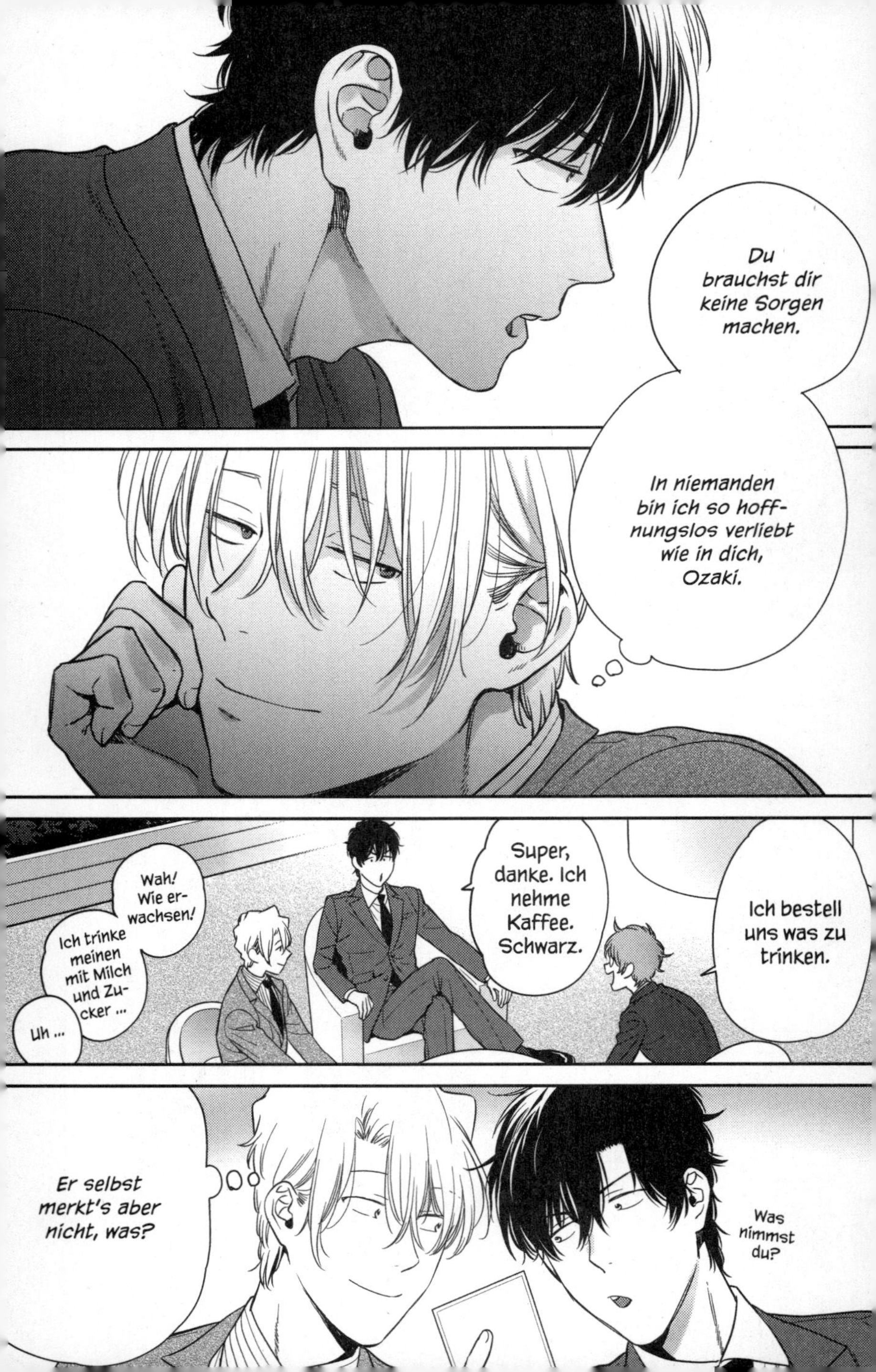
Du brauchst dir keine Sorgen machen.
In niemanden bin ich so hoff-nungslos verliebt wie in dich, Ozaki.
Ich bestell uns was zu trinken.
Super, danke. Ich nehme Kaffee. Schwarz.
Wah! Wie er-wachsen!
Ich trinke meinen mit Milch und Zu-cker ...
Uh ...
Was nimmst du?
Er selbst merkt's aber nicht, was?

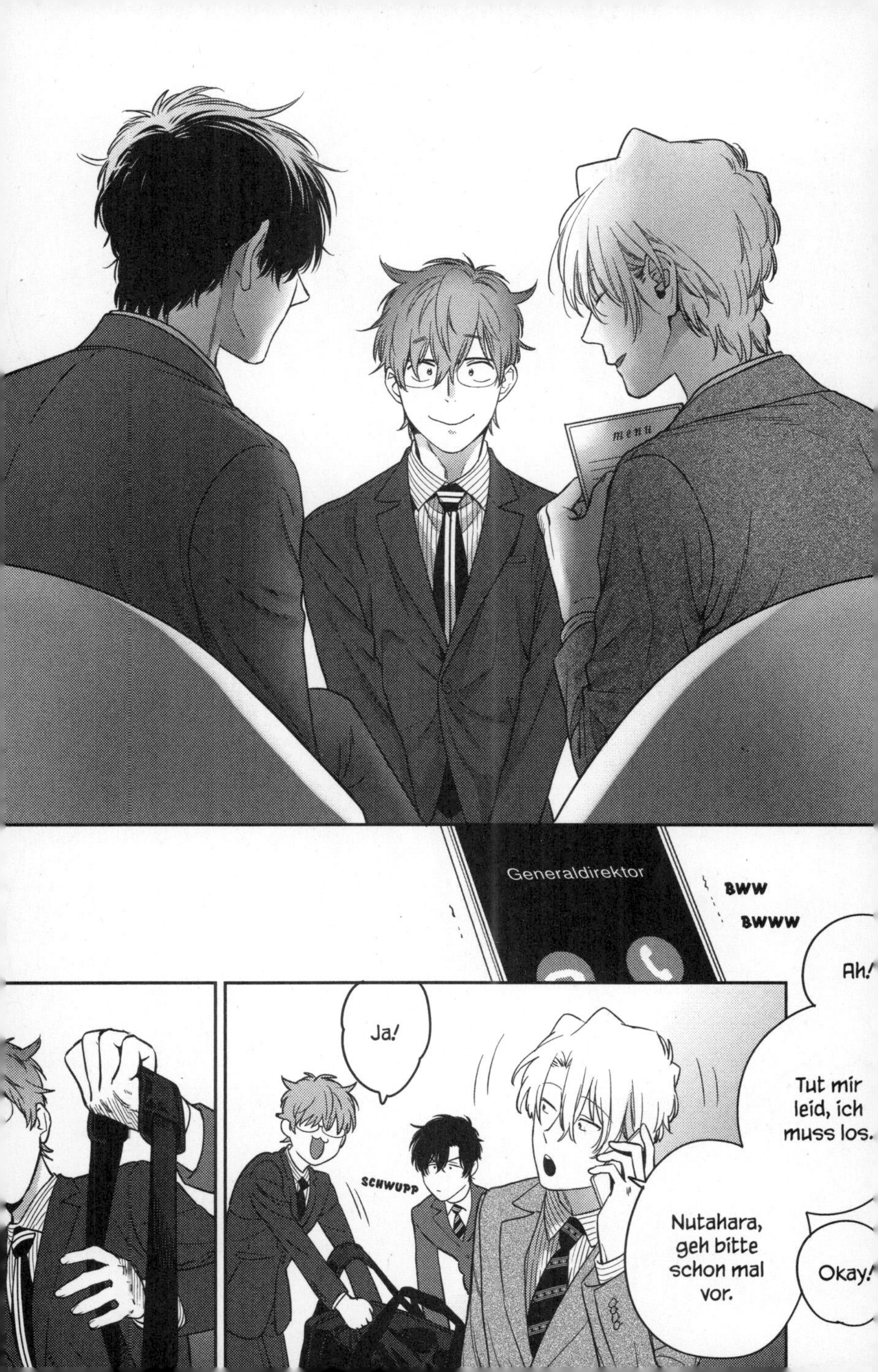
menu
Generaldirektor
BWW
BWWW
Ah!
Tut mir leid, ich muss los.
Nutahara, geh bitte schon mal vor.
Okay!
Ja!
SCHWUPP

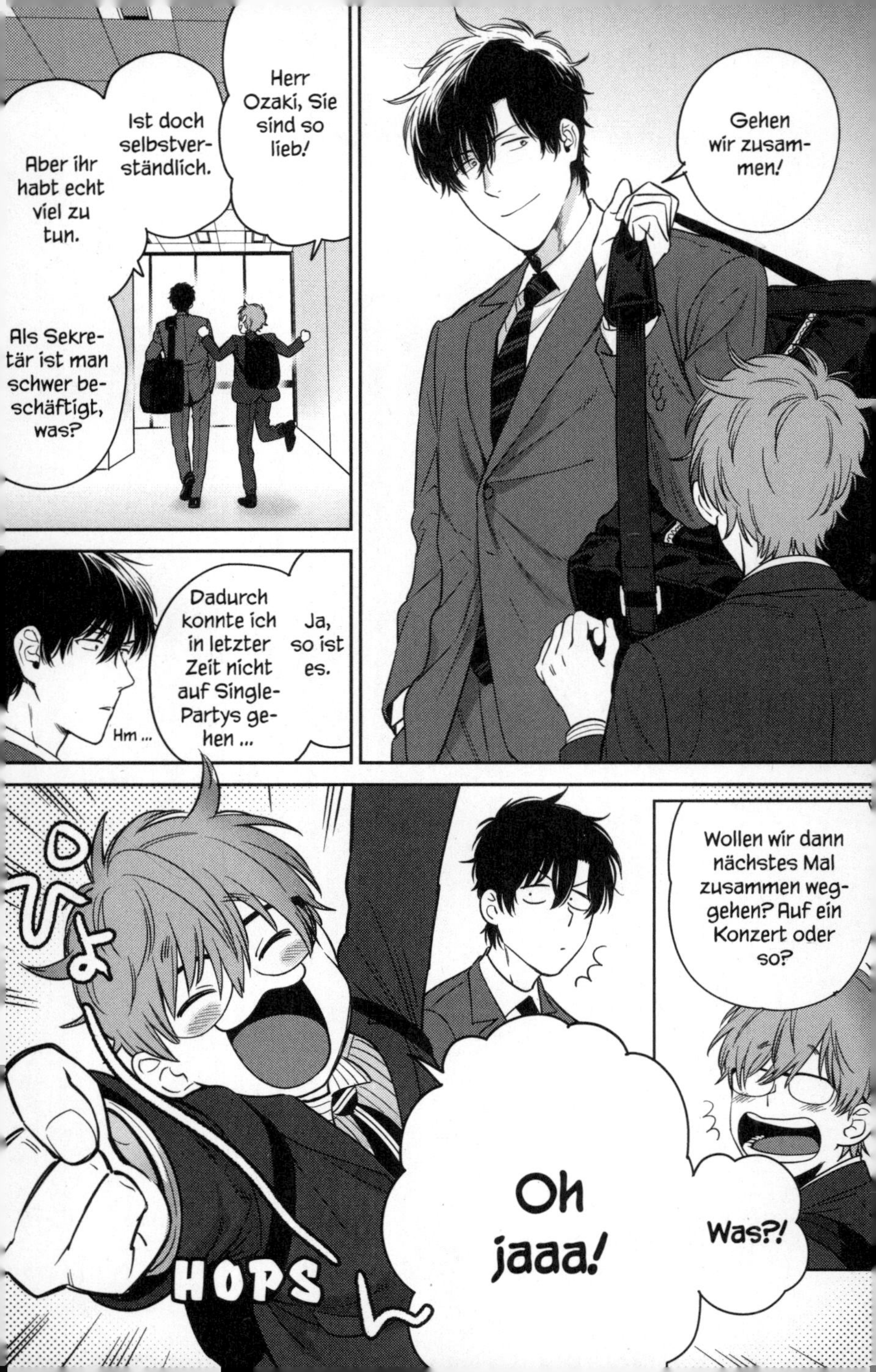
Gehen wir zusammen!
Herr Ozaki, Sie sind so lieb!
Ist doch selbstverständlich.
Aber ihr habt echt viel zu tun.
Als Sekretär ist man schwer beschäftigt, was?
Ja, so ist es.
Dadurch konnte ich in letzter Zeit nicht auf Single-Partys gehen ...
Hm ...
Wollen wir dann nächstes Mal zusammen weggehen? Auf ein Konzert oder so?
Was?!
Oh jaaa!
HOPS

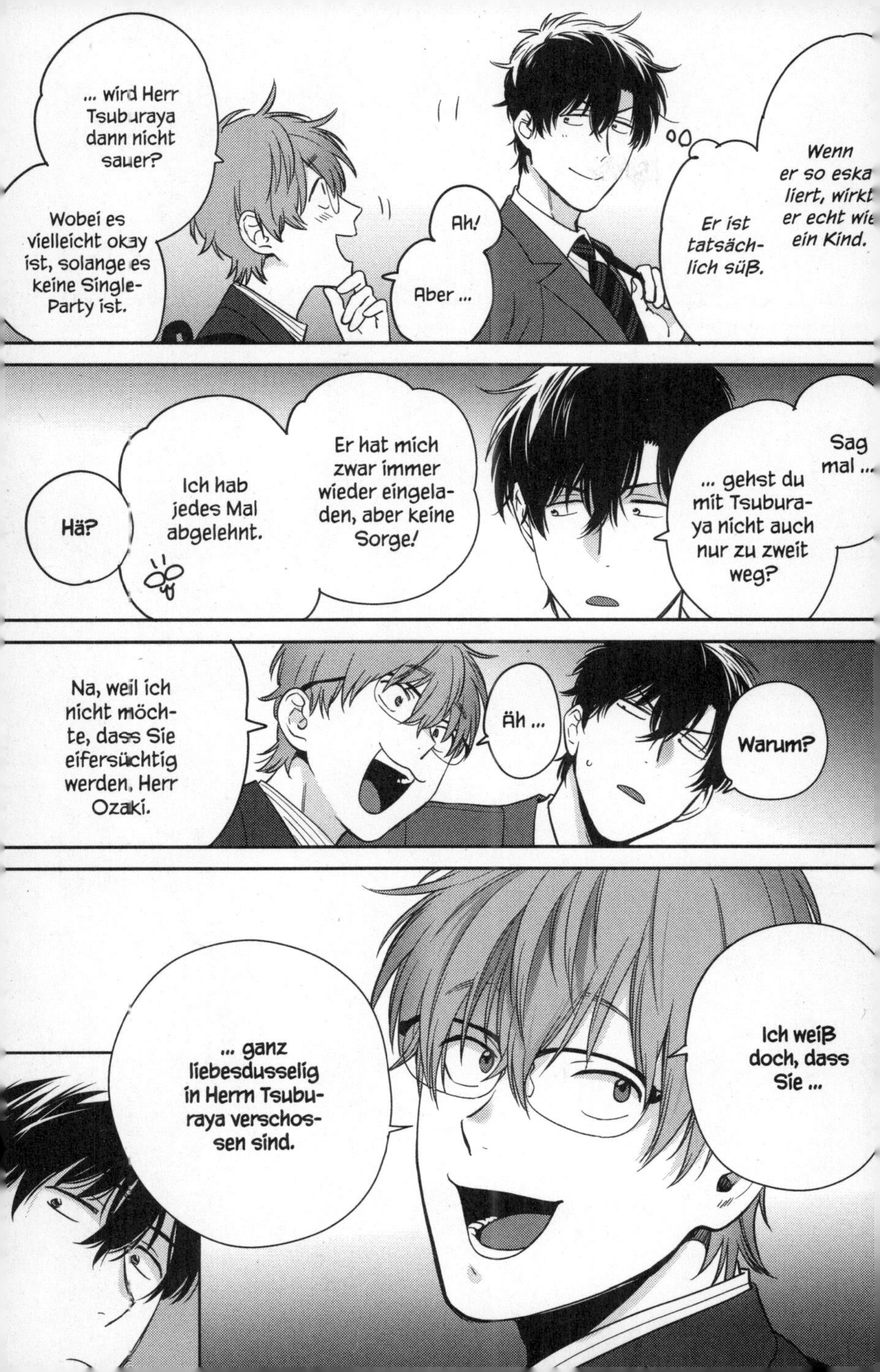

Wenn er so eskaliert, wirkt er echt wie ein Kind.
Er ist tatsächlich süß.
Ah!
Aber ...
... wird Herr Tsuburaya dann nicht sauer?
Wobei es vielleicht okay ist, solange es keine Single-Party ist.
Sag mal ...
... gehst du mit Tsuburaya nicht auch nur zu zweit weg?
Er hat mich zwar immer wieder eingeladen, aber keine Sorge!
Ich hab jedes Mal abgelehnt.
Hä?
Warum?
Äh ...
Na, weil ich nicht möchte, dass Sie eifersüchtig werden, Herr Ozaki.
Ich weiß doch, dass Sie ...
... ganz liebesdusselig in Herrn Tsuburaya verschossen sind.

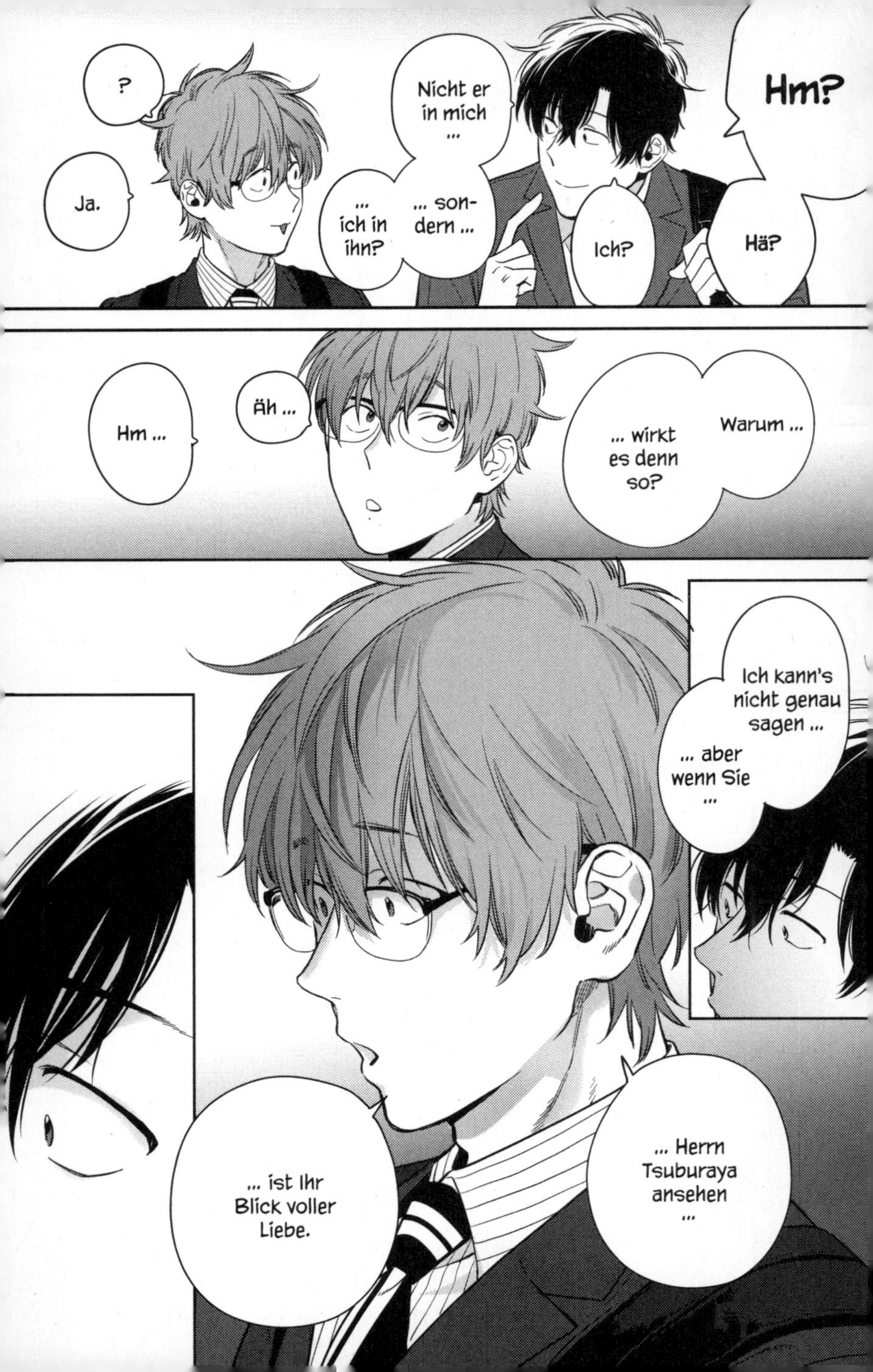
Hm?
Hä?
Ich?
Nicht er in mich ...
... sondern ...
... ich in ihn?
?
Ja.
Warum ...
... wirkt es denn so?
Äh ...
Hm ...
Ich kann's nicht genau sagen ...
... aber wenn Sie ...
... Herrn Tsuburaya ansehen ...
... ist Ihr Blick voller Liebe.

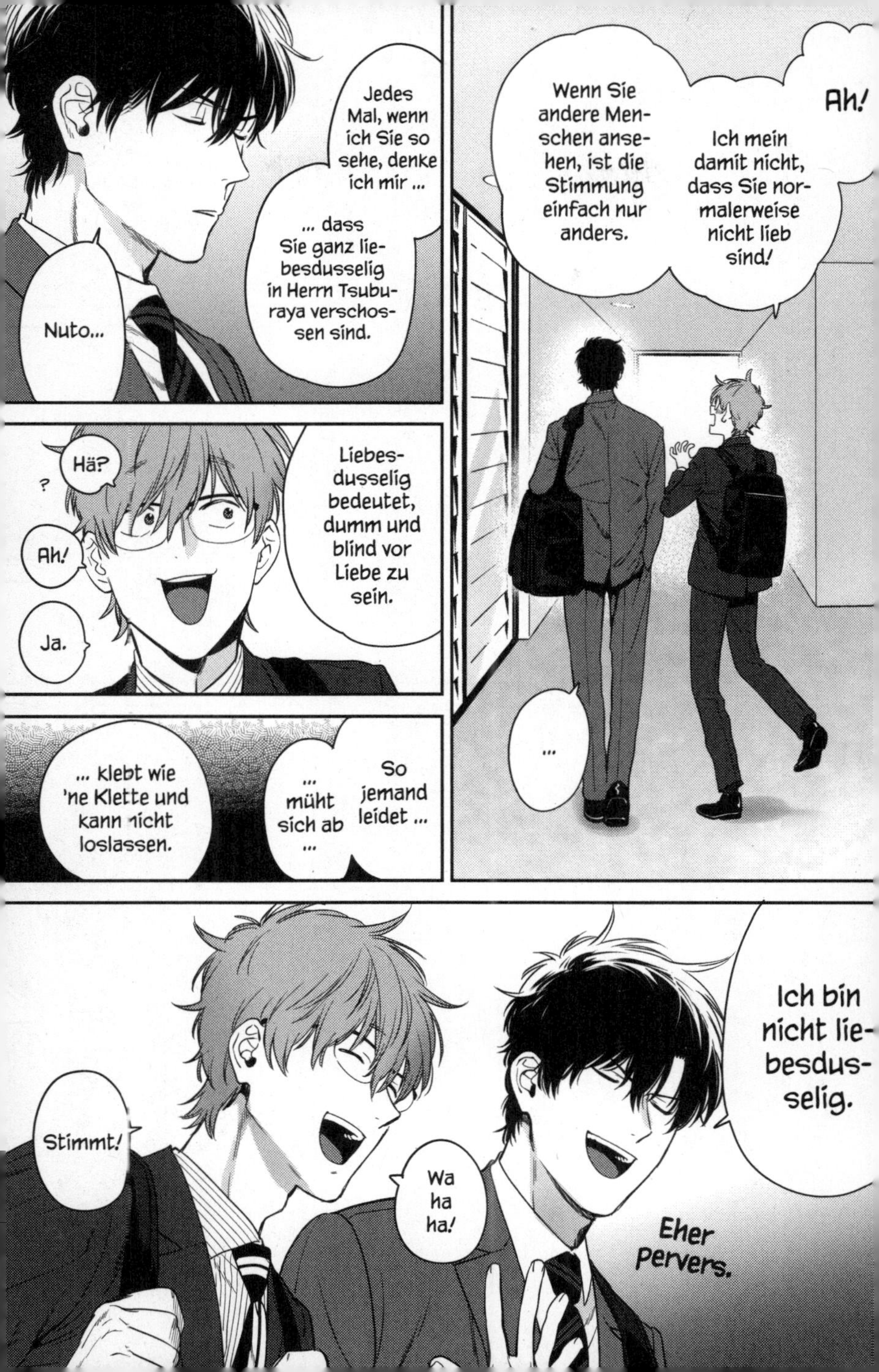

Wenn Sie andere Menschen ansehen, ist die Stimmung einfach nur anders.
Ah!
Ich mein damit nicht, dass Sie normalerweise nicht lieb sind!
...
Jedes Mal, wenn ich Sie so sehe, denke ich mir ...
... dass Sie ganz liebesdusselig in Herrn Tsuburaya verschossen sind.
Nuto...
Liebesdusselig bedeutet, dumm und blind vor Liebe zu sein.
Hä?
?
Ah!
Ja.
So jemand leidet ...
... müht sich ab ...
... klebt wie 'ne Klette und kann nicht loslassen.
Ich bin nicht liebesdusselig.
Eher pervers.
Wa ha ha!
Stimmt!

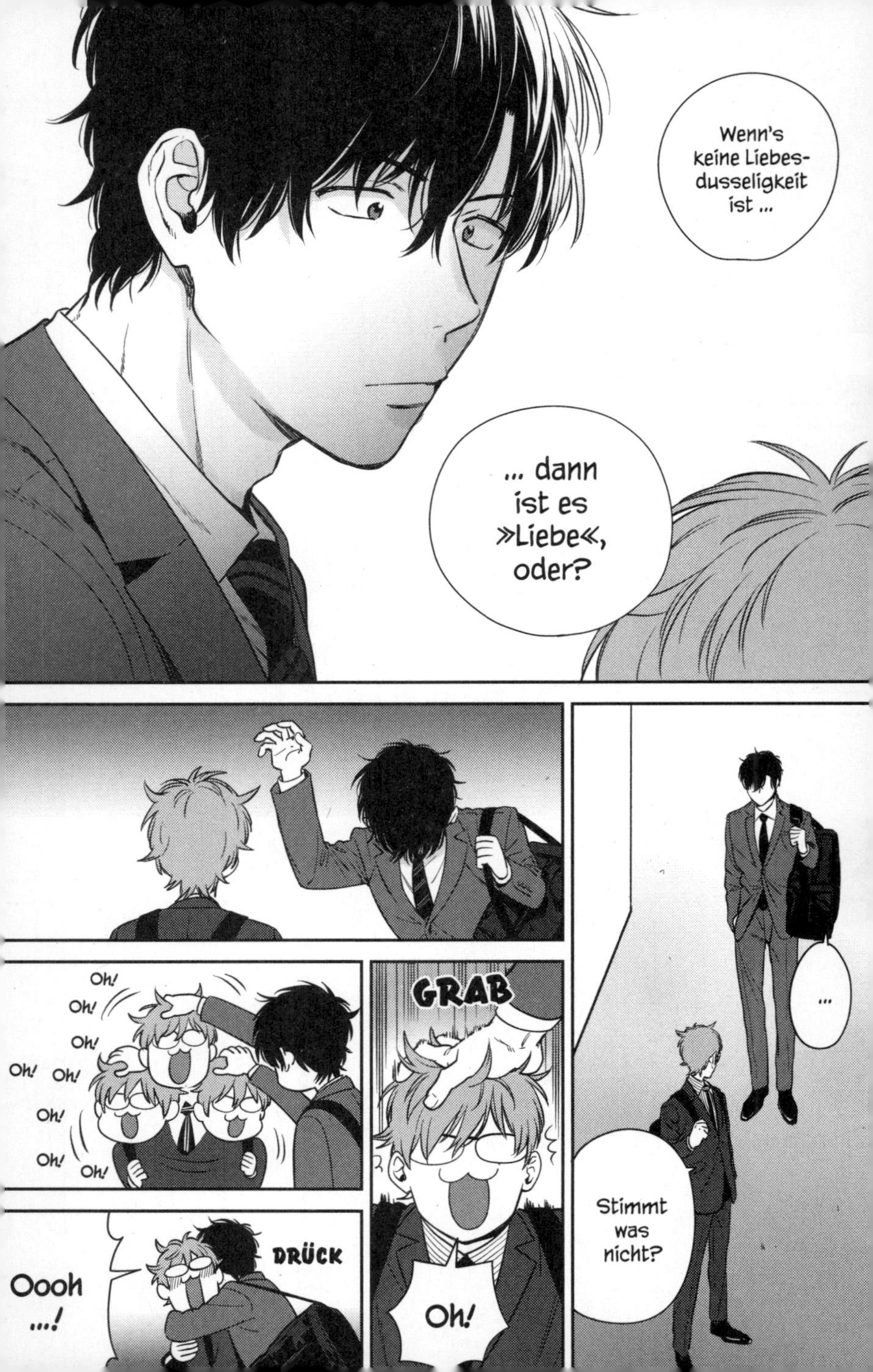
Wenn's keine Liebes-dusseligkeit ist ...
... dann ist es »Liebe«, oder?
...
Stimmt was nicht?
GRAB
Oh!
Oh! Oh! Oh! Oh! Oh! Oh! Oh! Oh!
DRÜCK
Oooh ...!

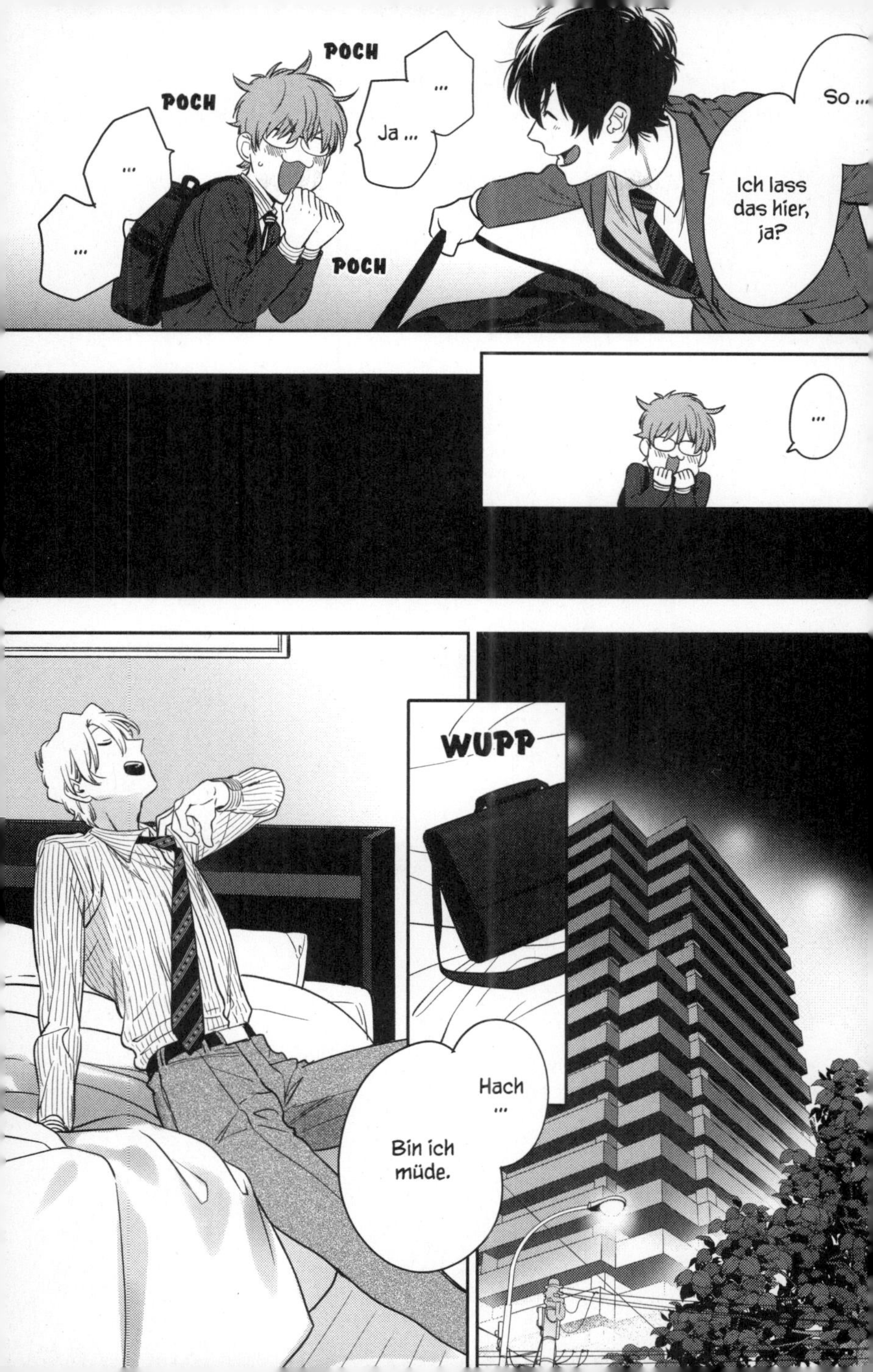
So ...
Ich lass das hier, ja?
...
Ja ...
POCH
POCH
...
...
POCH
...
WUPP
Hach ...
Bin ich müde.

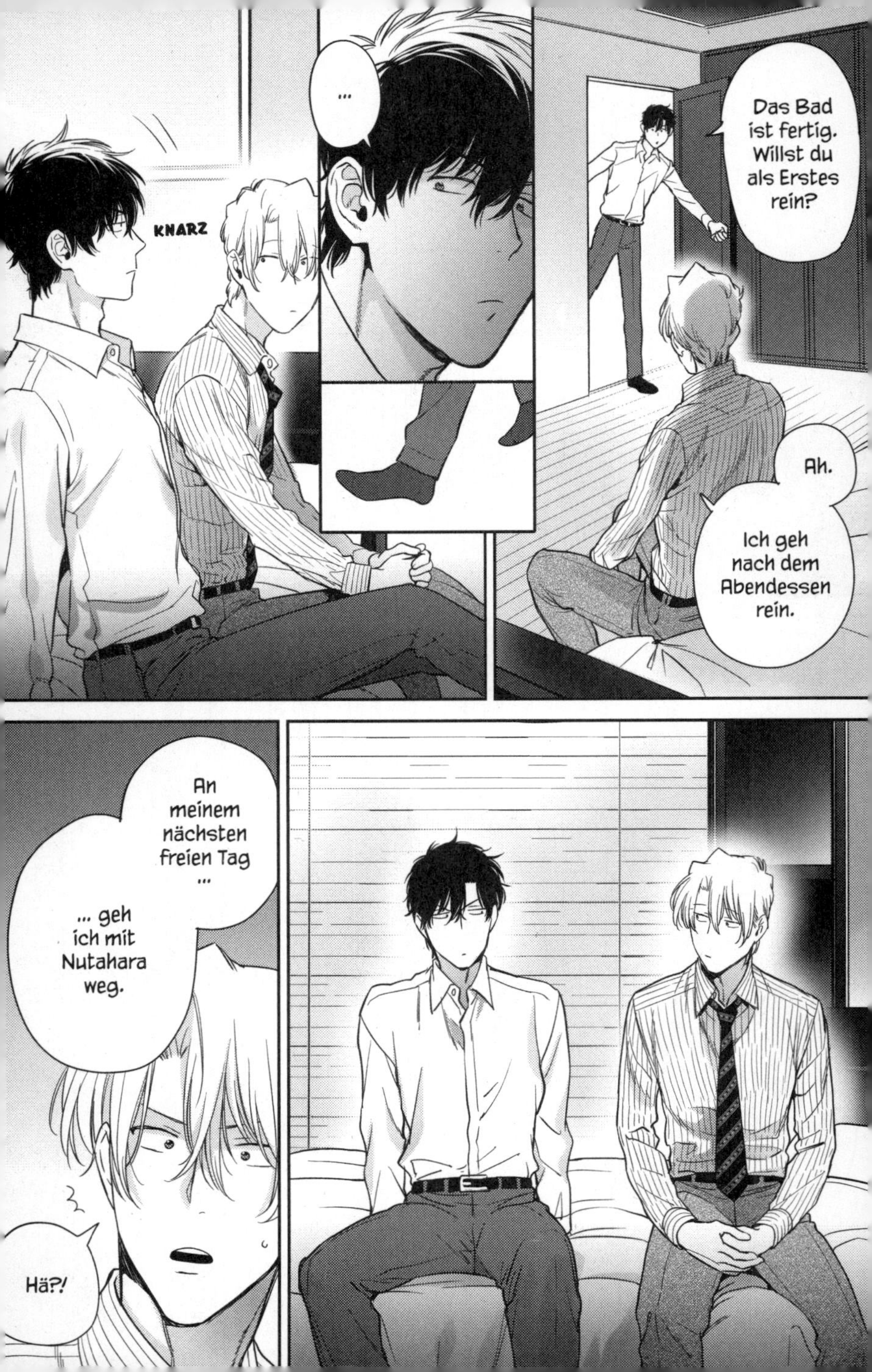
Das Bad ist fertig. Willst du als Erstes rein?
...
KNARZ
Ah.
Ich geh nach dem Abendessen rein.
An meinem nächsten freien Tag ...
... geh ich mit Nutahara weg.
Hä?!

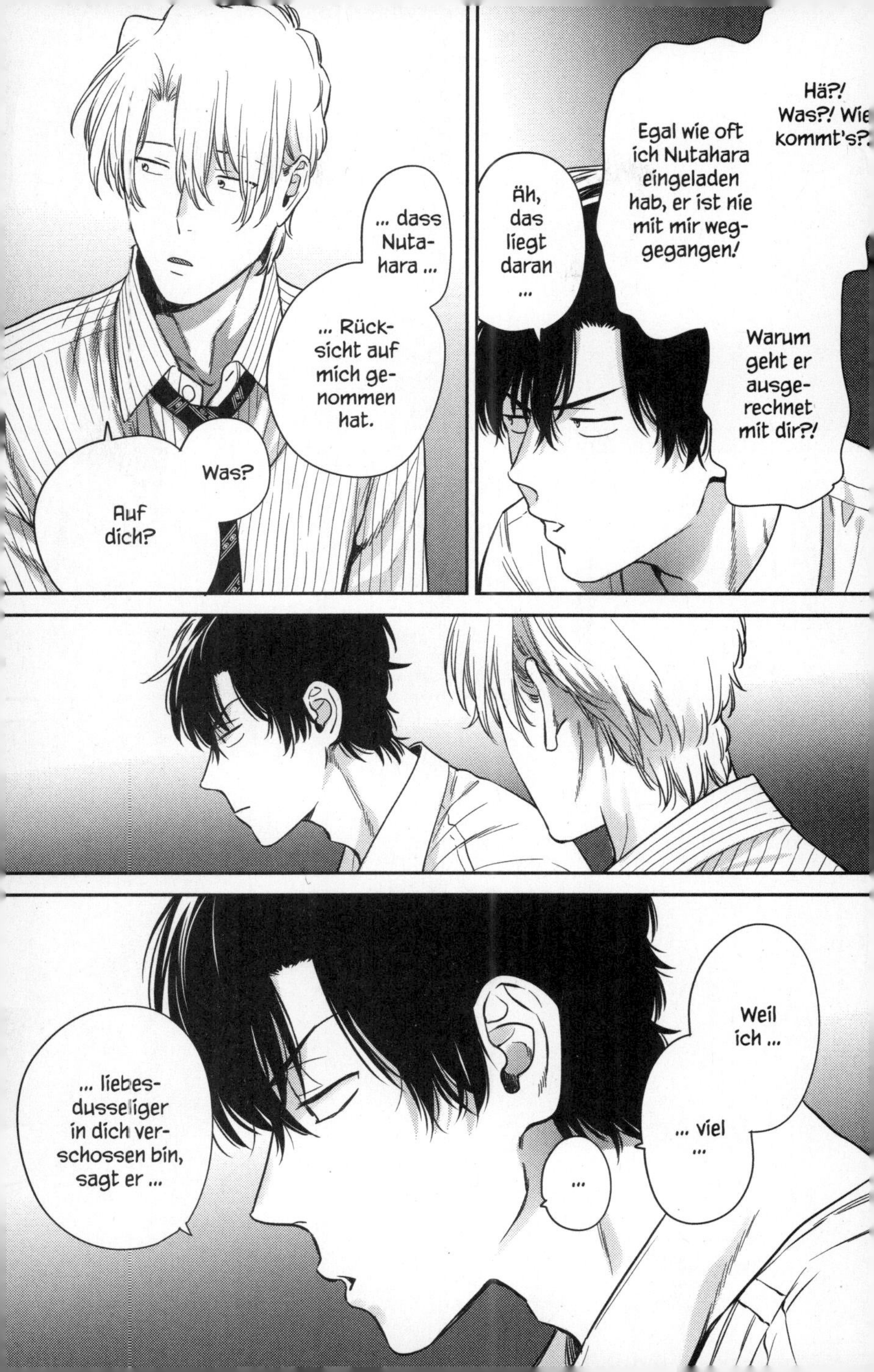
Hä?! Was?! Wie kommt's?
Egal wie oft ich Nutahara eingeladen hab, er ist nie mit mir weggegangen!
Warum geht er ausgerechnet mit dir?!
Äh, das liegt daran ...
... dass Nutahara ...
... Rücksicht auf mich genommen hat.
Was? Auf dich?
Weil ich ...
... viel ...
...
... liebesdusseliger in dich verschossen bin, sagt er ...

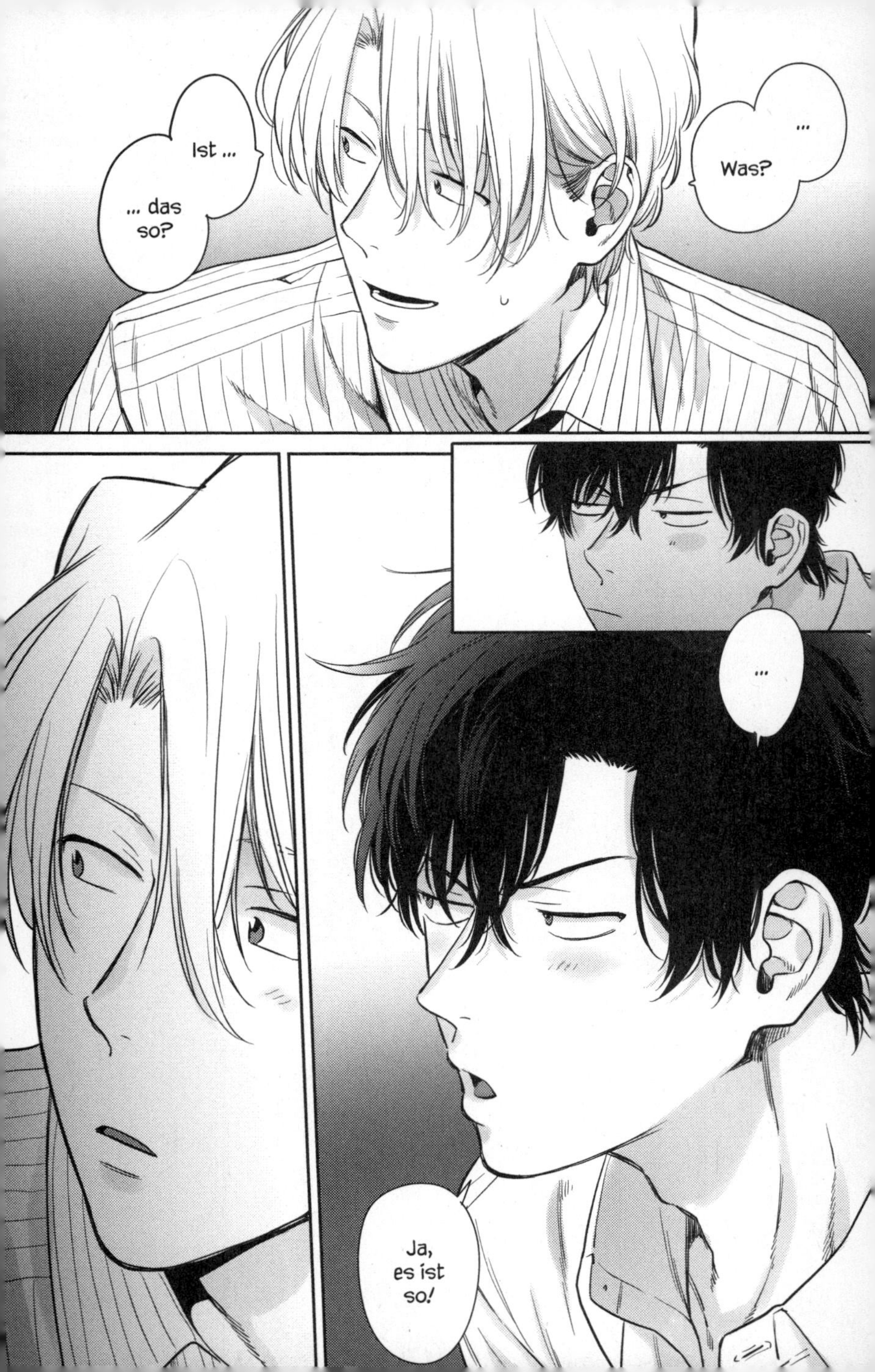
...
Was?
Ist ...
... das so?
...
Ja, es ist so!

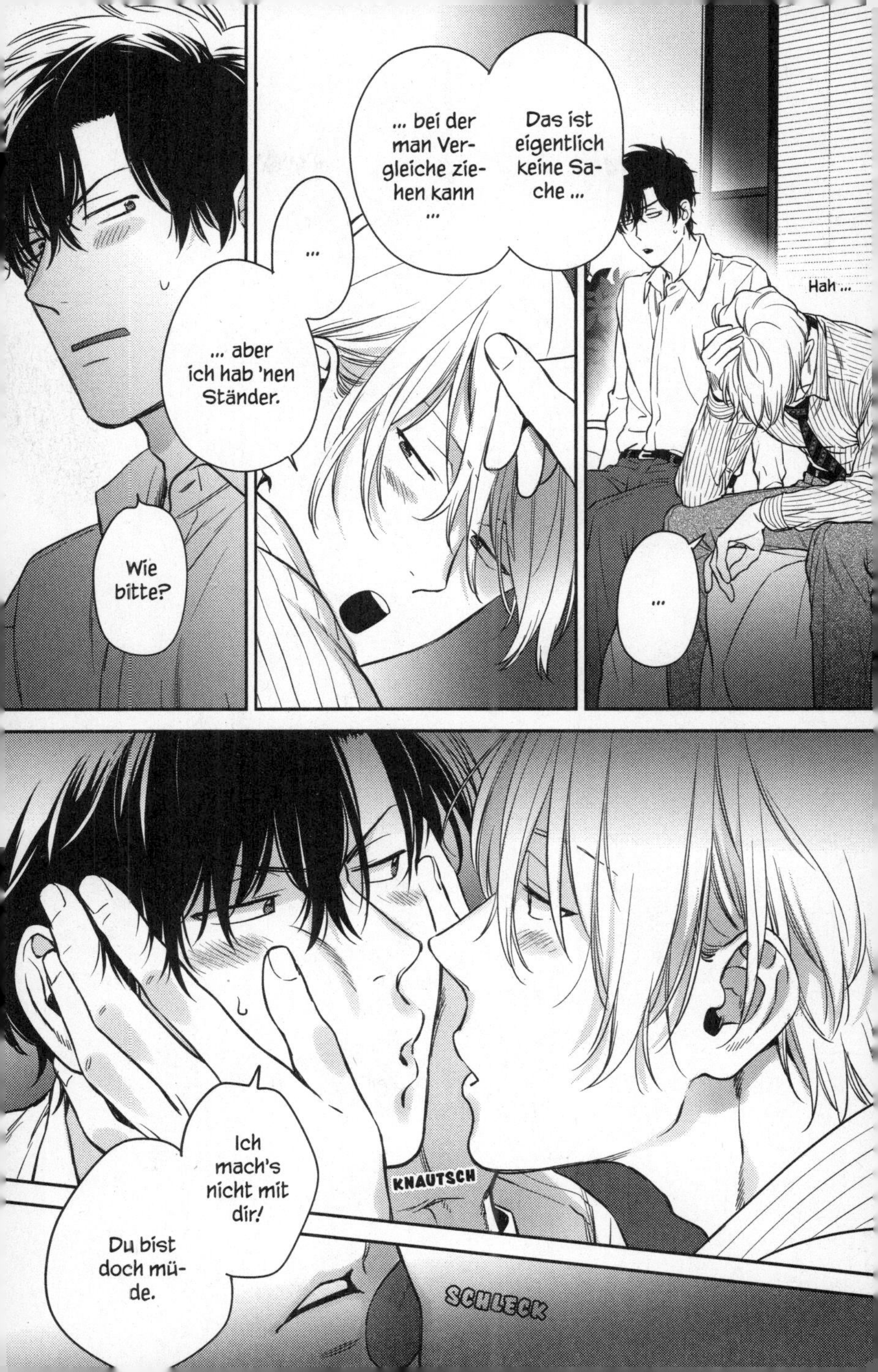
Hah ...
...
Das ist eigentlich keine Sache ...
... bei der man Vergleiche ziehen kann ...
...
... aber ich hab 'nen Ständer.
Wie bitte?
Ich mach's nicht mit dir!
Du bist doch müde.
KNAUTSCH
SCHLECK

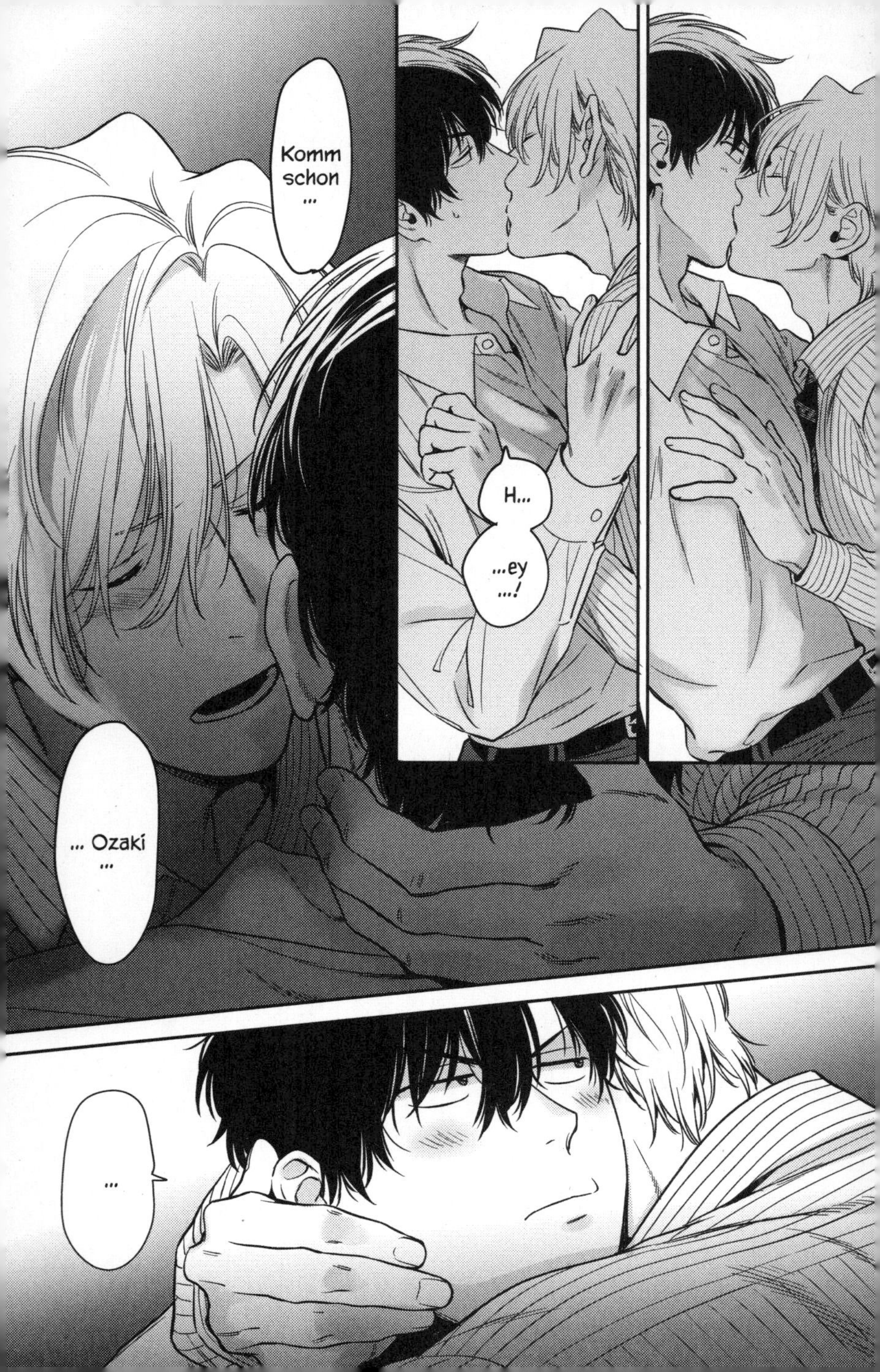
H...
...ey ...!
Komm schon ...
... Ozaki ...
...

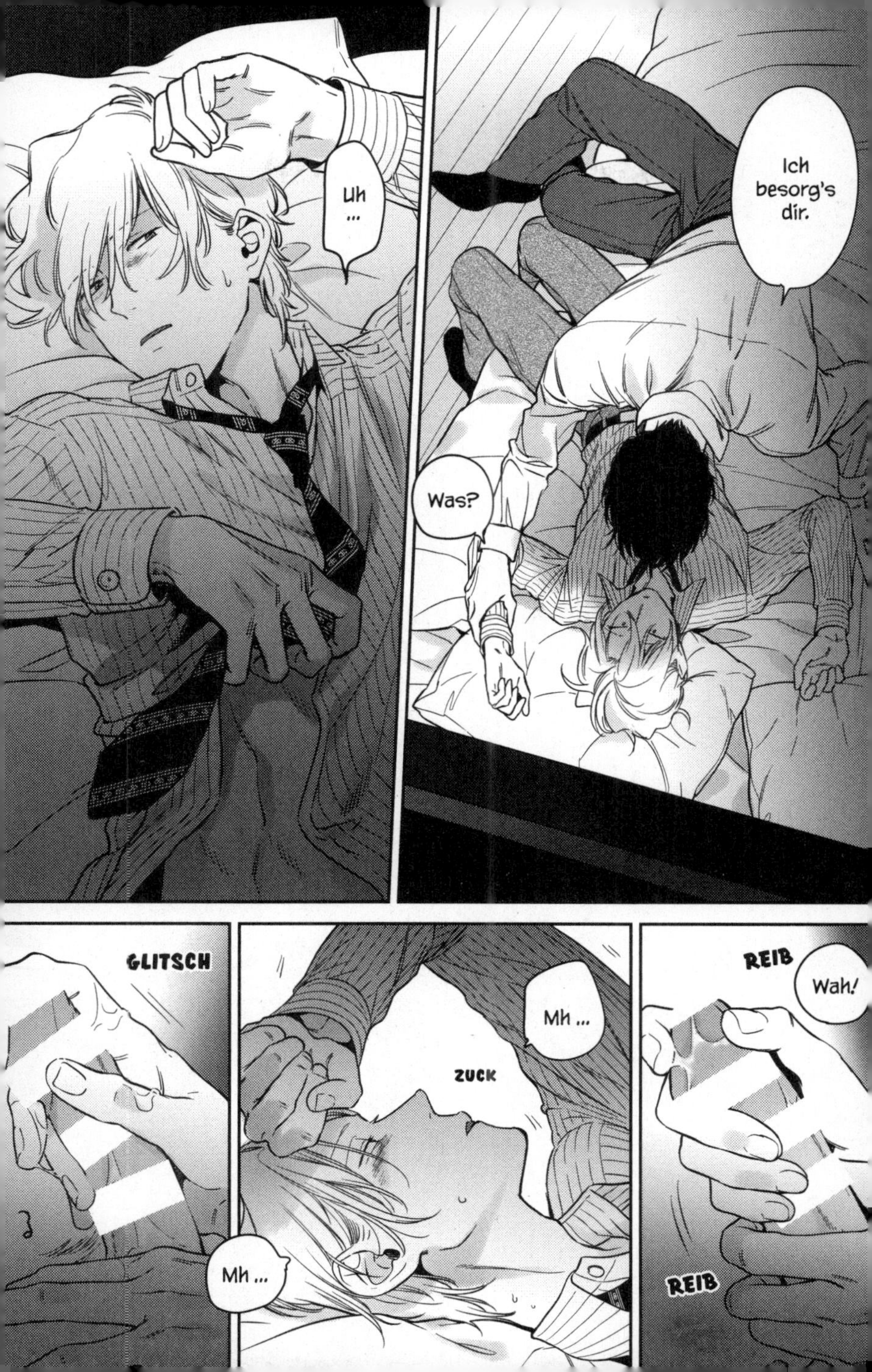
Ich besorg's dir.
Was?
Uh ...
REIB
Wah!
REIB
Mh ...
ZUCK
Mh ...
GLITSCH

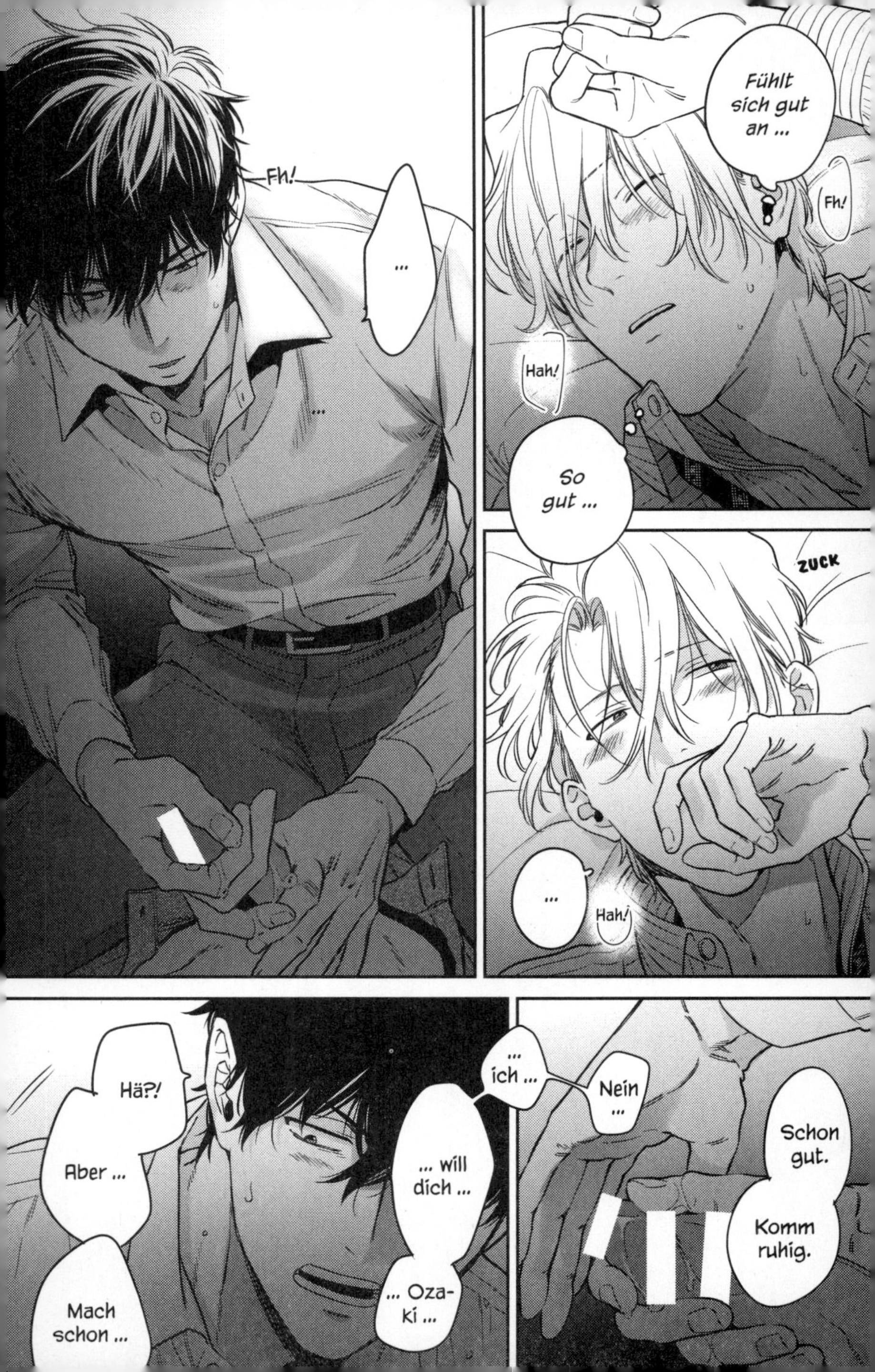
Fühlt sich gut an ...
Fh!
Hah!
So gut ...
ZUCK
...
Hah!
Fh!
...
...
Nein ...
Schon gut.
Komm ruhig.
... ich ...
... will dich ...
... Oza-ki ...
Hä?!
Aber ...
Mach schon ...

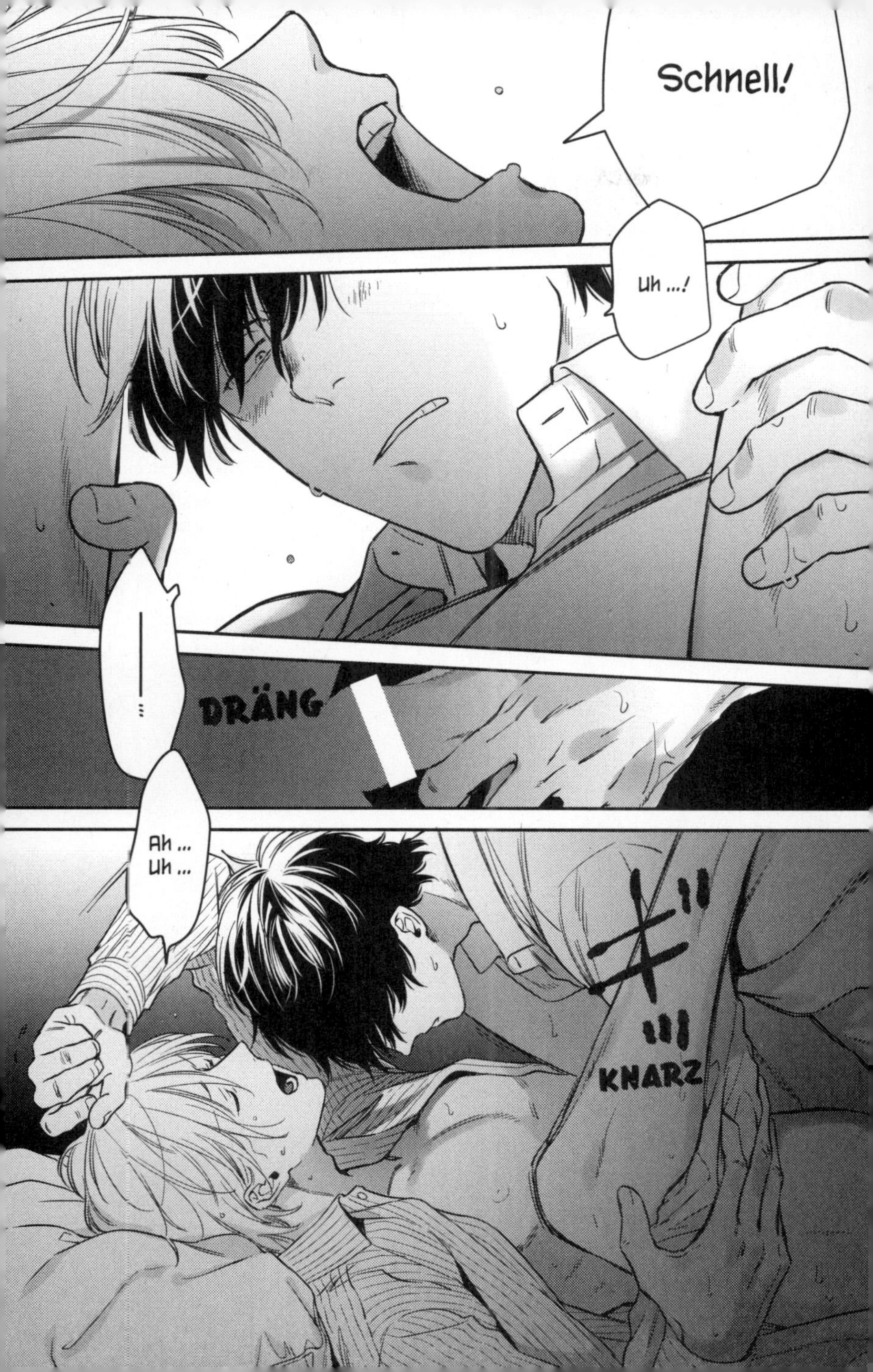
Schnell!
Uh ...!
DRÄNG
Ah ...
Uh ...
KNARZ

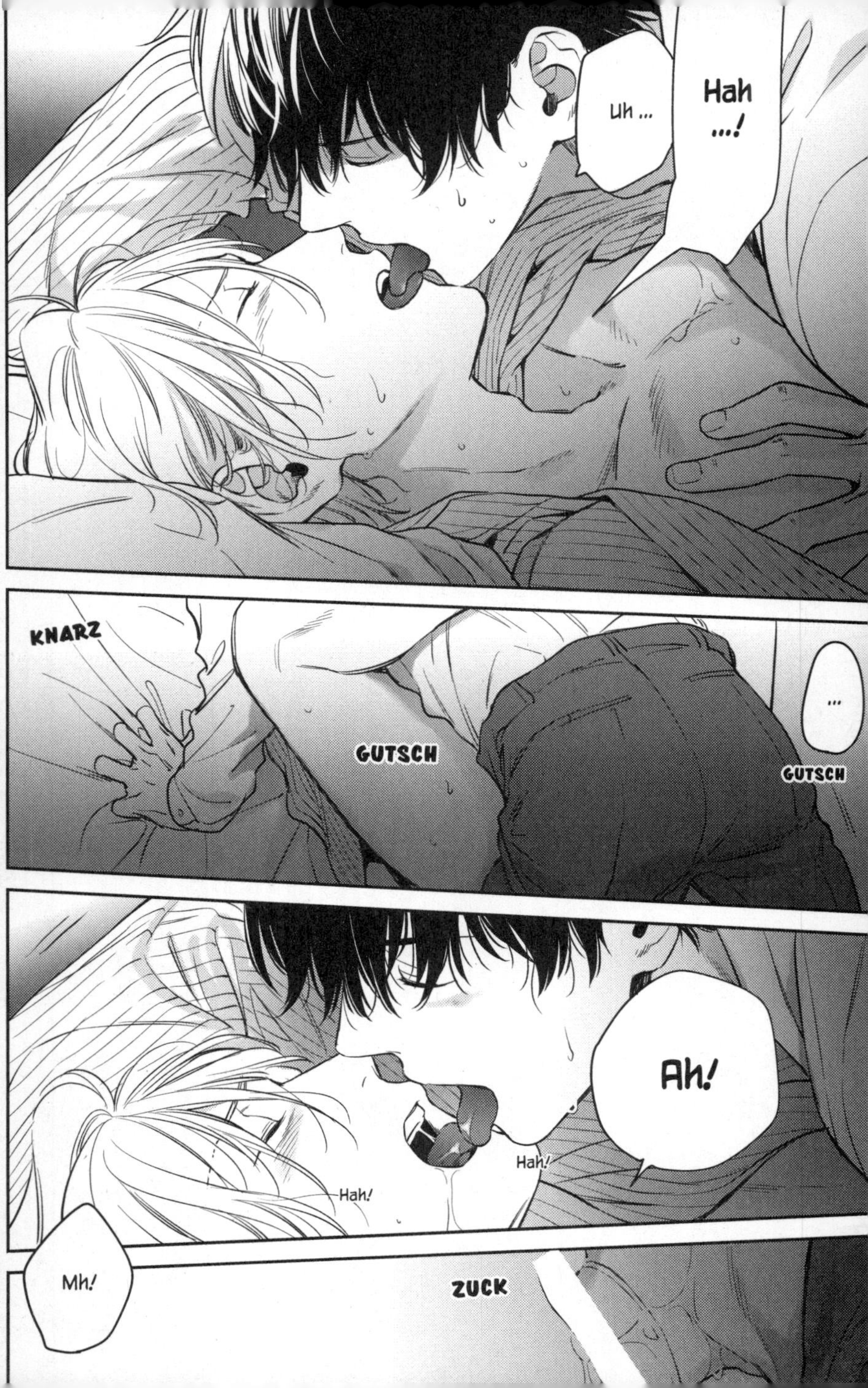
Hah ...!
Uh ...
...
GUTSCH
GUTSCH
KNARZ
Ah!
Hah!
Hah!
ZUCK
Mh!

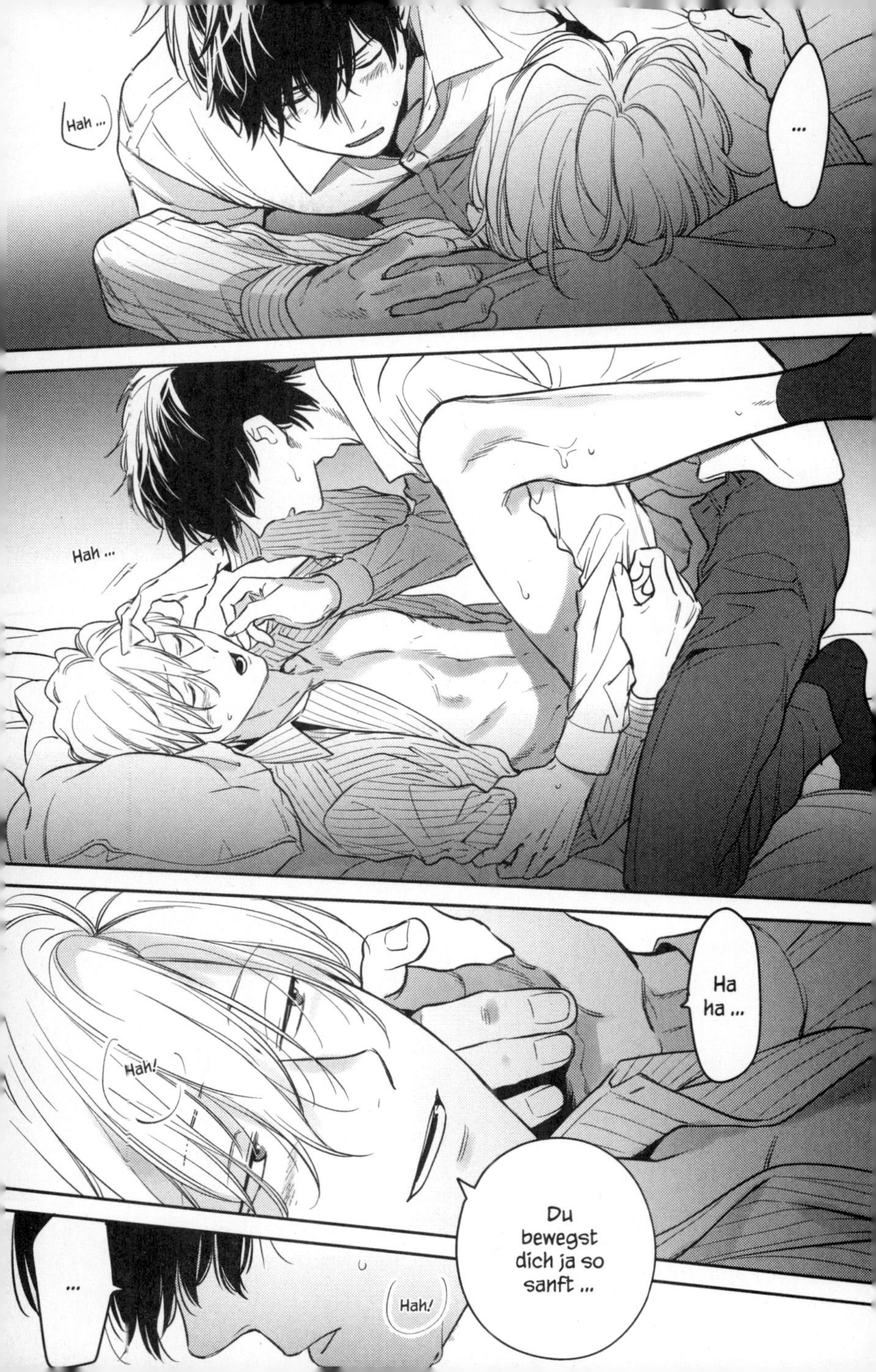
...
Hah ...
Hah ...
Ha ha ...
Hah!
Du bewegst dich ja so sanft ...
Hah!
...

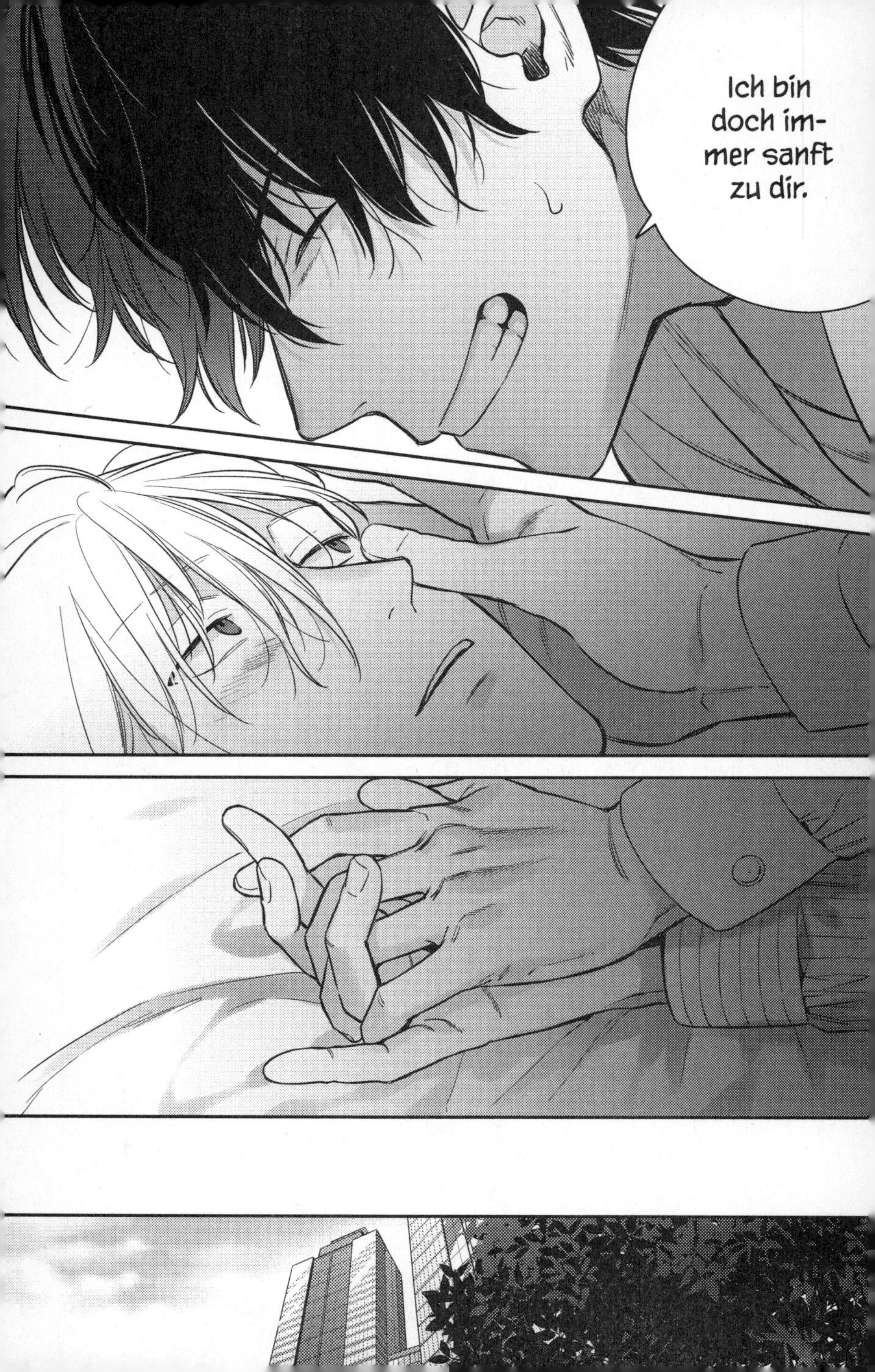
Ich bin doch immer sanft zu dir.

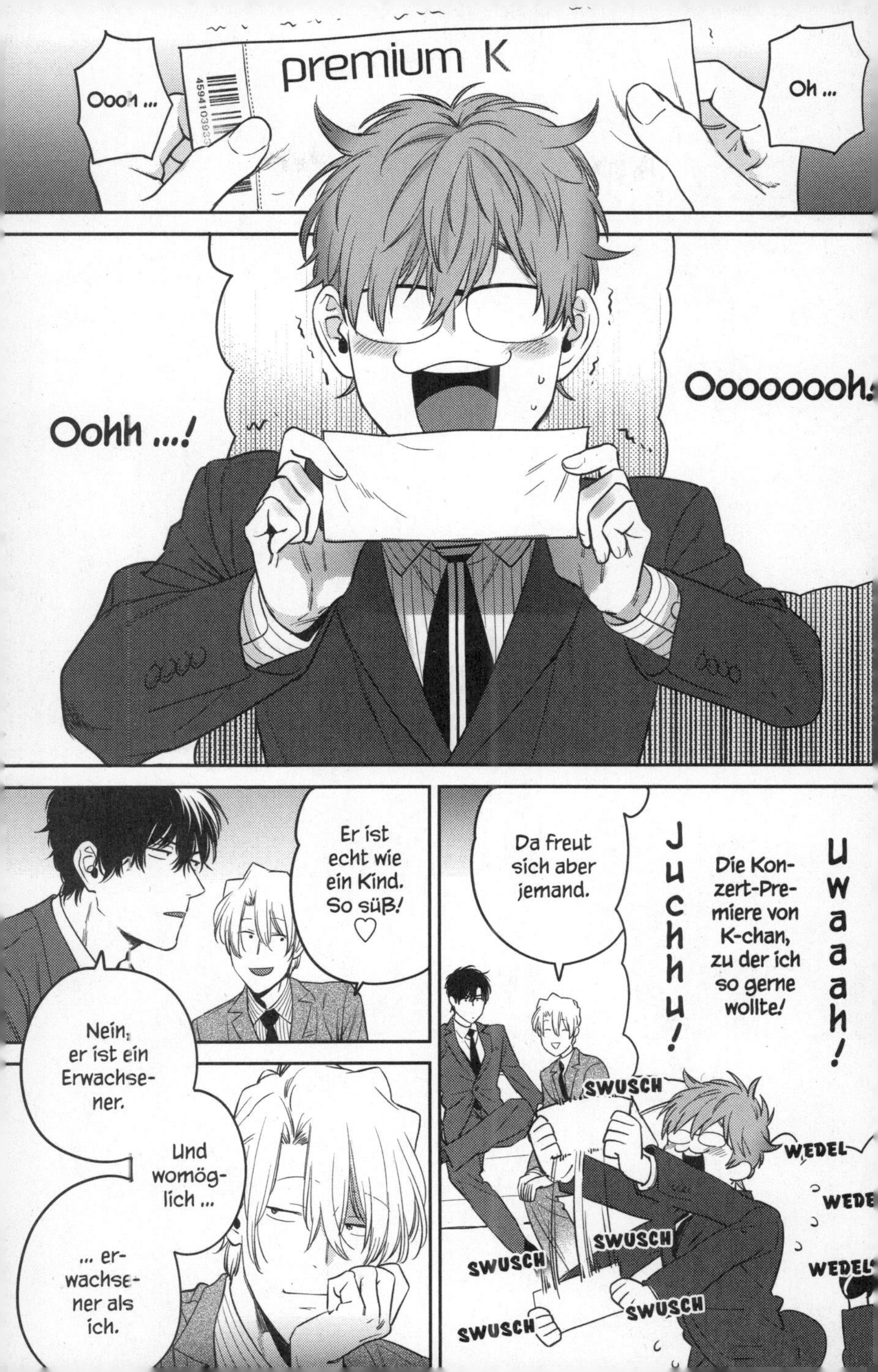
Oh ...
premium K
Ooo1 ...
Ooooooh!
Oohh ...!
Er ist echt wie ein Kind. So süß! ♡
Nein, er ist ein Erwachsener.
Und womöglich ...
... erwachsener als ich.
Uwaaah!
Die Konzert-Premiere von K-chan, zu der ich so gerne wollte!
Juchhu!
Da freut sich aber jemand.
SWUSCH
WEDEL
WEDE
WEDEL
SWUSCH
SWUSCH
SWUSCH
SWUSCH

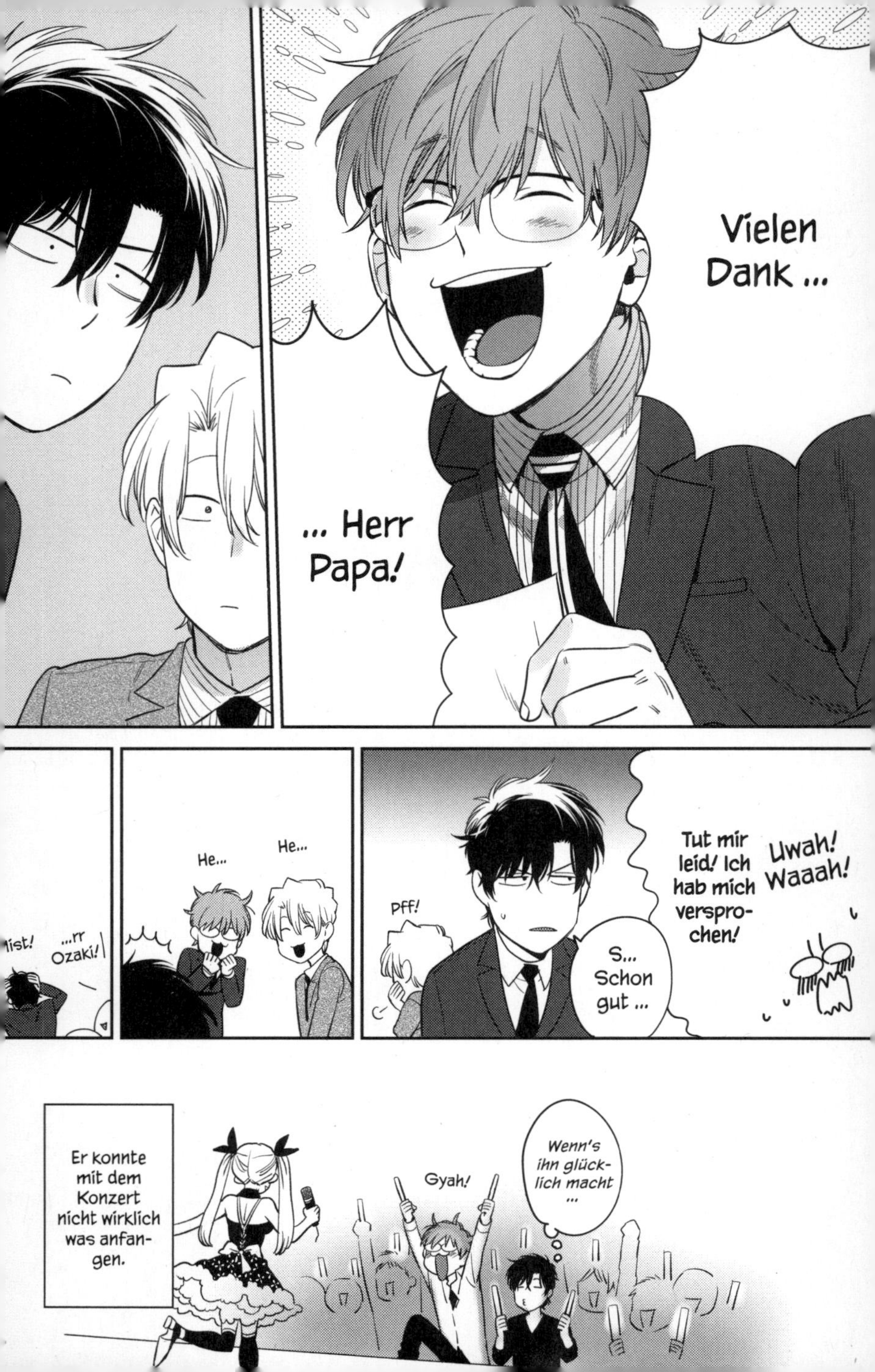

Vielen Dank ...
... Herr Papa!
Uwah! Waaah!
Tut mir leid! Ich hab mich versprochen!
S... Schon gut ...
Pff!
He...
He...
...rr Ozaki!
ist!
Er konnte mit dem Konzert nicht wirklich was anfangen.
Wenn's ihn glücklich macht ...
Gyah!

Ganz verschieden gleich

Nozomu Hiiragi präsentiert

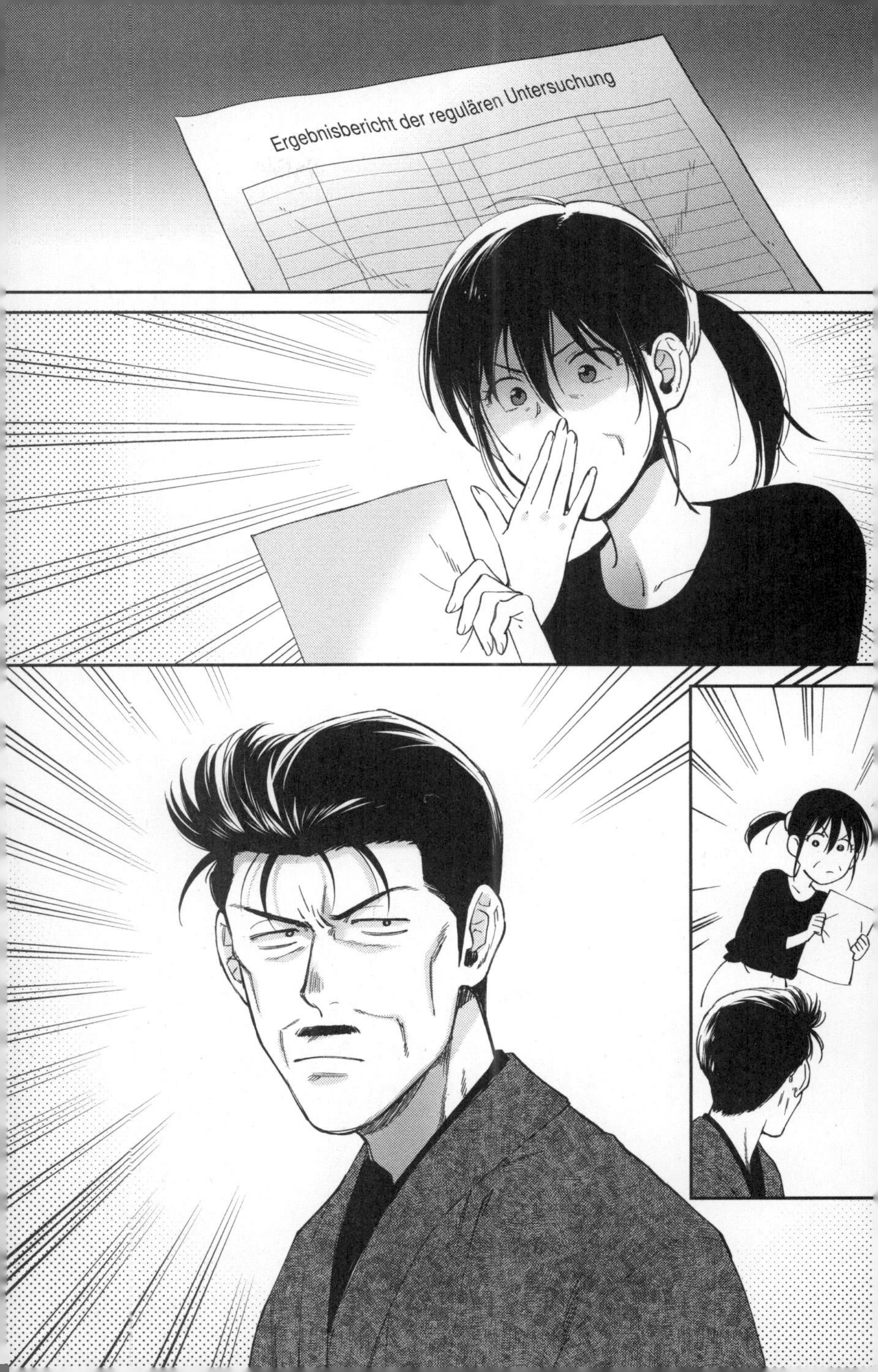
Ergebnisbericht der regulären Untersuchung

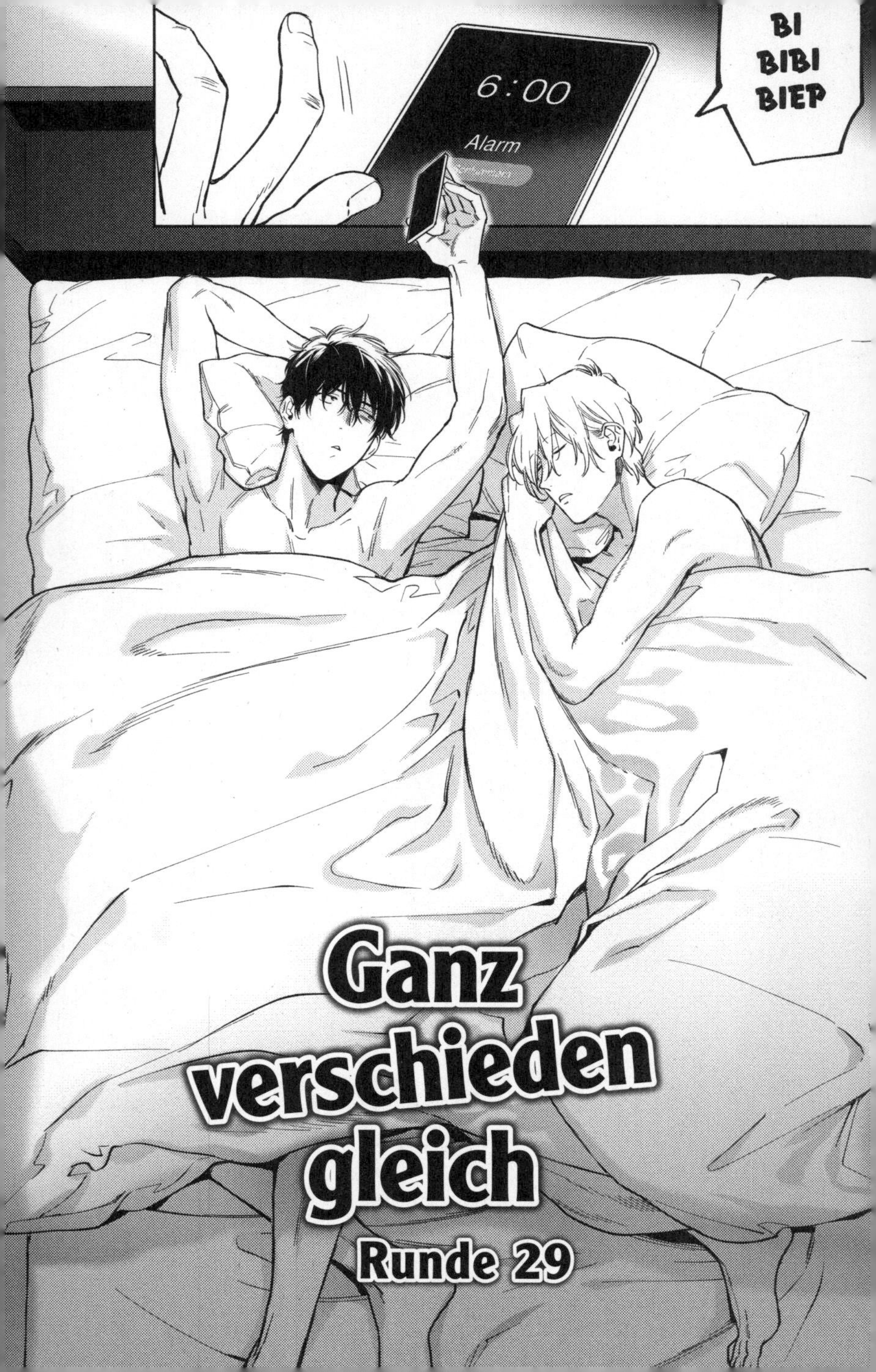
BI
BIBI
BIEP
6:00
Alarm
Ganz verschieden gleich
Runde 29

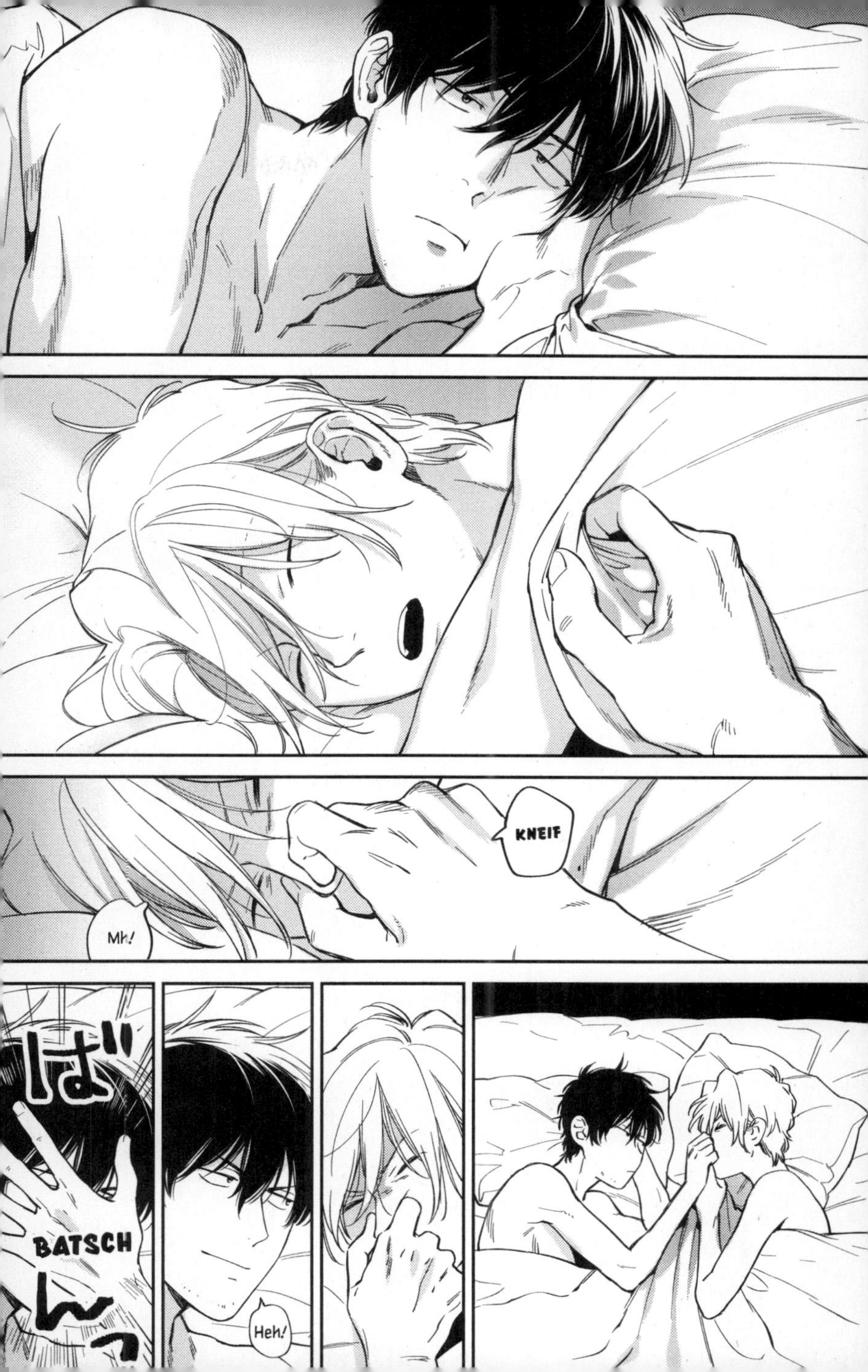

KNEIF
Mh!
はい
BATSCH
んっ
Heh!

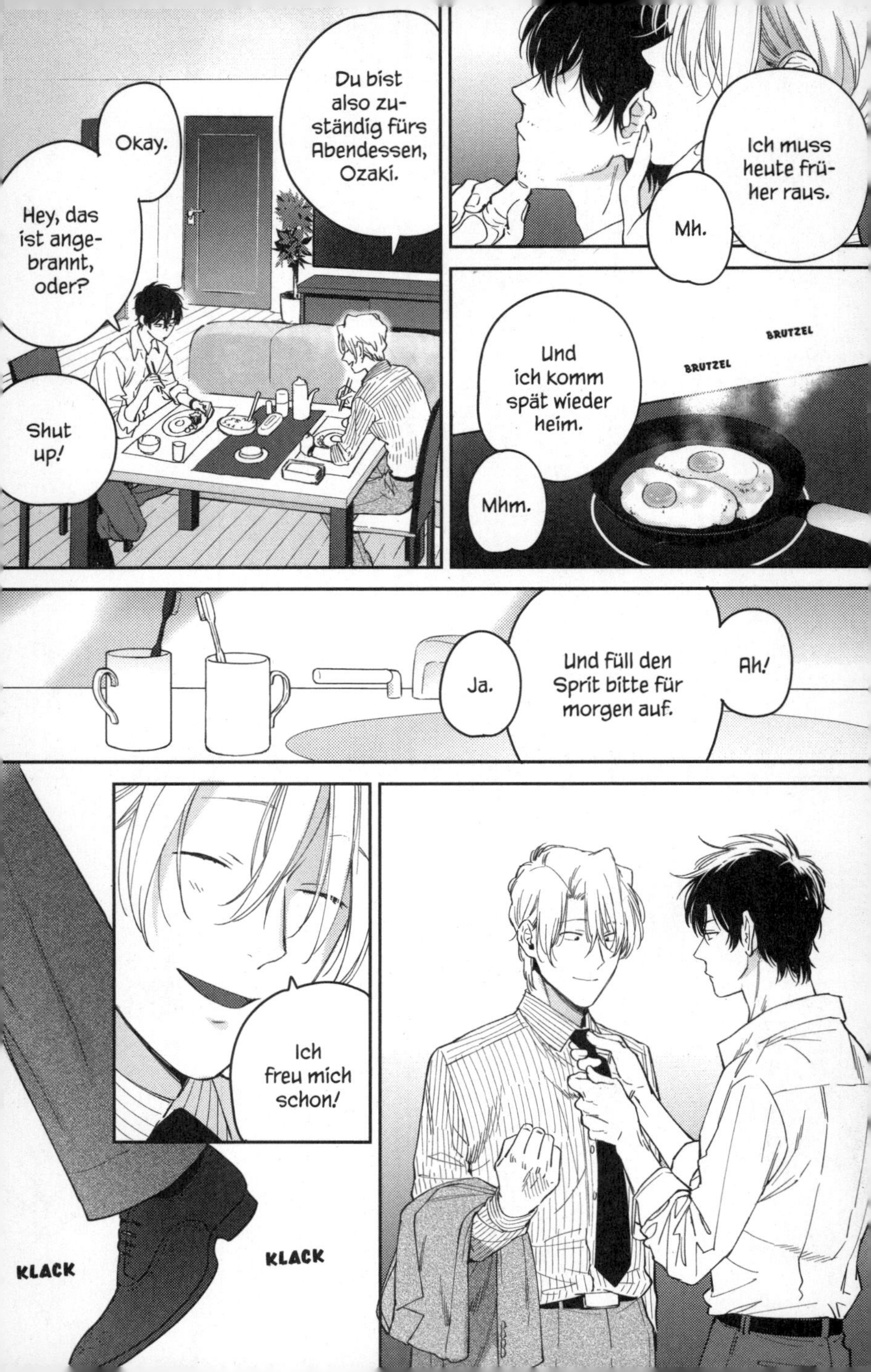
Ich muss heute früher raus.
Mh.
Und ich komm spät wieder heim.
Mhm.
BRUTZEL
BRUTZEL
Du bist also zuständig fürs Abendessen, Ozaki.
Okay.
Hey, das ist angebrannt, oder?
Shut up!
Ah!
Und füll den Sprit bitte für morgen auf.
Ja.
Ich freu mich schon!
KLACK
KLACK

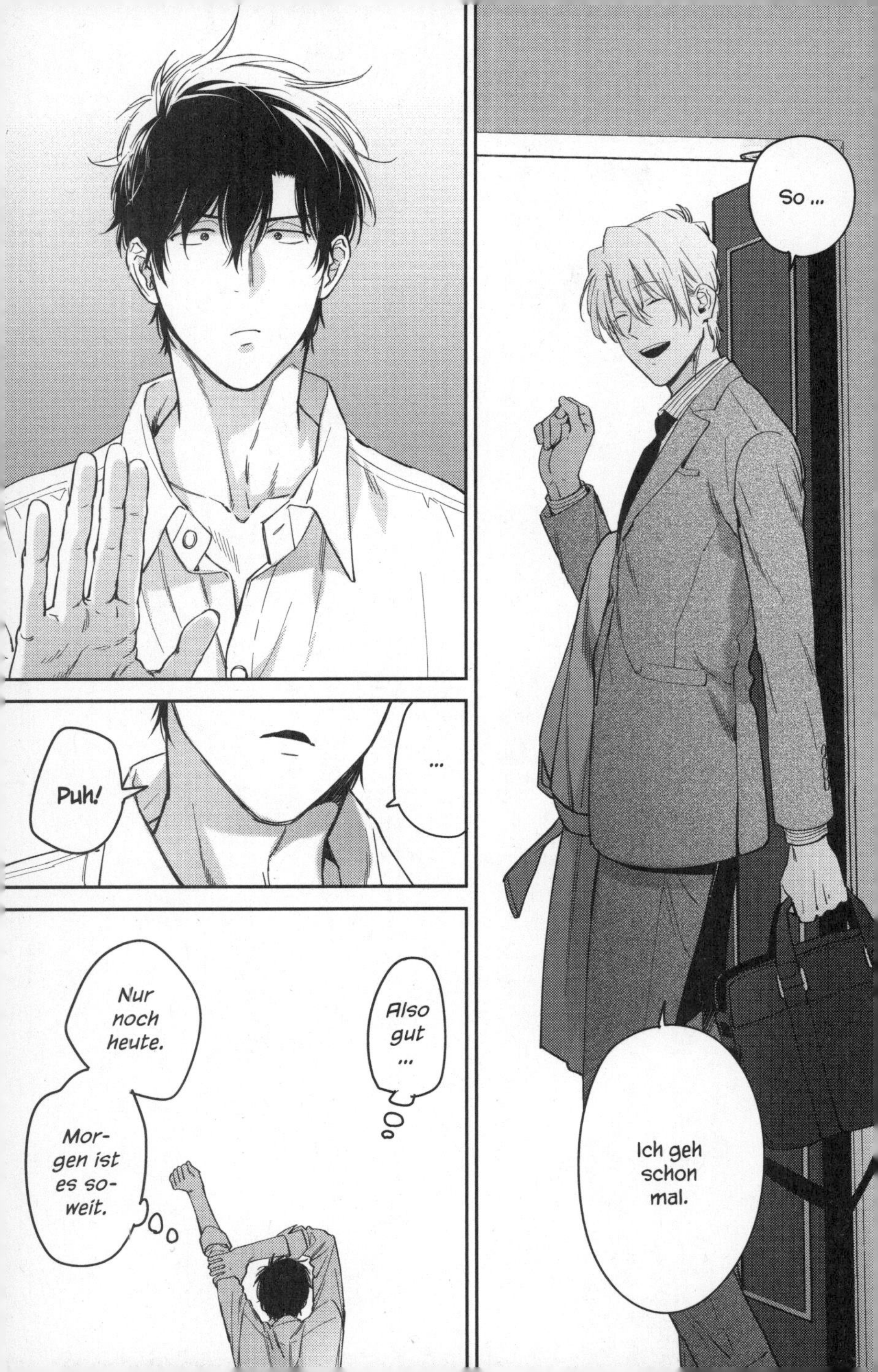
So ...
Ich geh schon mal.
...
Puh!
Also gut ...
Nur noch heute.
Morgen ist es soweit.

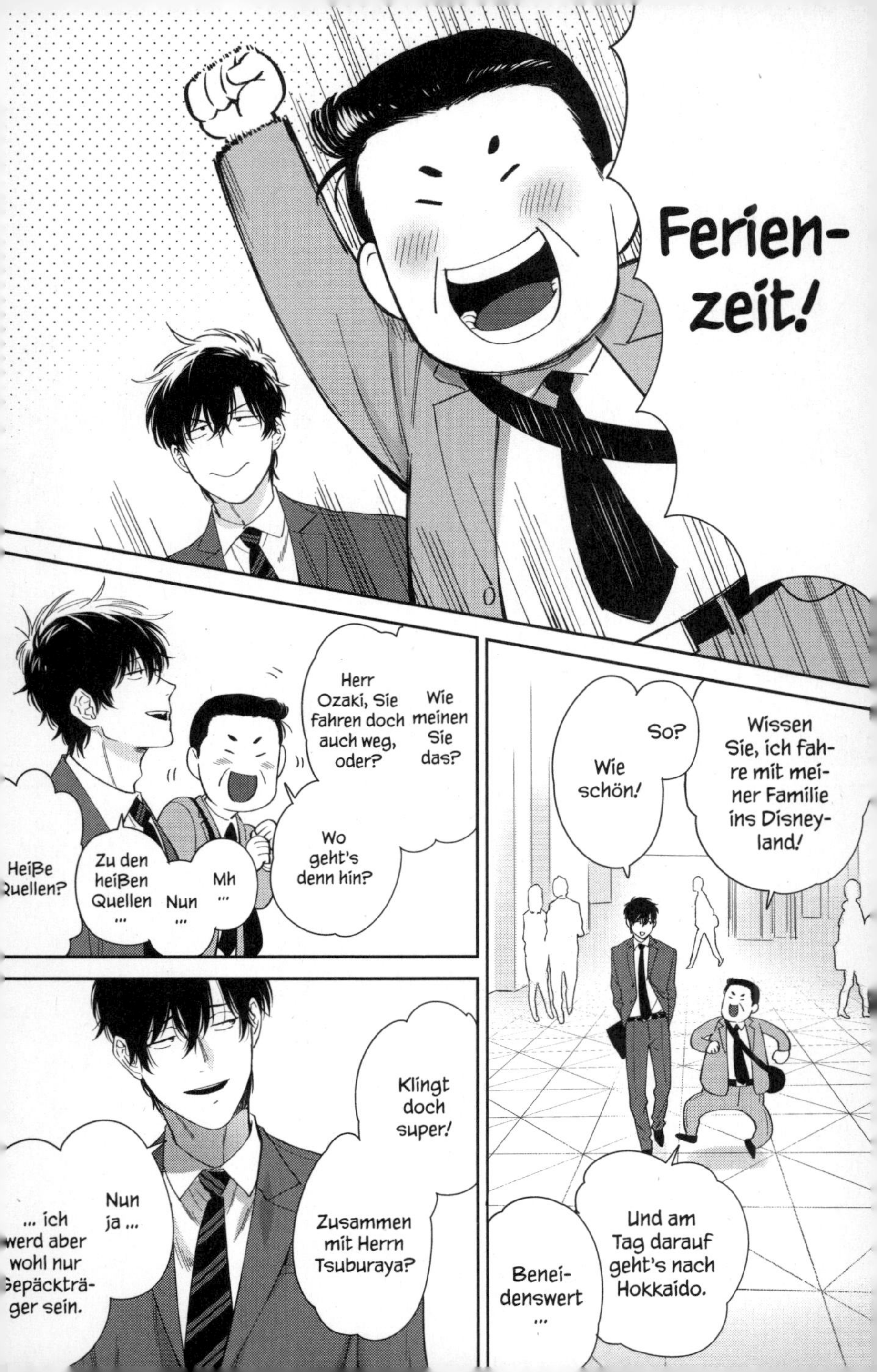
Ferien-zeit!
Wissen Sie, ich fahre mit meiner Familie ins Disneyland!
So?
Wie schön!
Und am Tag darauf geht's nach Hokkaido.
Beneidenswert ...
Wie meinen Sie das?
Herr Ozaki, Sie fahren doch auch weg, oder?
Wo geht's denn hin?
Mh ...
Nun ...
Zu den heißen Quellen ...
Heiße Quellen?
Klingt doch super!
Zusammen mit Herrn Tsuburaya?
Nun ja ...
... ich werd aber wohl nur Gepäckträger sein.

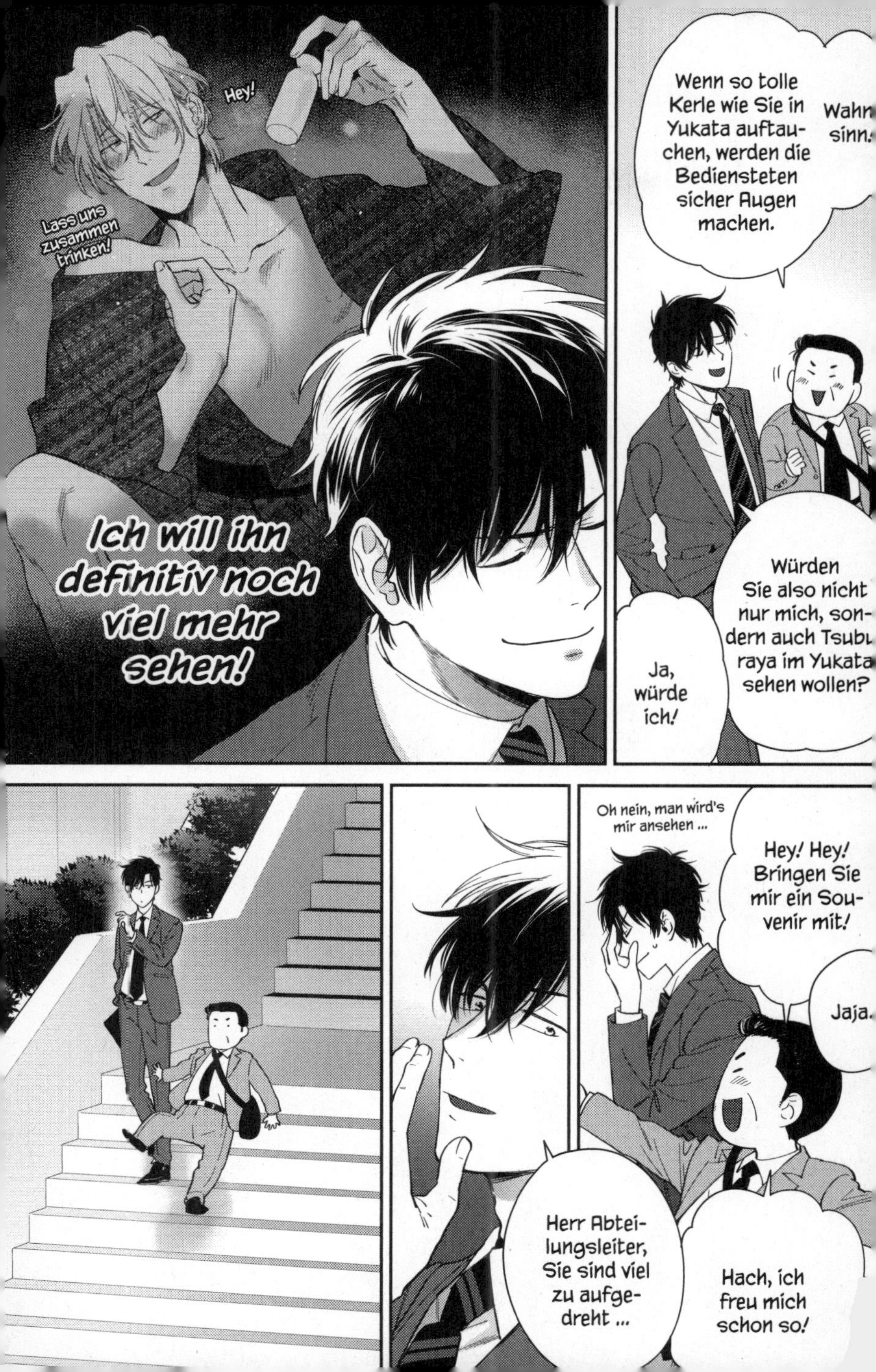
Wenn so tolle Kerle wie Sie in Yukata auftauchen, werden die Bediensteten sicher Augen machen.
Wahnsinn.
Würden Sie also nicht nur mich, sondern auch Tsuburaya im Yukata sehen wollen?
Ja, würde ich!
Hey!
Lass uns zusammen trinken!
Ich will ihn definitiv noch viel mehr sehen!
Oh nein, man wird's mir ansehen ...
Hey! Hey! Bringen Sie mir ein Souvenir mit!
Jaja.
Hach, ich freu mich schon so!
Herr Abteilungsleiter, Sie sind viel zu aufgedreht ...

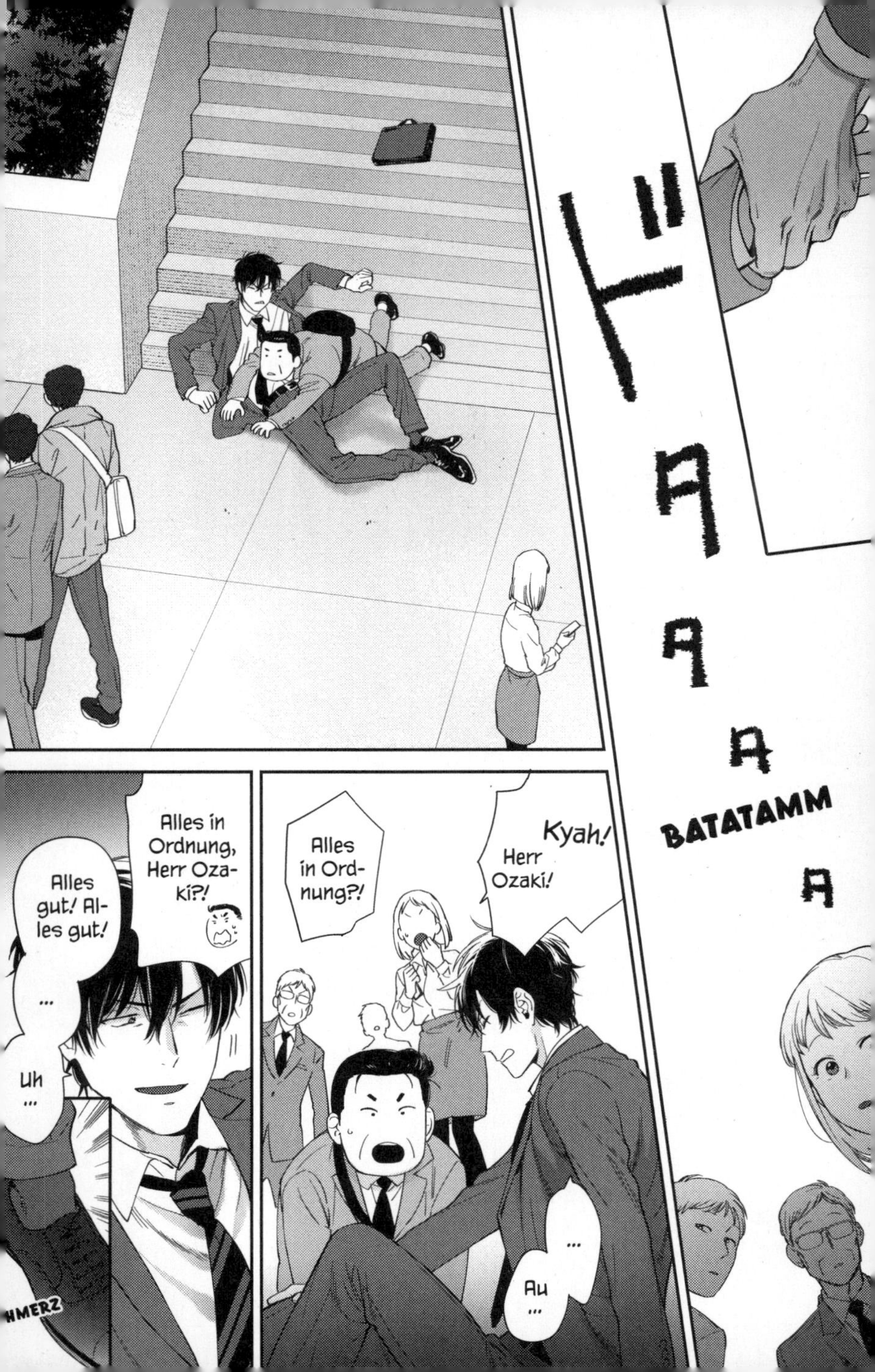
BATATAMM
Kyah!
Herr Ozaki!
Alles in Ordnung?!
...
Au ...
Alles in Ordnung, Herr Ozaki?!
Alles gut! Alles gut!
...
Uh ...
HMERZ

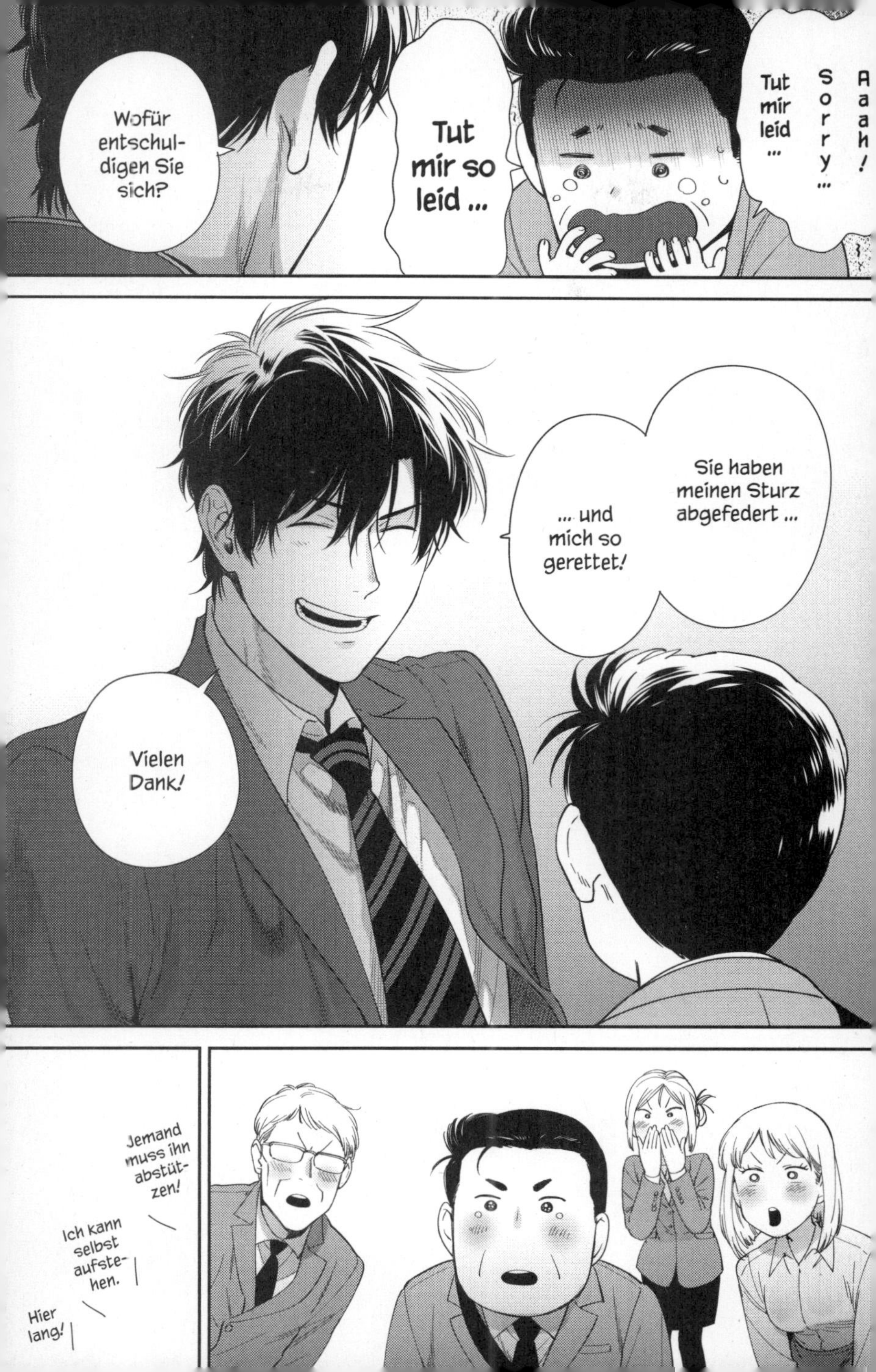
Aaah!
Sorry ...
Tut mir leid ...
Tut mir so leid ...
Wofür entschul-digen Sie sich?
Sie haben meinen Sturz abgefedert ...
... und mich so gerettet!
Vielen Dank!
Jemand muss ihn abstüt-zen!
Ich kann selbst aufste-hen.
Hier lang!

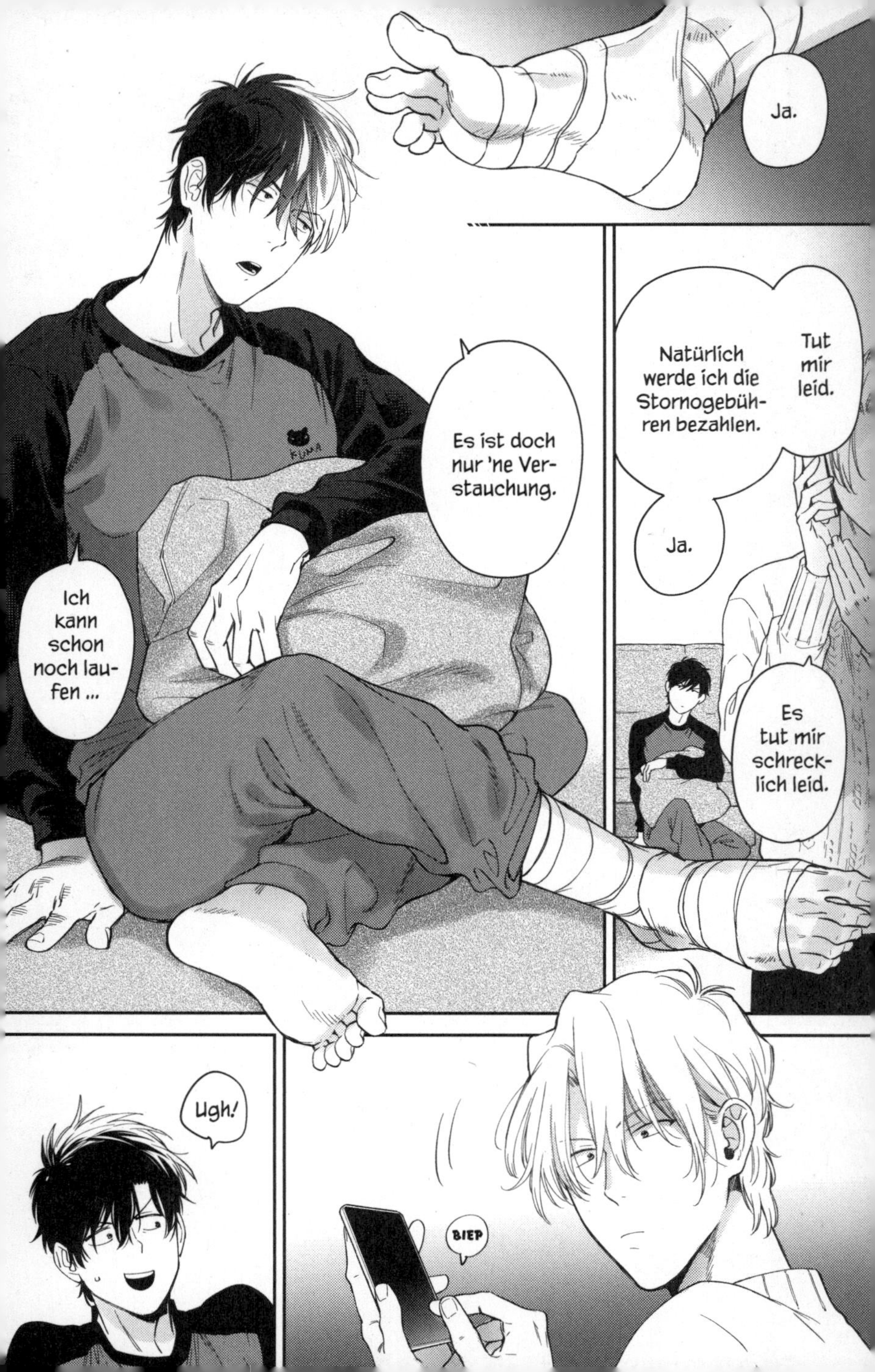
Ja.
Tut mir leid.
Natürlich werde ich die Stornogebühren bezahlen.
Ja.
Es tut mir schrecklich leid.
Es ist doch nur 'ne Verstauchung.
Ich kann schon noch laufen ...
BIEP
Ugh!

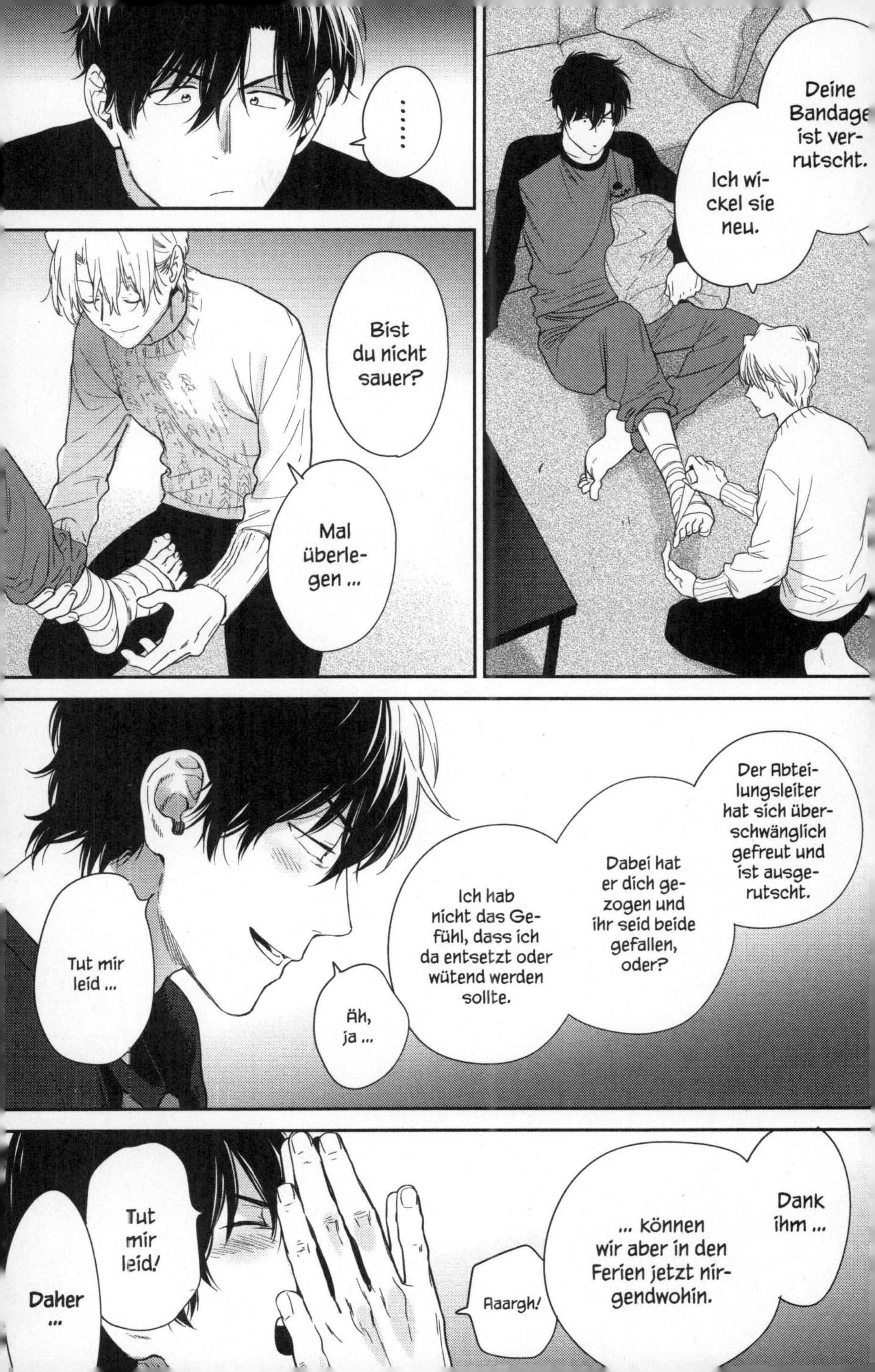
Deine Bandage ist verrutscht.
Ich wickel sie neu.
……
Bist du nicht sauer?
Mal überlegen …
Der Abteilungsleiter hat sich überschwänglich gefreut und ist ausgerutscht.
Dabei hat er dich gezogen und ihr seid beide gefallen, oder?
Ich hab nicht das Gefühl, dass ich da entsetzt oder wütend werden sollte.
Äh, ja …
Tut mir leid …
Dank ihm …
… können wir aber in den Ferien jetzt nirgendwohin.
Aaargh!
Tut mir leid!
Daher …

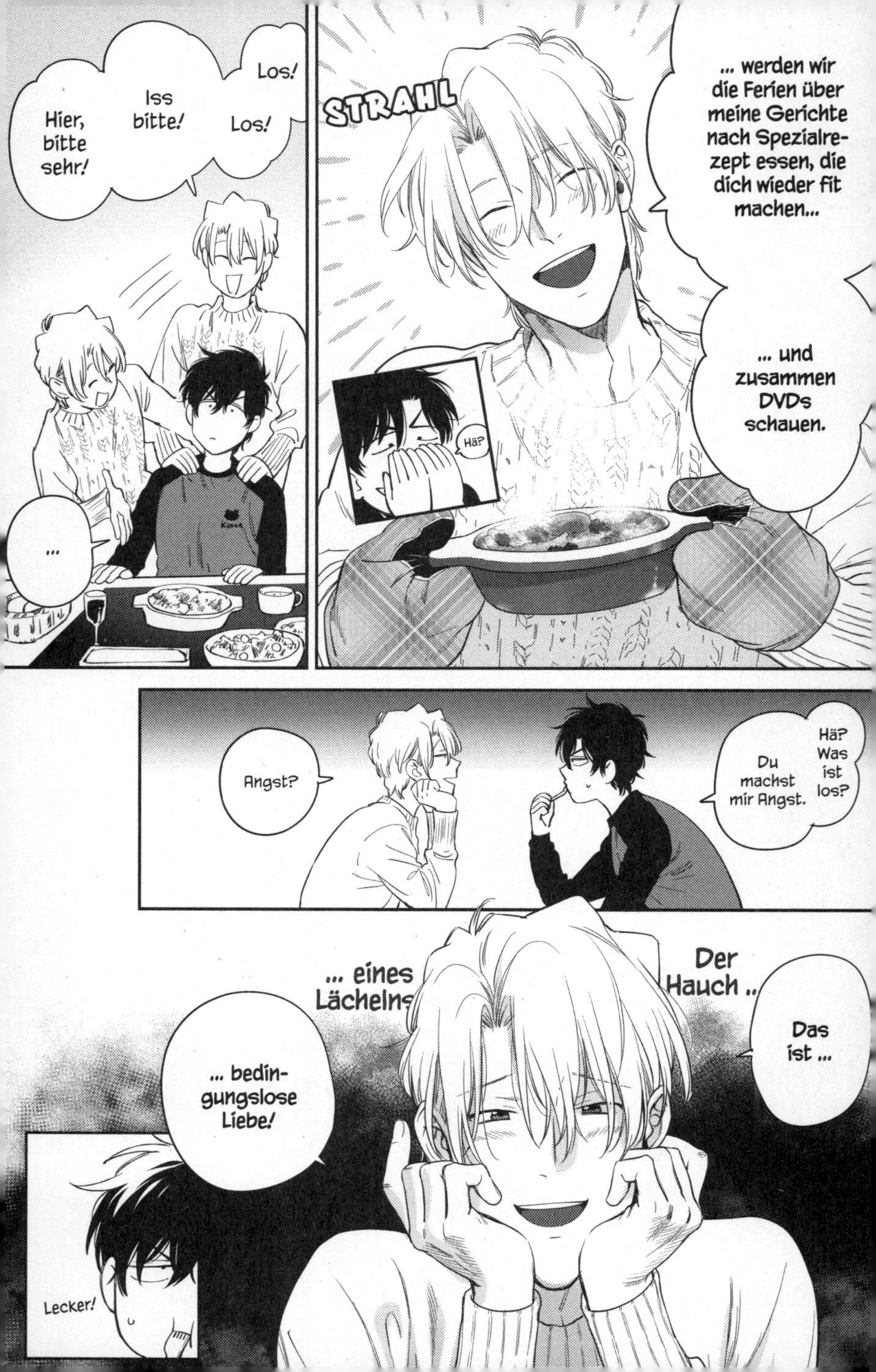
... werden wir die Ferien über meine Gerichte nach Spezialrezept essen, die dich wieder fit machen...
STRAHL
Hä?
... und zusammen DVDs schauen.
Los!
Los!
Iss bitte!
Hier, bitte sehr!
...
Hä? Was ist los?
Du machst mir Angst.
Angst?
Das ist ...
Der Hauch ..
... eines Lächelns
... bedingungslose Liebe!
Lecker!

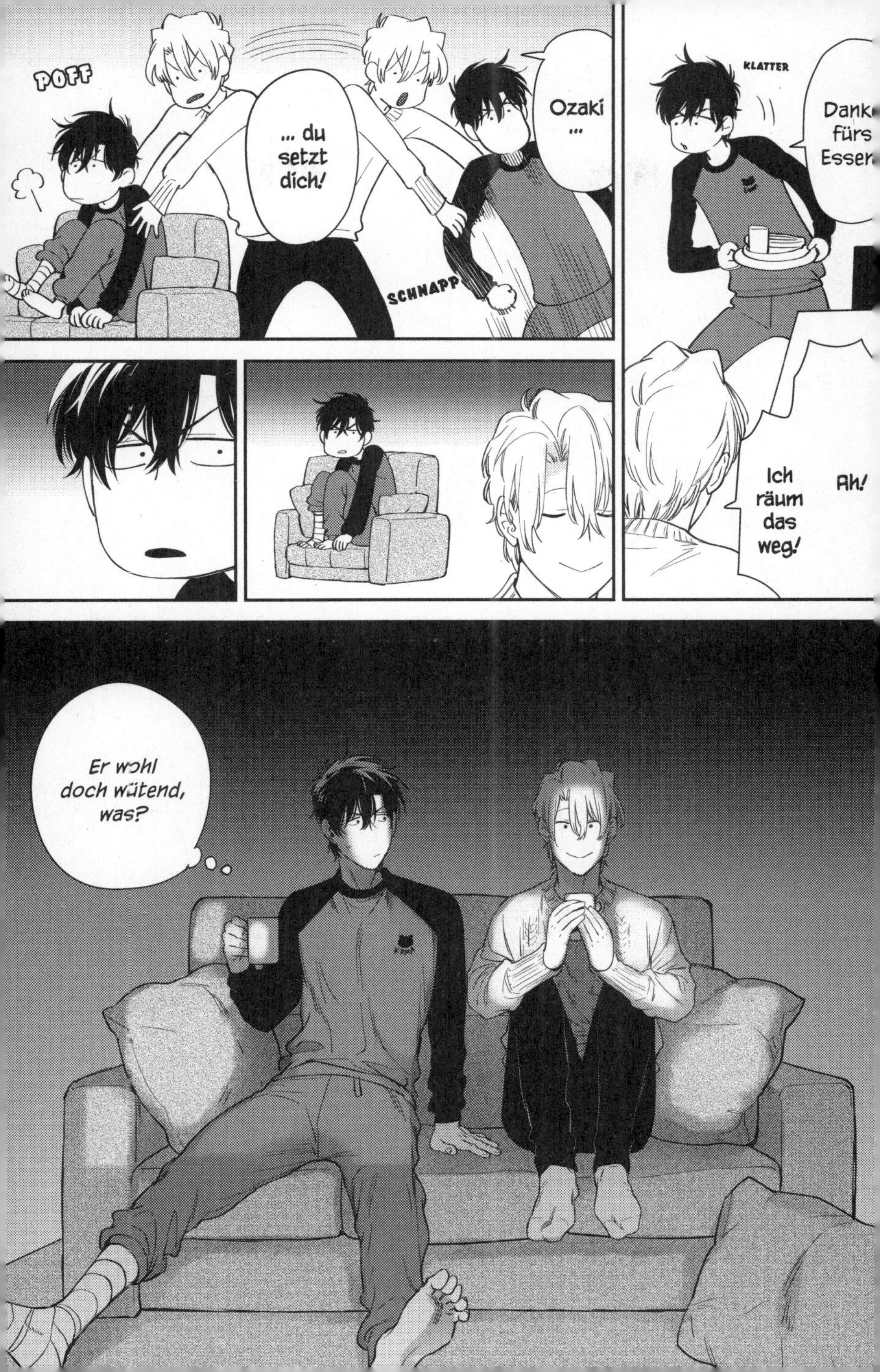

KLATTER
Danke fürs Essen
Ah!
Ich räum das weg!
Ozaki …
… du setzt dich!
SCHNAPP
POFF
Er wohl doch wütend, was?

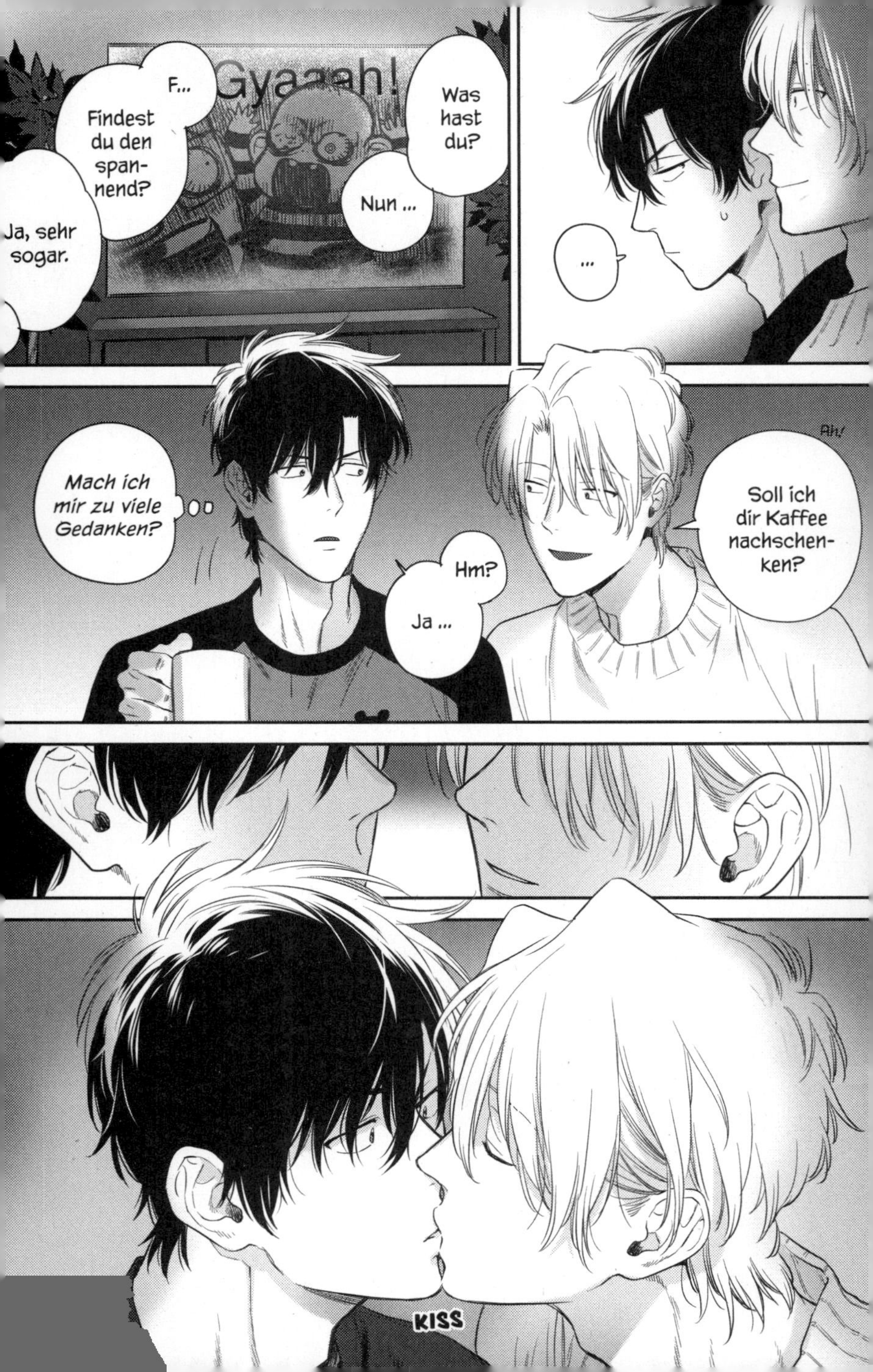

...
Was hast du?
Nun ...
Gyaaah!
F...
Findest du den spannend?
Ja, sehr sogar.
Ah!
Soll ich dir Kaffee nachschenken?
Hm?
Ja ...
Mach ich mir zu viele Gedanken?
KISS

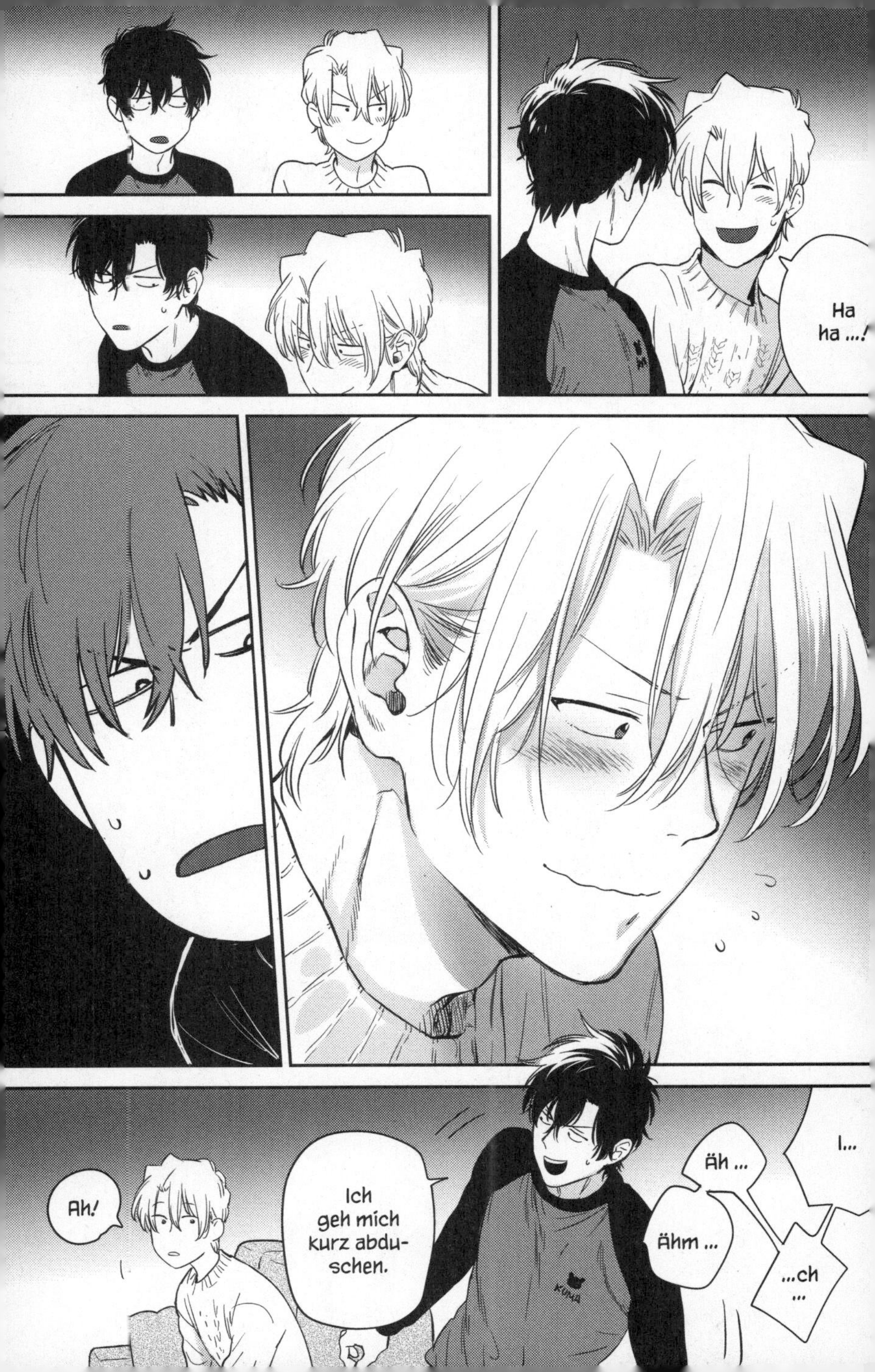
Ha
ha ...!
I...
Äh ...
Ähm ...
...ch
...
Ich
geh mich
kurz abdu-
schen.
Ah!

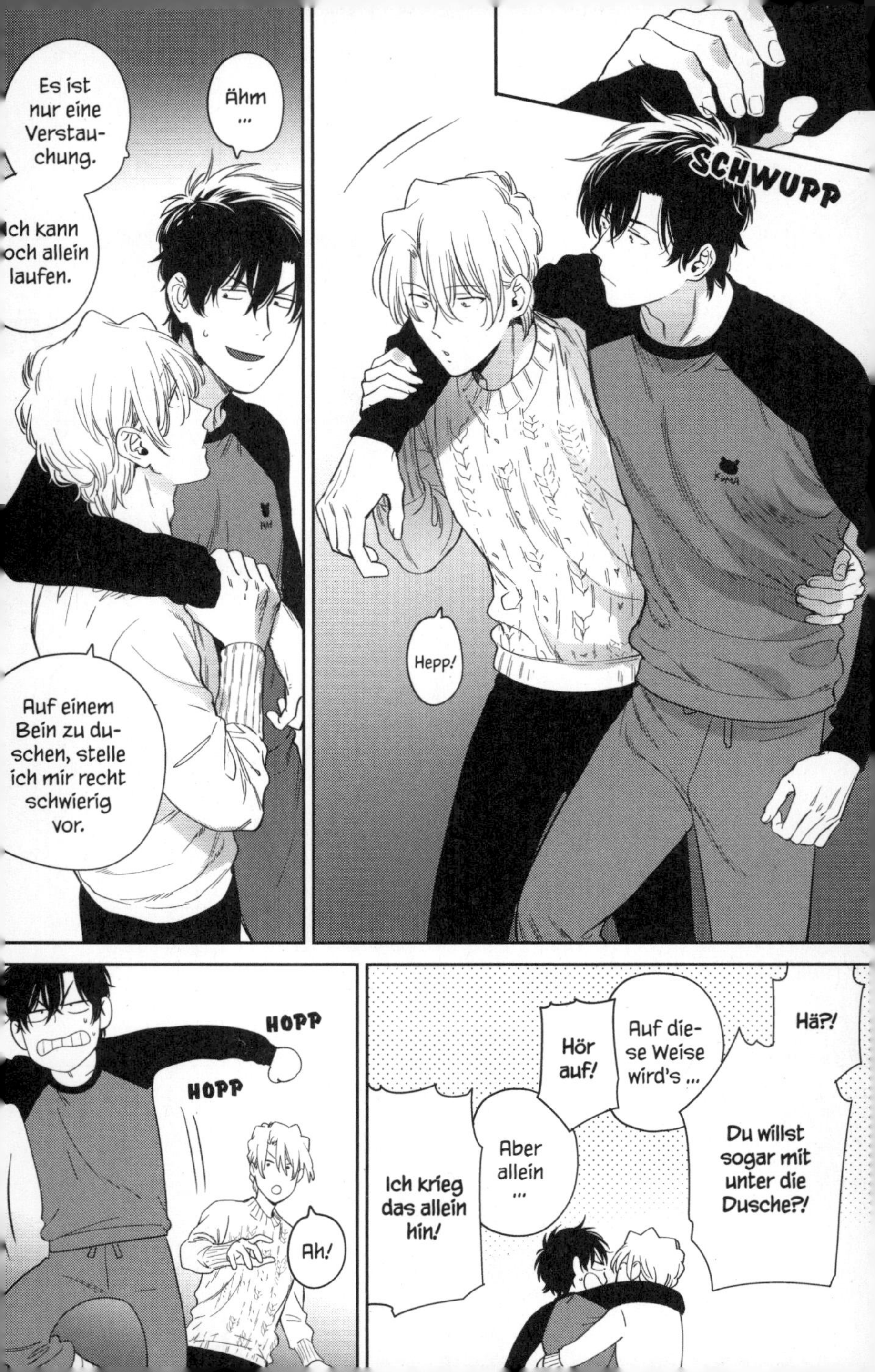

SCHWUPP
Hepp!
Ähm ...
Es ist nur eine Verstauchung.
ch kann och allein laufen.
Auf einem Bein zu duschen, stelle ich mir recht schwierig vor.
Hä?!
Auf diese Weise wird's ...
Hör auf!
Du willst sogar mit unter die Dusche?!
Aber allein ...
Ich krieg das allein hin!
HOPP
HOPP
Ah!

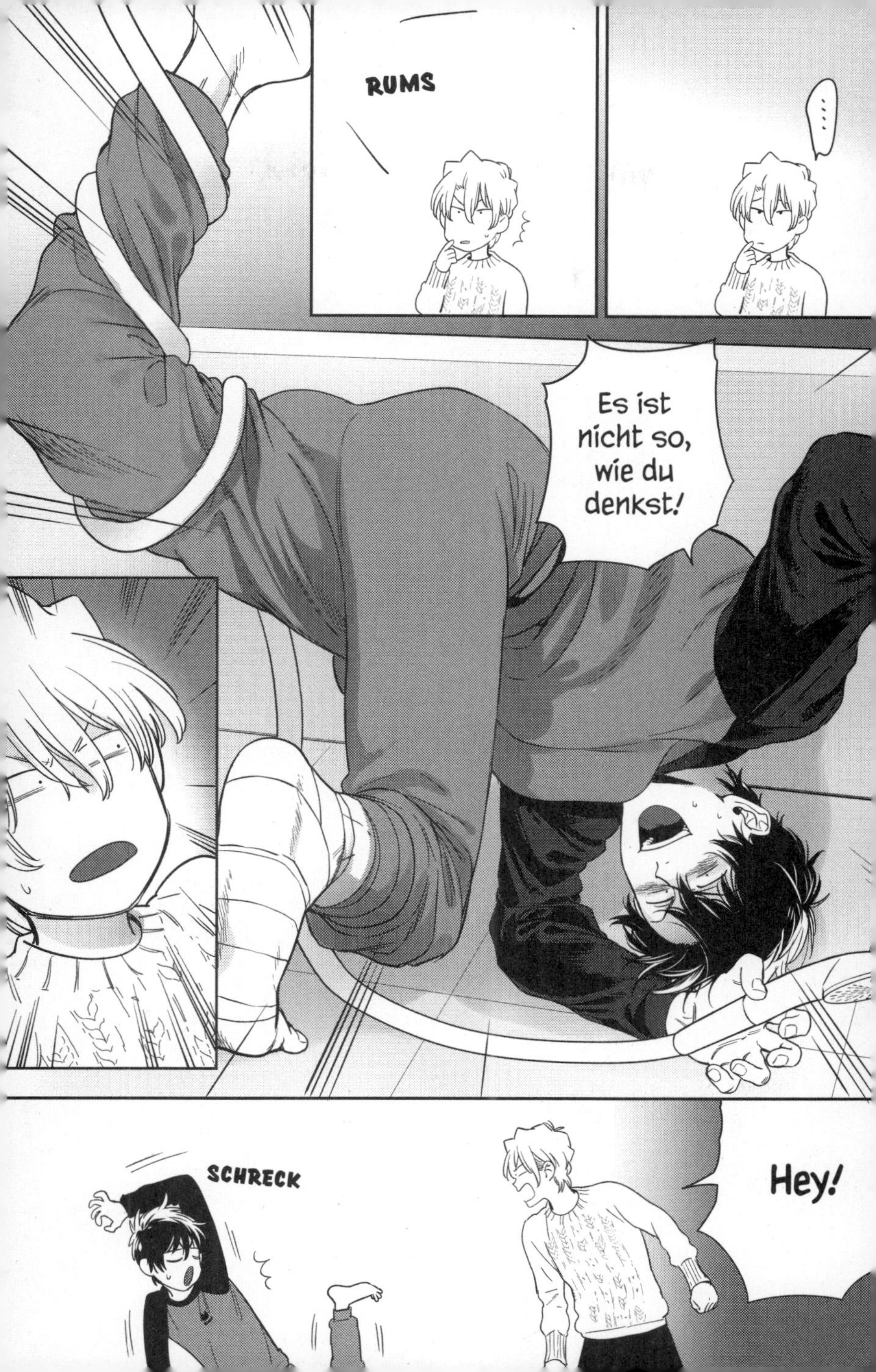
RUMS
...
Es ist nicht so, wie du denkst!
Hey!
SCHRECK

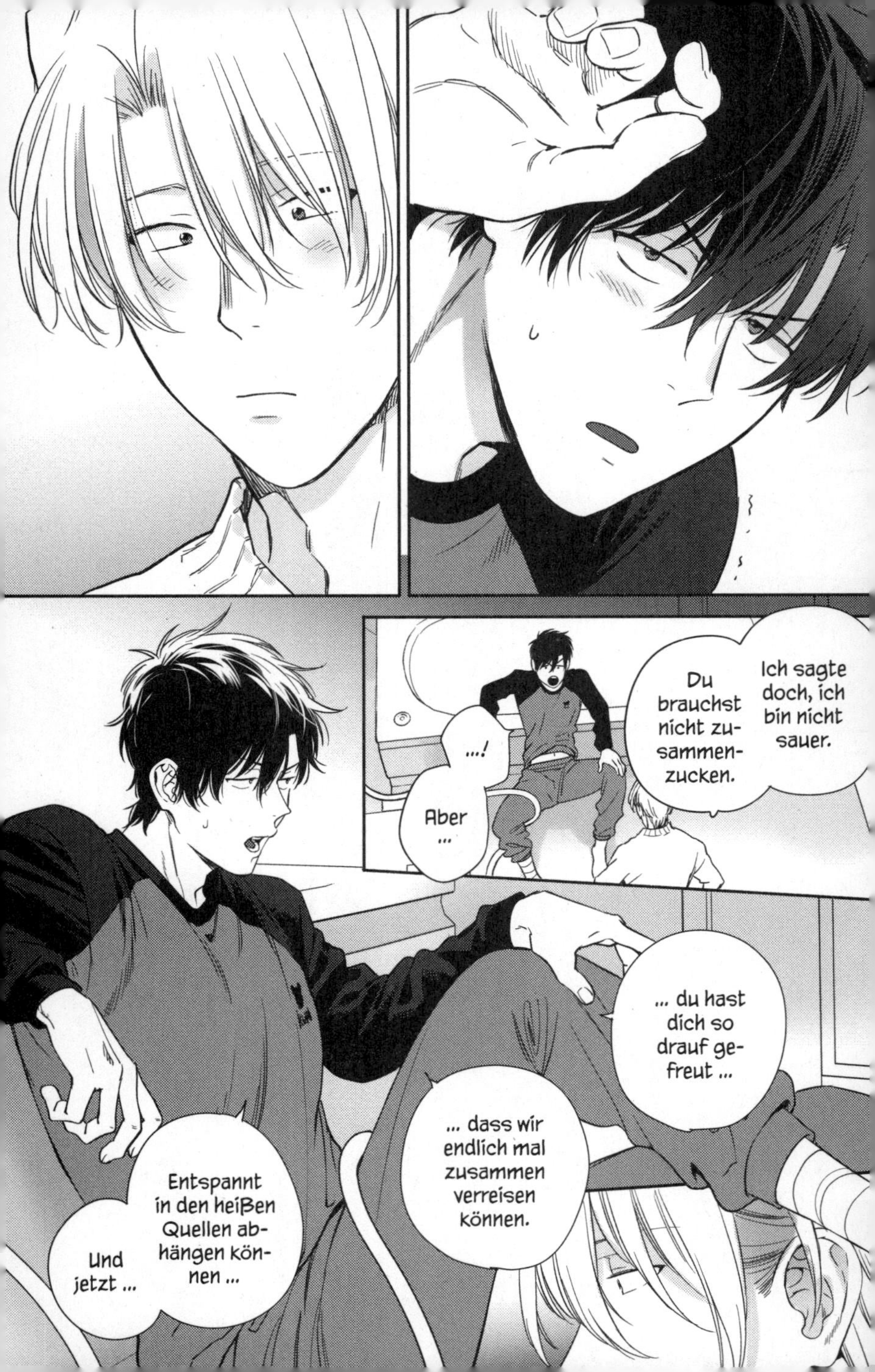
Ich sagte doch, ich bin nicht sauer.
Du brauchst nicht zusammenzucken.
...!
Aber ...
... du hast dich so drauf gefreut ...
... dass wir endlich mal zusammen verreisen können.
Entspannt in den heißen Quellen abhängen können ...
Und jetzt ...

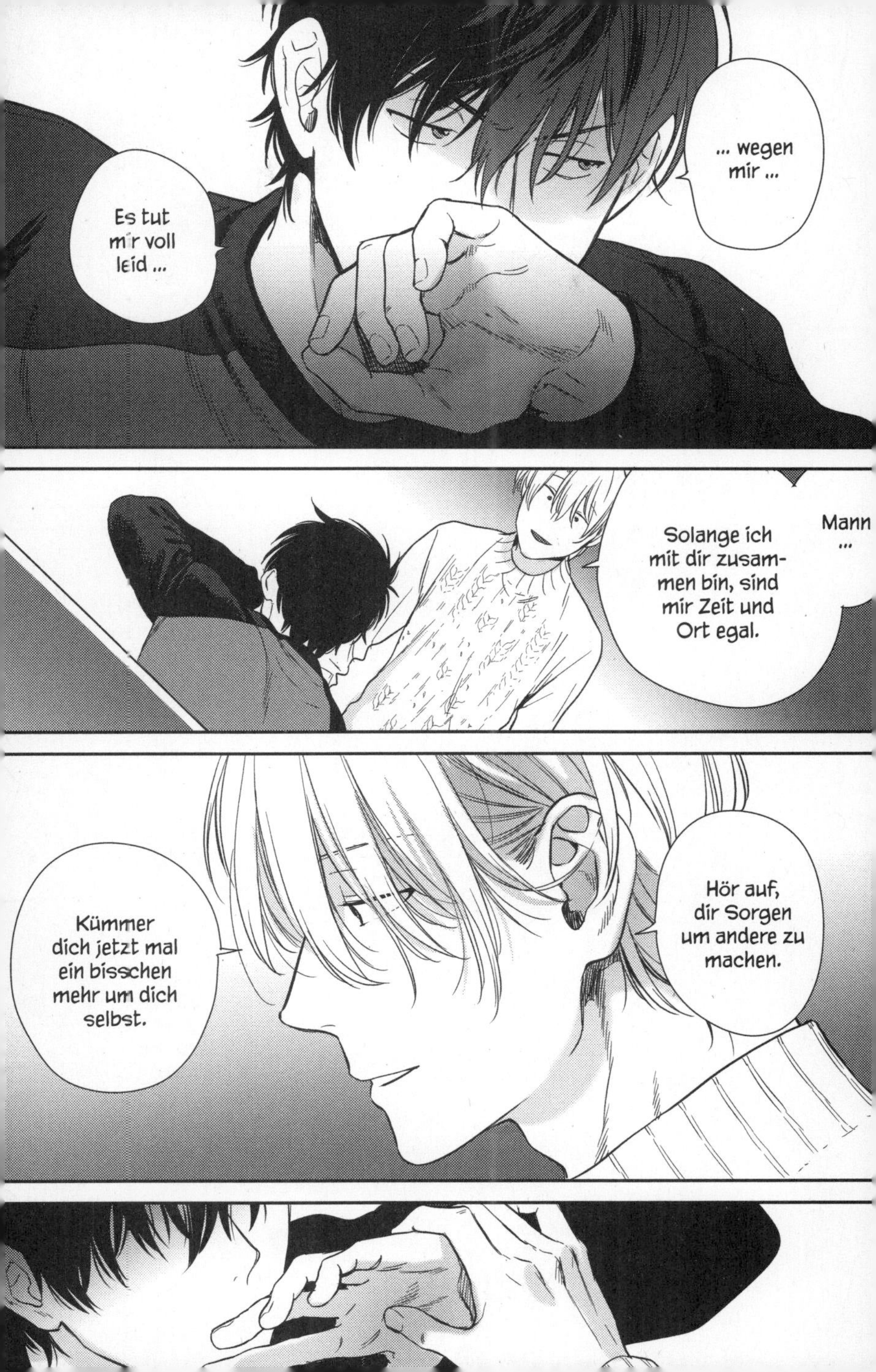
... wegen mir ...
Es tut mir voll leid ...
Mann ...
Solange ich mit dir zusammen bin, sind mir Zeit und Ort egal.
Hör auf, dir Sorgen um andere zu machen.
Kümmer dich jetzt mal ein bisschen mehr um dich selbst.

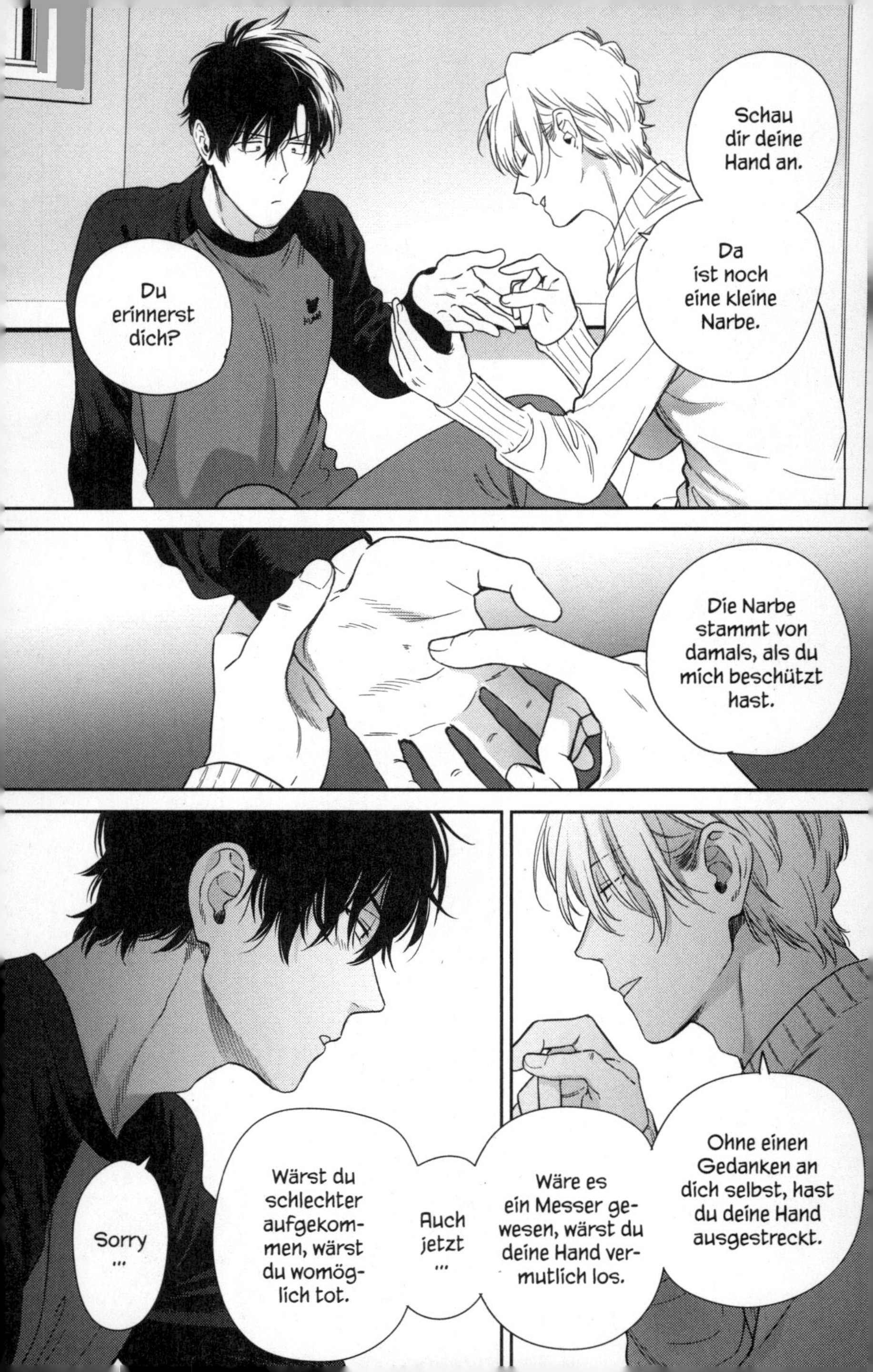
Schau dir deine Hand an.
Da ist noch eine kleine Narbe.
Du erinnerst dich?
Die Narbe stammt von damals, als du mich beschützt hast.
Ohne einen Gedanken an dich selbst, hast du deine Hand ausgestreckt.
Wäre es ein Messer gewesen, wärst du deine Hand vermutlich los.
Auch jetzt ...
Wärst du schlechter aufgekommen, wärst du womöglich tot.
Sorry ...

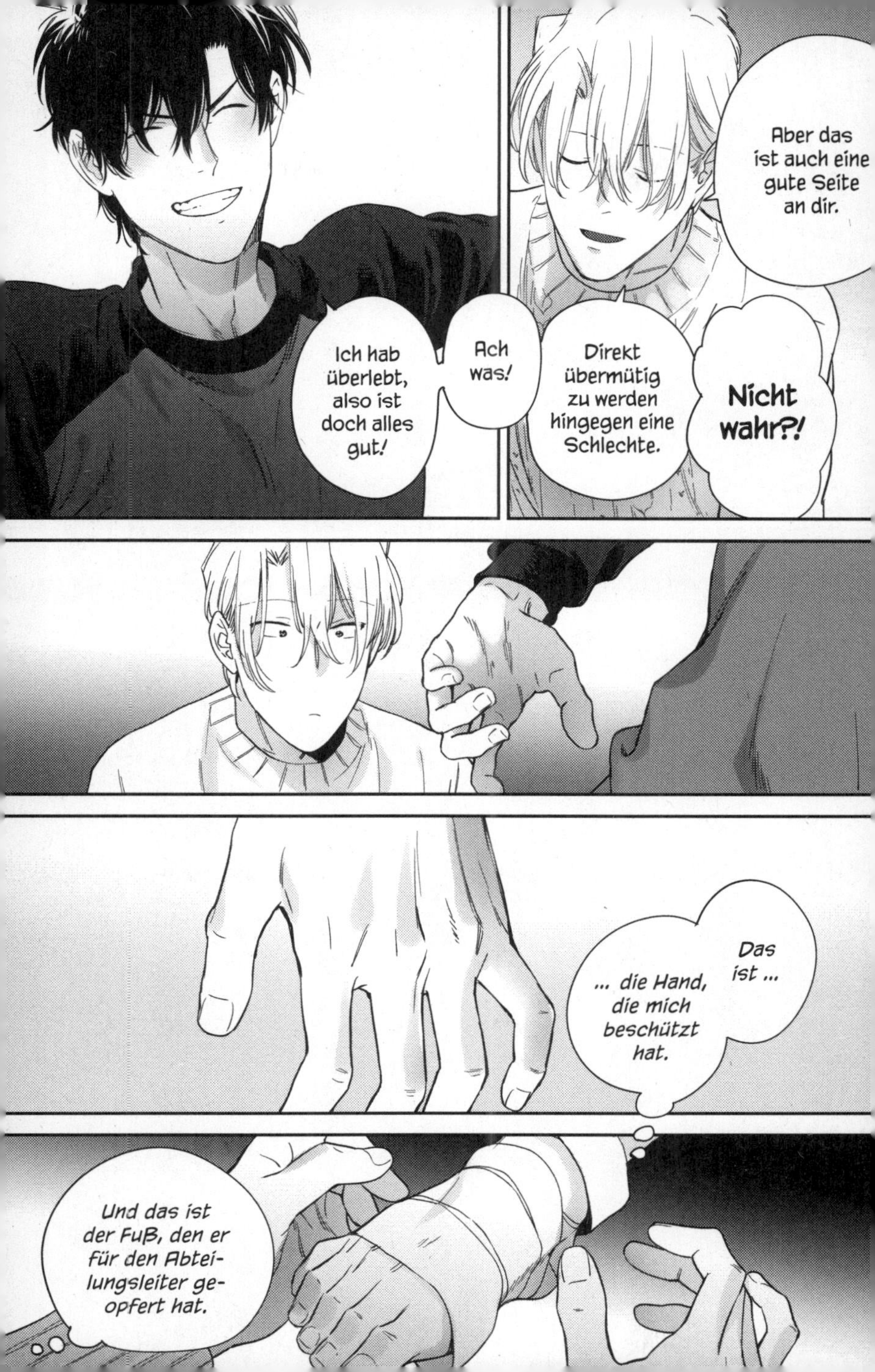

Aber das ist auch eine gute Seite an dir.
Nicht wahr?!
Direkt übermütig zu werden hingegen eine Schlechte.
Ach was!
Ich hab überlebt, also ist doch alles gut!
Das ist ...
... die Hand, die mich beschützt hat.
Und das ist der Fuß, den er für den Abteilungsleiter geopfert hat.

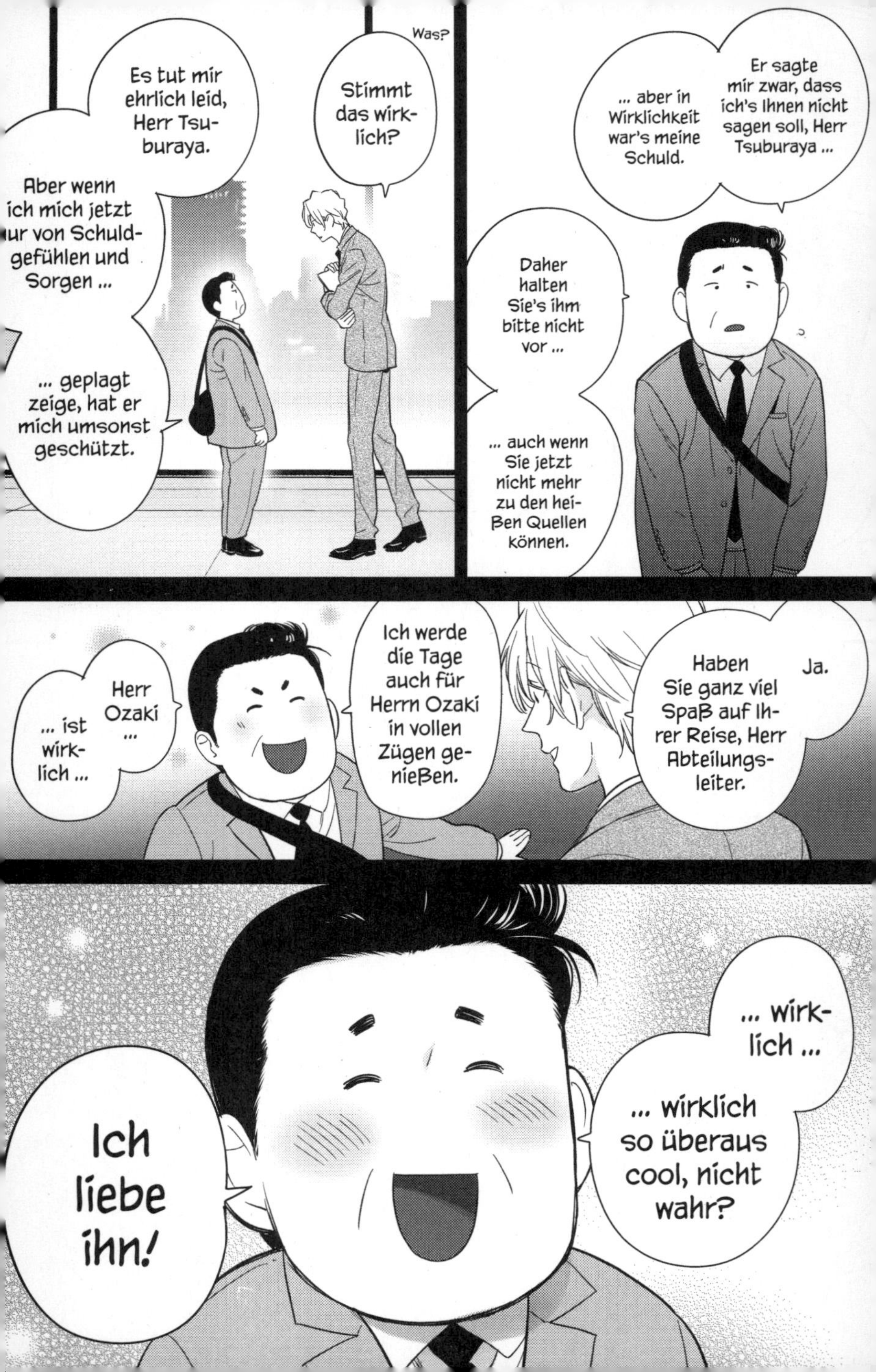
Er sagte mir zwar, dass ich's Ihnen nicht sagen soll, Herr Tsuburaya ...
... aber in Wirklichkeit war's meine Schuld.
Daher halten Sie's ihm bitte nicht vor ...
... auch wenn Sie jetzt nicht mehr zu den heißen Quellen können.
Was?
Stimmt das wirklich?
Es tut mir ehrlich leid, Herr Tsuburaya.
Aber wenn ich mich jetzt ur von Schuldgefühlen und Sorgen ...
... geplagt zeige, hat er mich umsonst geschützt.
Ja.
Haben Sie ganz viel Spaß auf Ihrer Reise, Herr Abteilungsleiter.
Ich werde die Tage auch für Herrn Ozaki in vollen Zügen genießen.
Herr Ozaki ...
... ist wirklich ...
... wirklich ...
... wirklich so überaus cool, nicht wahr?
Ich liebe ihn!

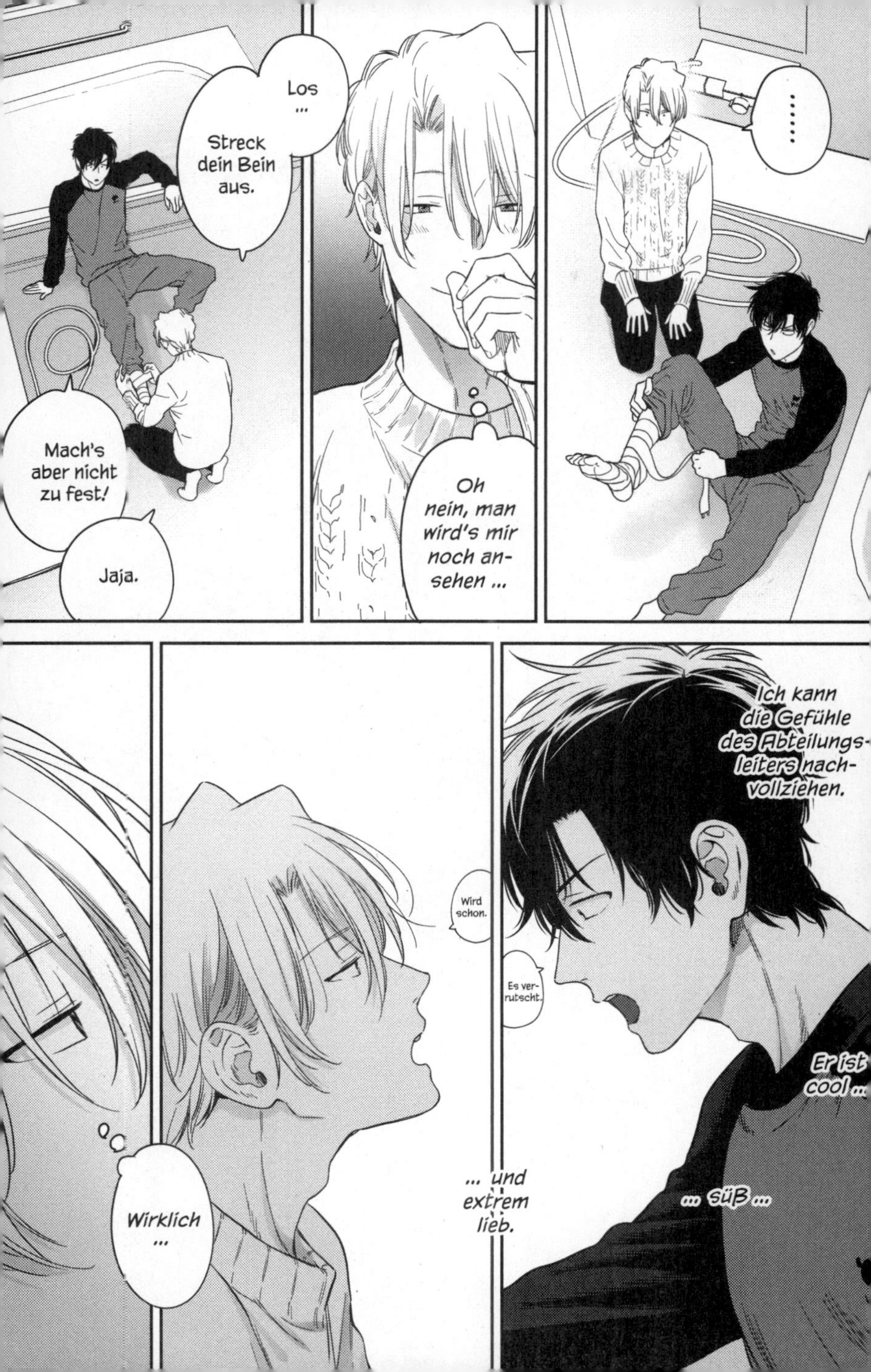
……
Oh nein, man wird's mir noch ansehen ...
Los ...
Streck dein Bein aus.
Mach's aber nicht zu fest!
Jaja.
Ich kann die Gefühle des Abteilungsleiters nachvollziehen.
Es verrutscht.
Wird schon.
Er ist cool ...
... süß ...
... und extrem lieb.
Wirklich ...

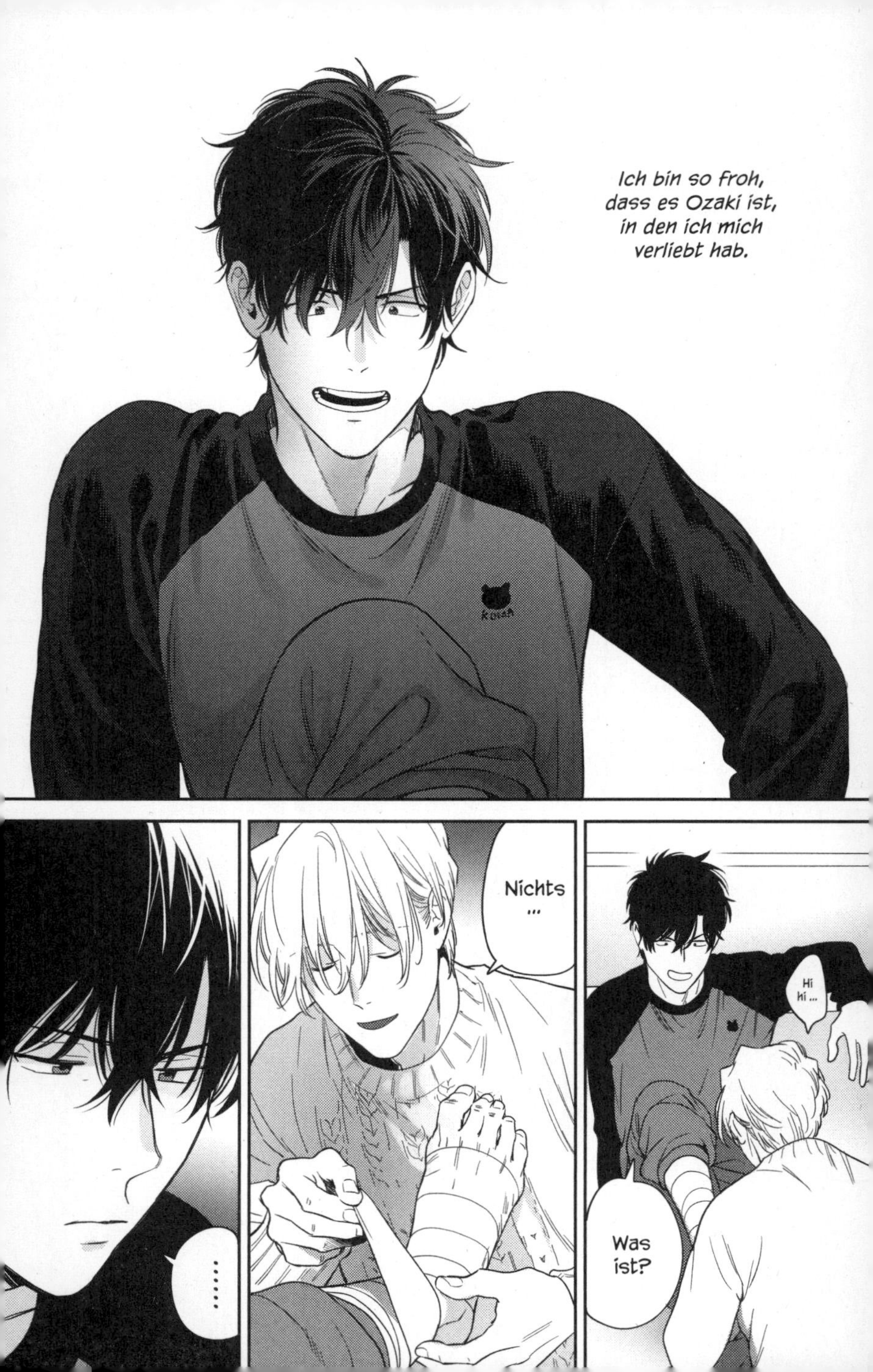
Ich bin so froh, dass es Ozaki ist, in den ich mich verliebt hab.
Hi hi ...
Was ist?
Nichts ...
......

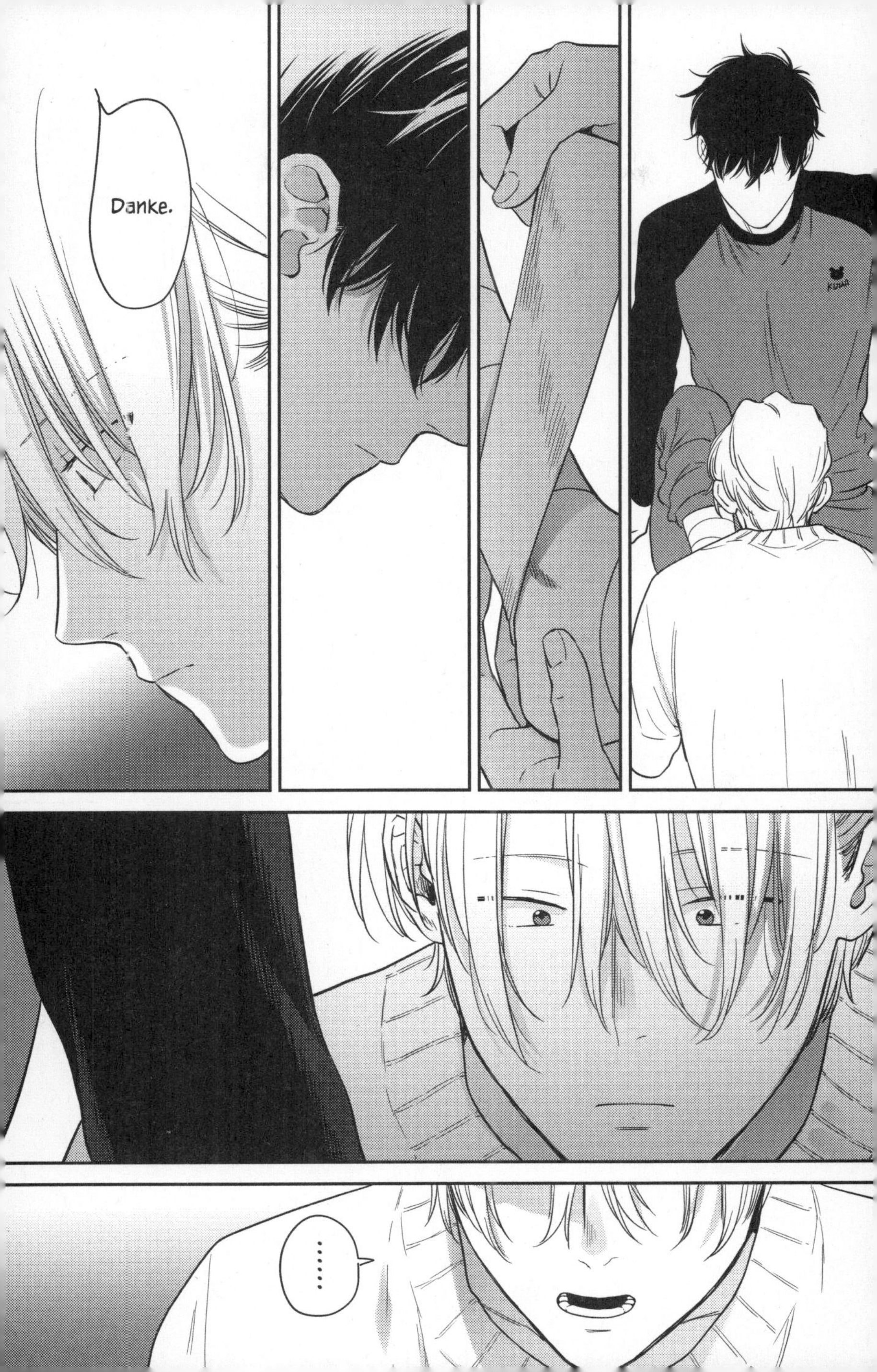
Danke.
……

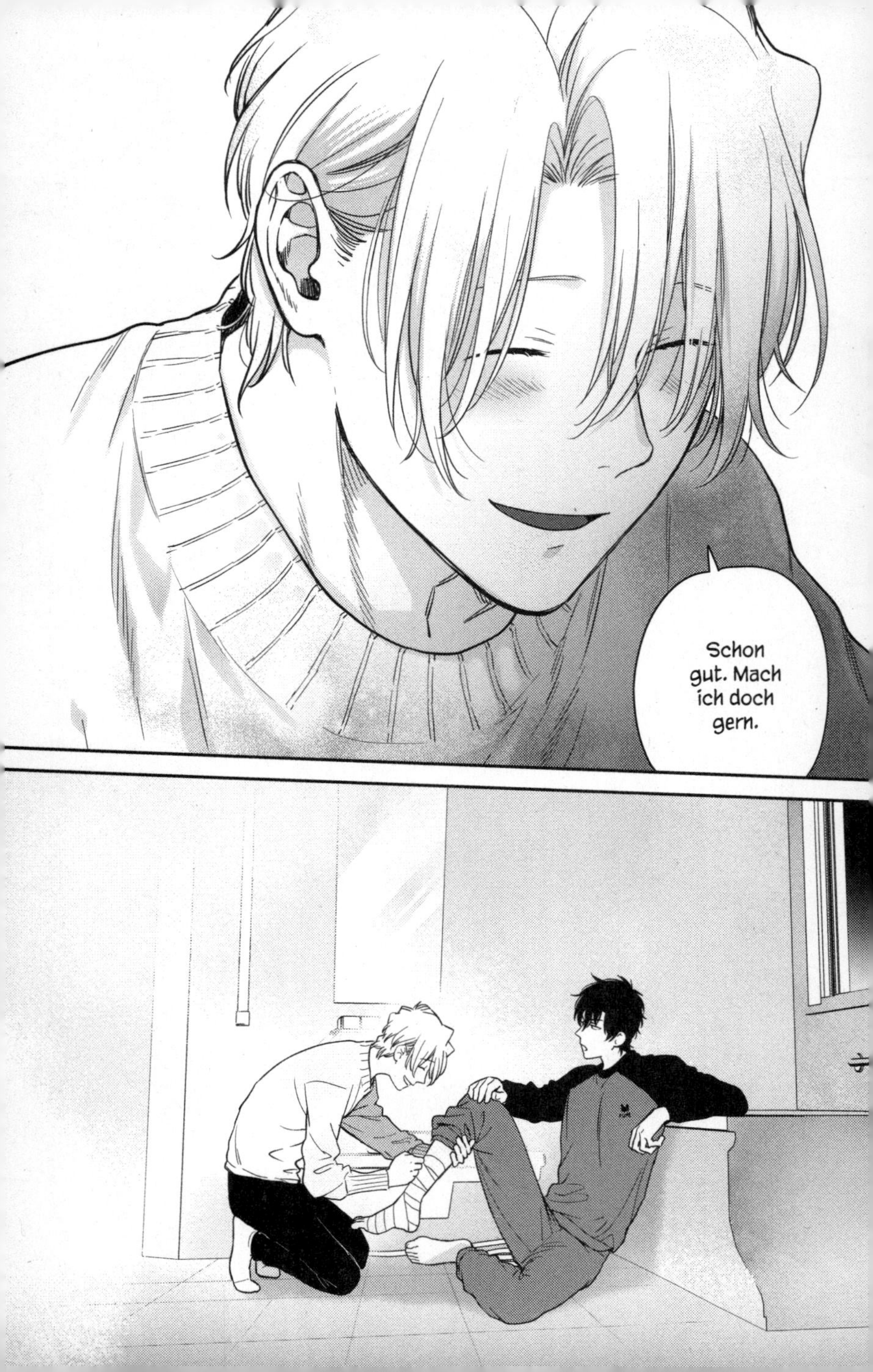
Schon gut. Mach ich doch gern.

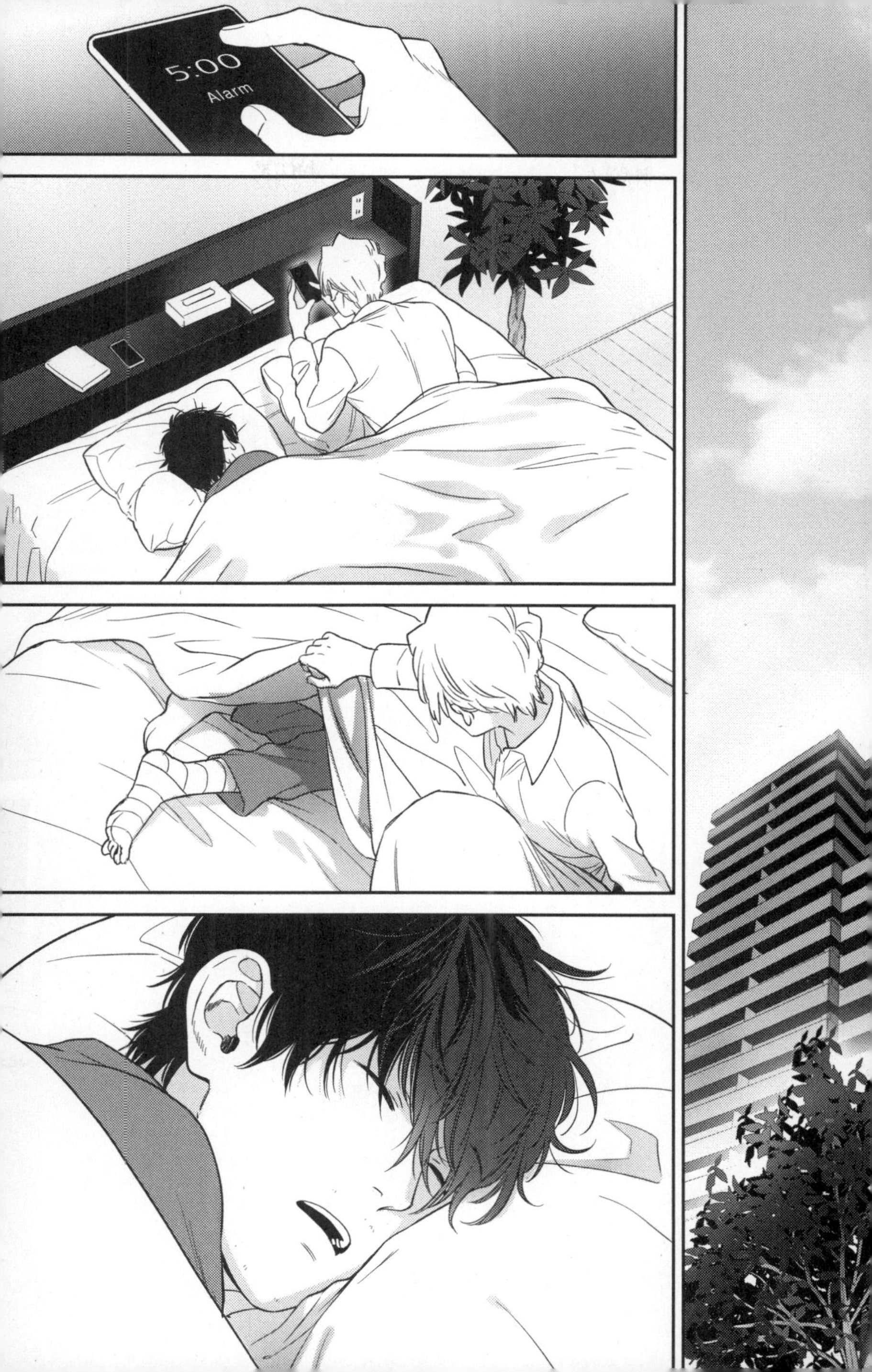
5:00
Alarm

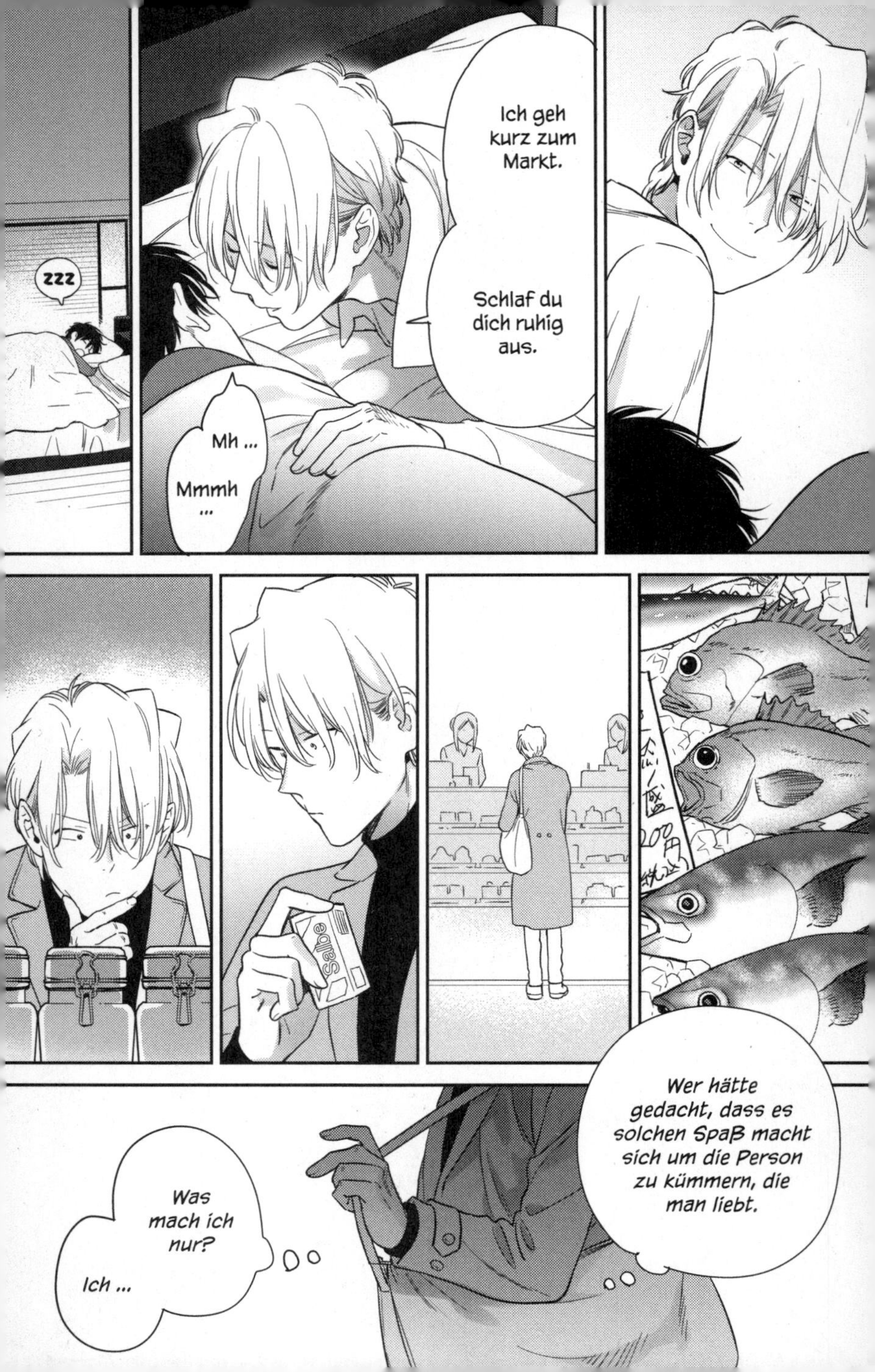

Ich geh kurz zum Markt.
Schlaf du dich ruhig aus.
zzz
Mh ...
Mmmh ...
Salbe
Wer hätte gedacht, dass es solchen Spaß macht sich um die Person zu kümmern, die man liebt.
Was mach ich nur?
Ich ...

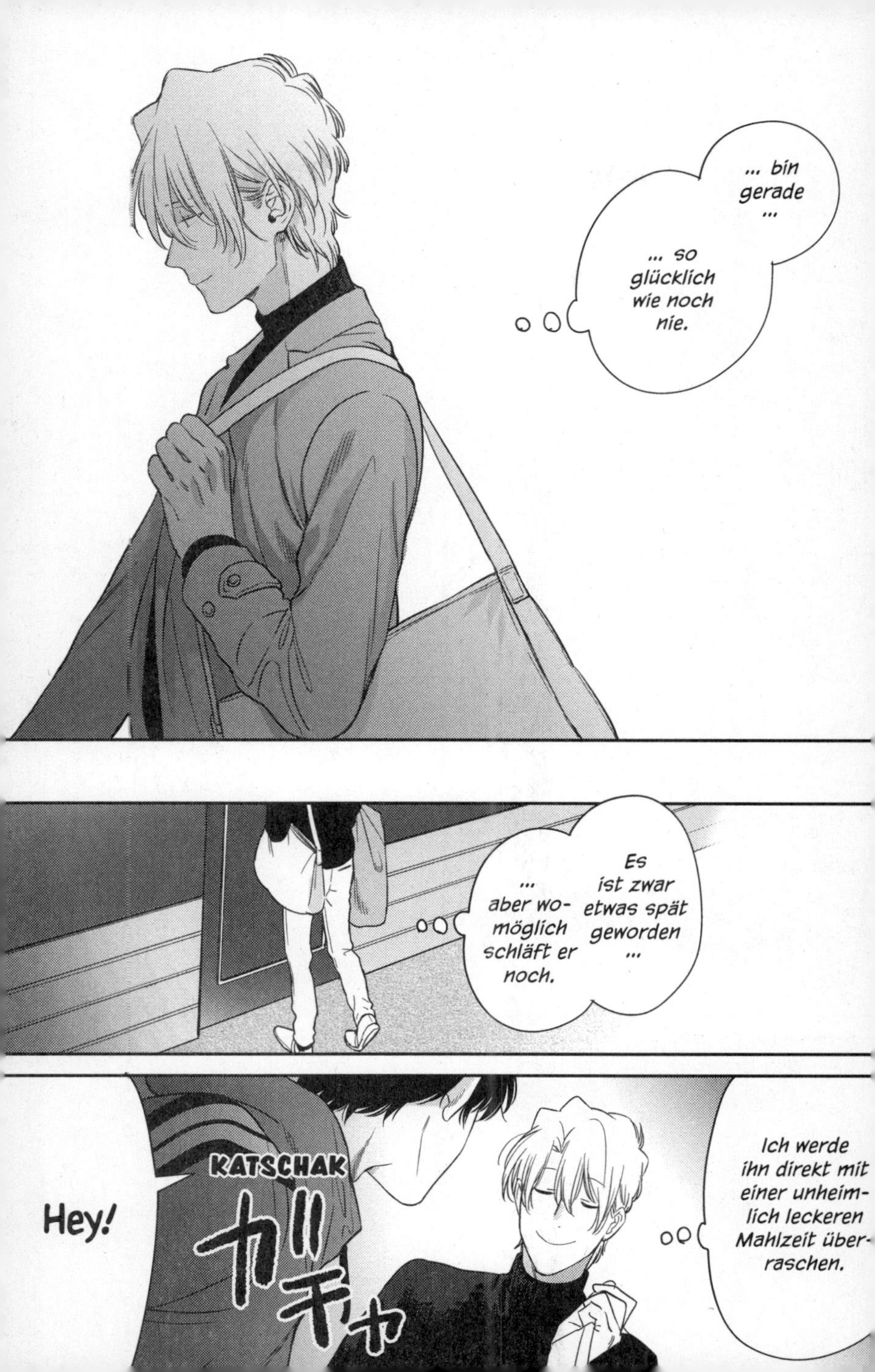
... bin gerade ...
... so glücklich wie noch nie.
Es ist zwar etwas spät geworden ...
... aber womöglich schläft er noch.
Ich werde ihn direkt mit einer unheimlich leckeren Mahlzeit überraschen.
KATSCHAK
カチャ
Hey!

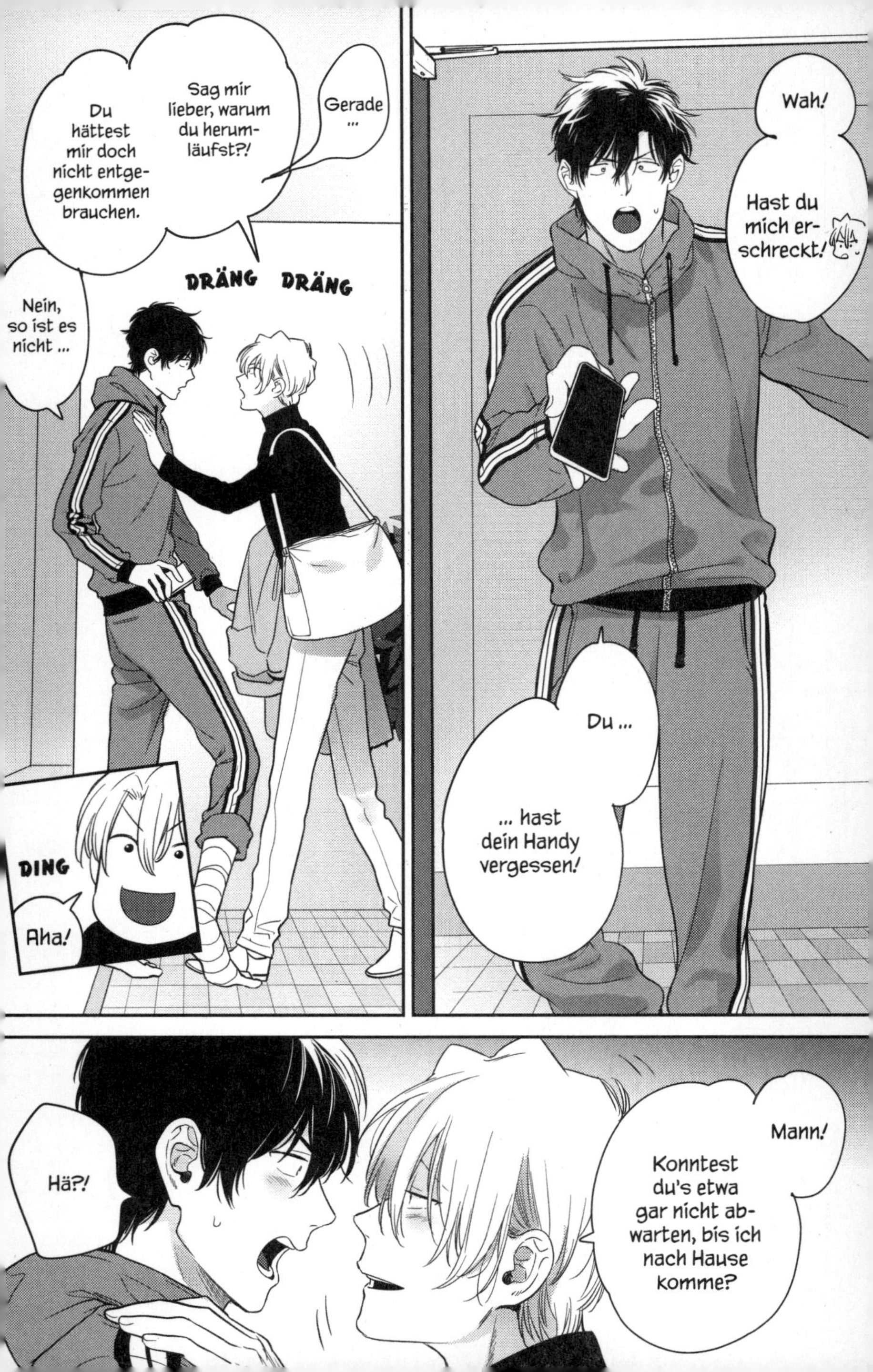

Wah!
Hast du mich erschreckt!
Du ...
... hast dein Handy vergessen!
Gerade ...
Sag mir lieber, warum du herumläufst?!
Du hättest mir doch nicht entgegenkommen brauchen.
DRÄNG DRÄNG
Nein, so ist es nicht ...
DING
Aha!
Mann!
Konntest du's etwa gar nicht abwarten, bis ich nach Hause komme?
Hä?!

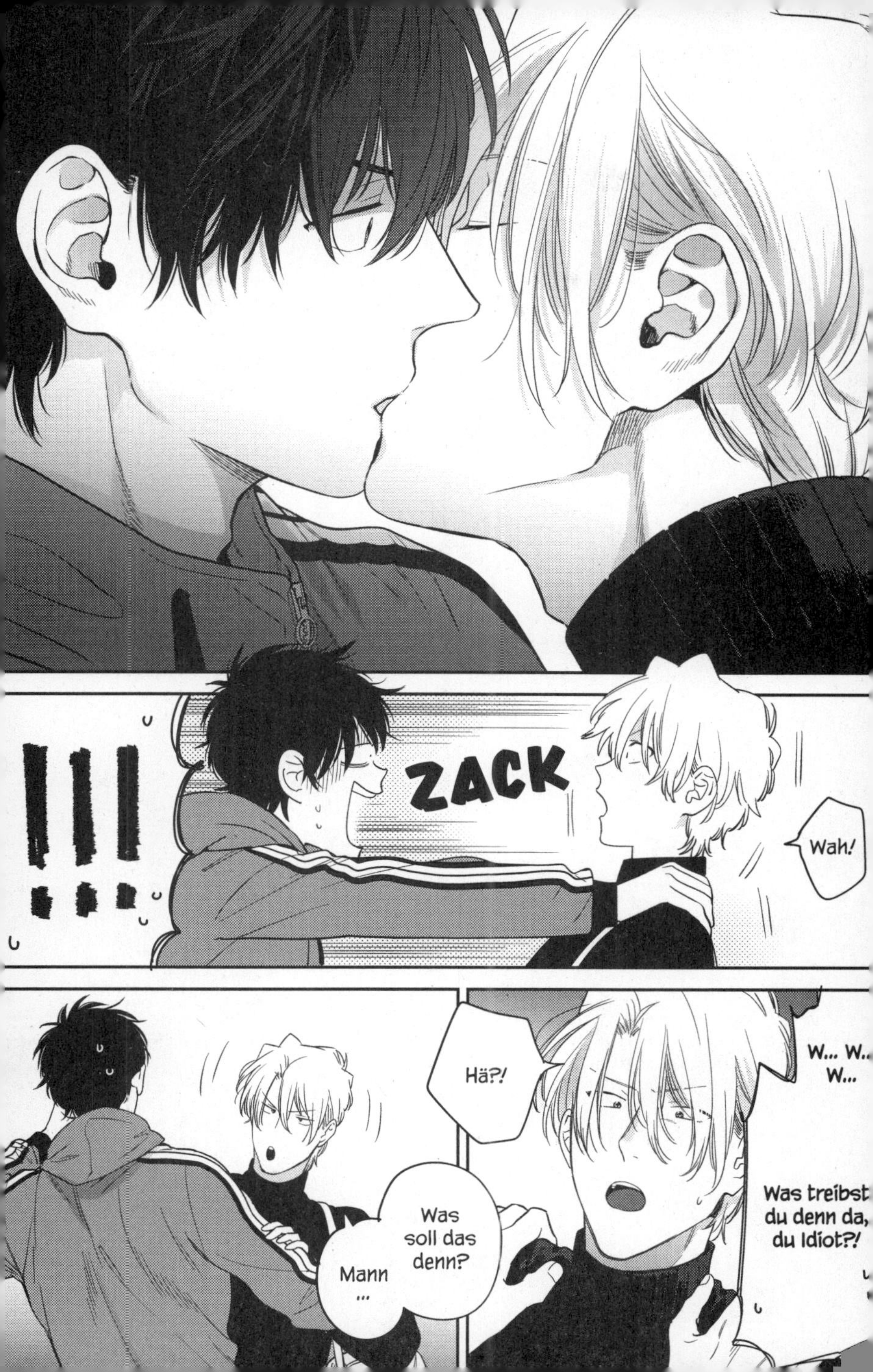
ZACK
Wah!
!!!
W... W...
W...
Hä?!
Was treibst du denn da, du Idiot?!
Was soll das denn?
Mann ...

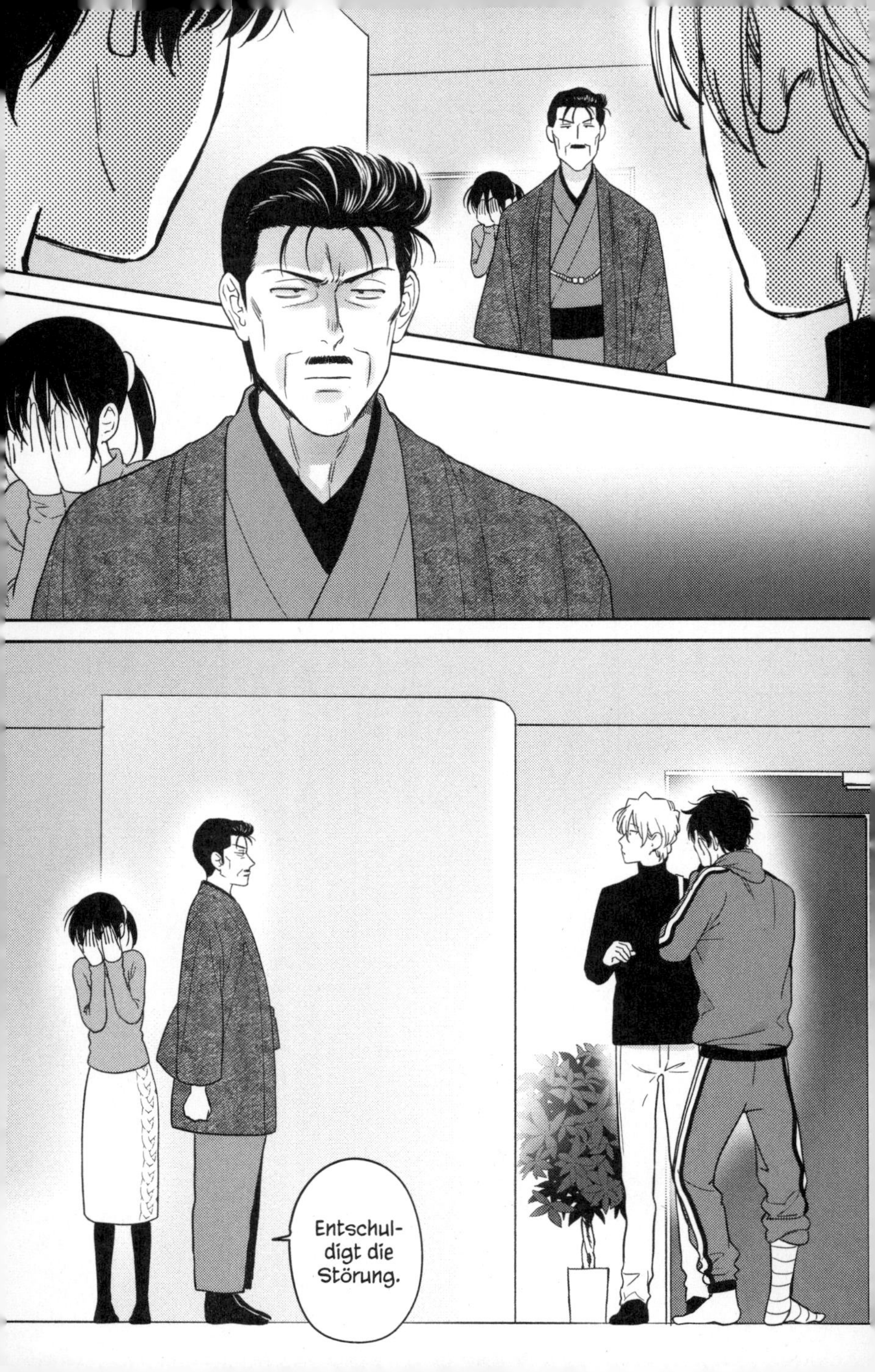
Entschul-
digt die
Störung.

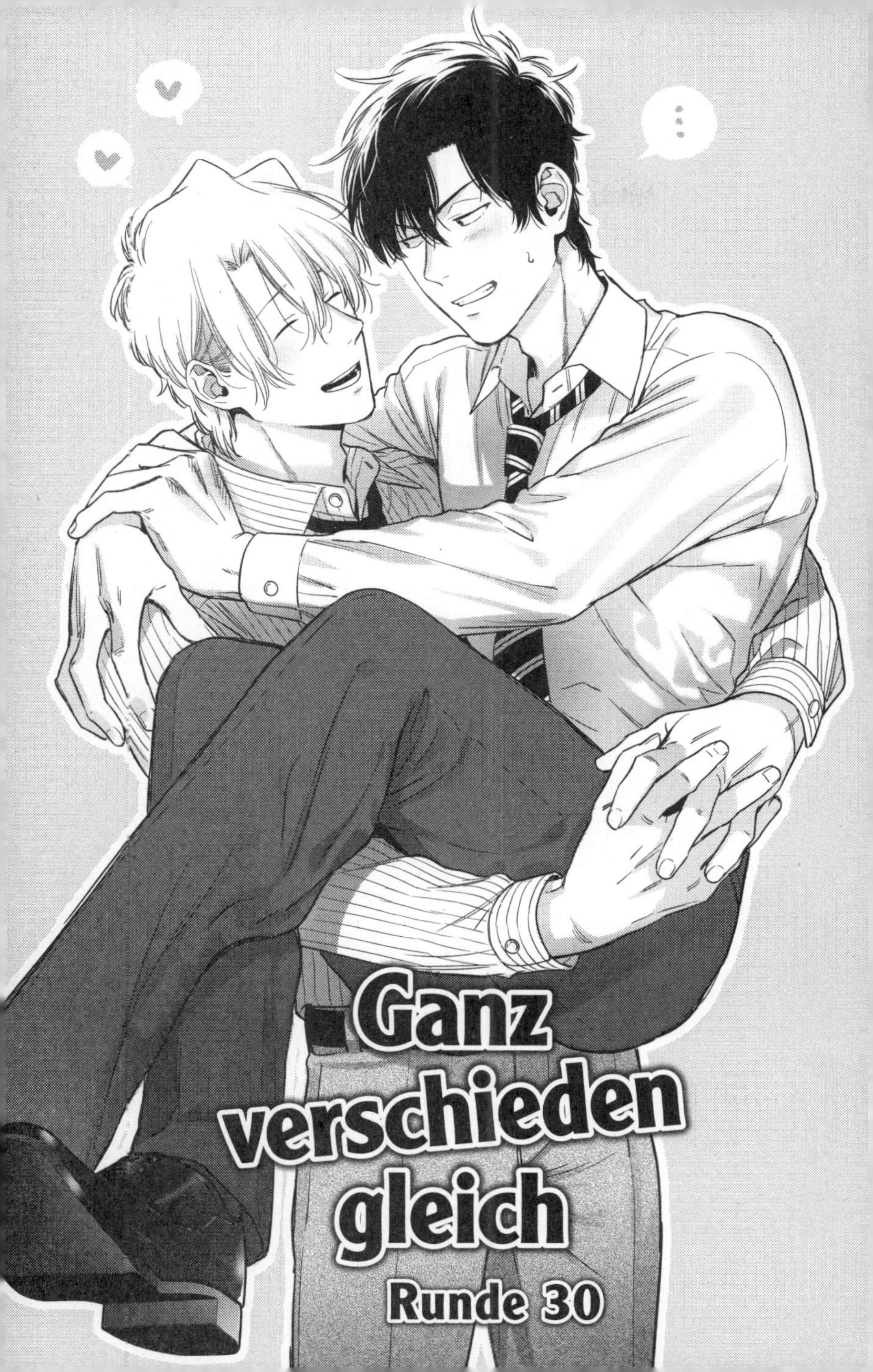
Ganz verschieden gleich
Runde 30

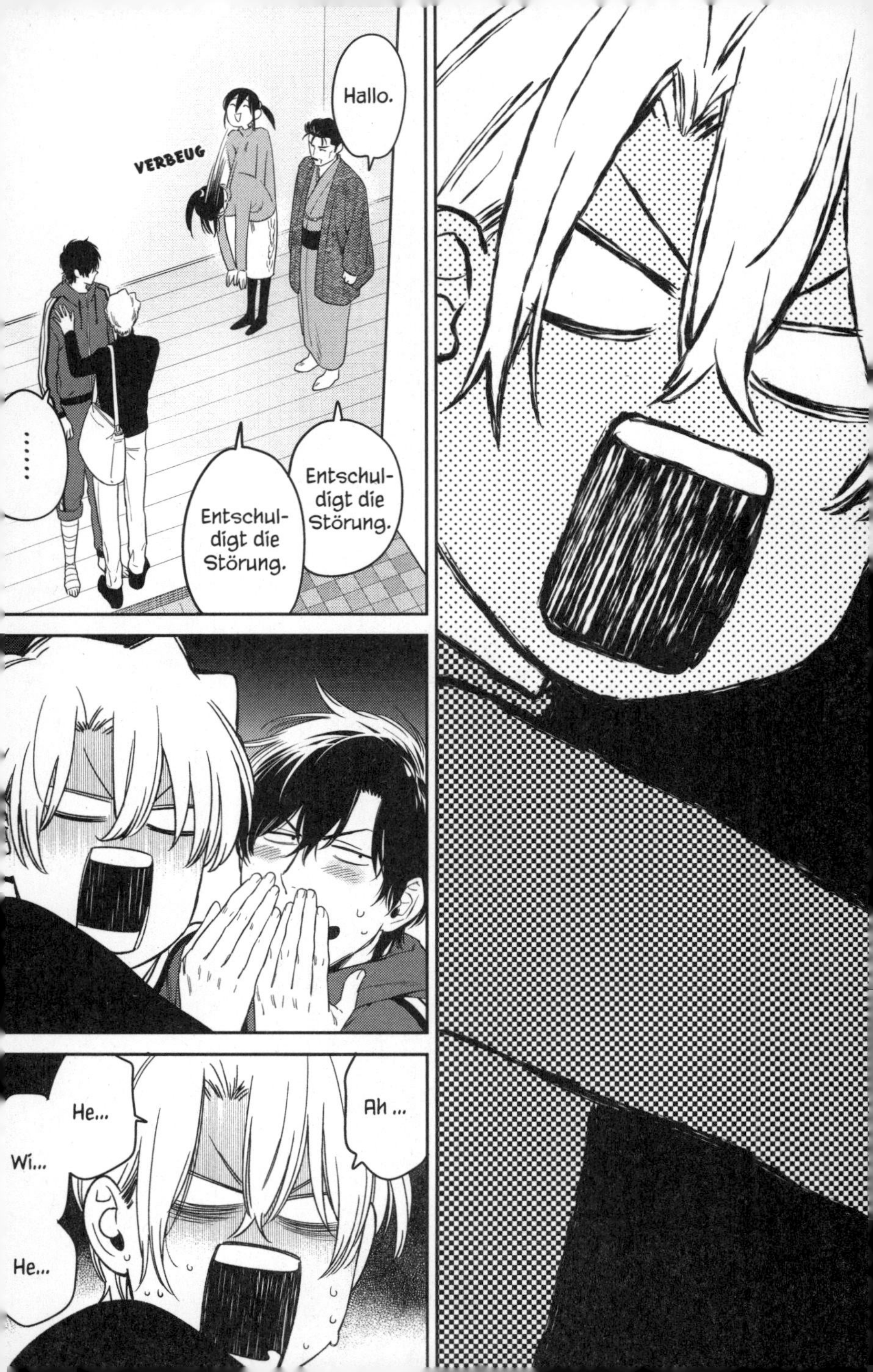
Hallo.
VERBEUG
Entschul-
digt die
Störung.
Entschul-
digt die
Störung.
……
Ah ...
He...
Wi...
He...

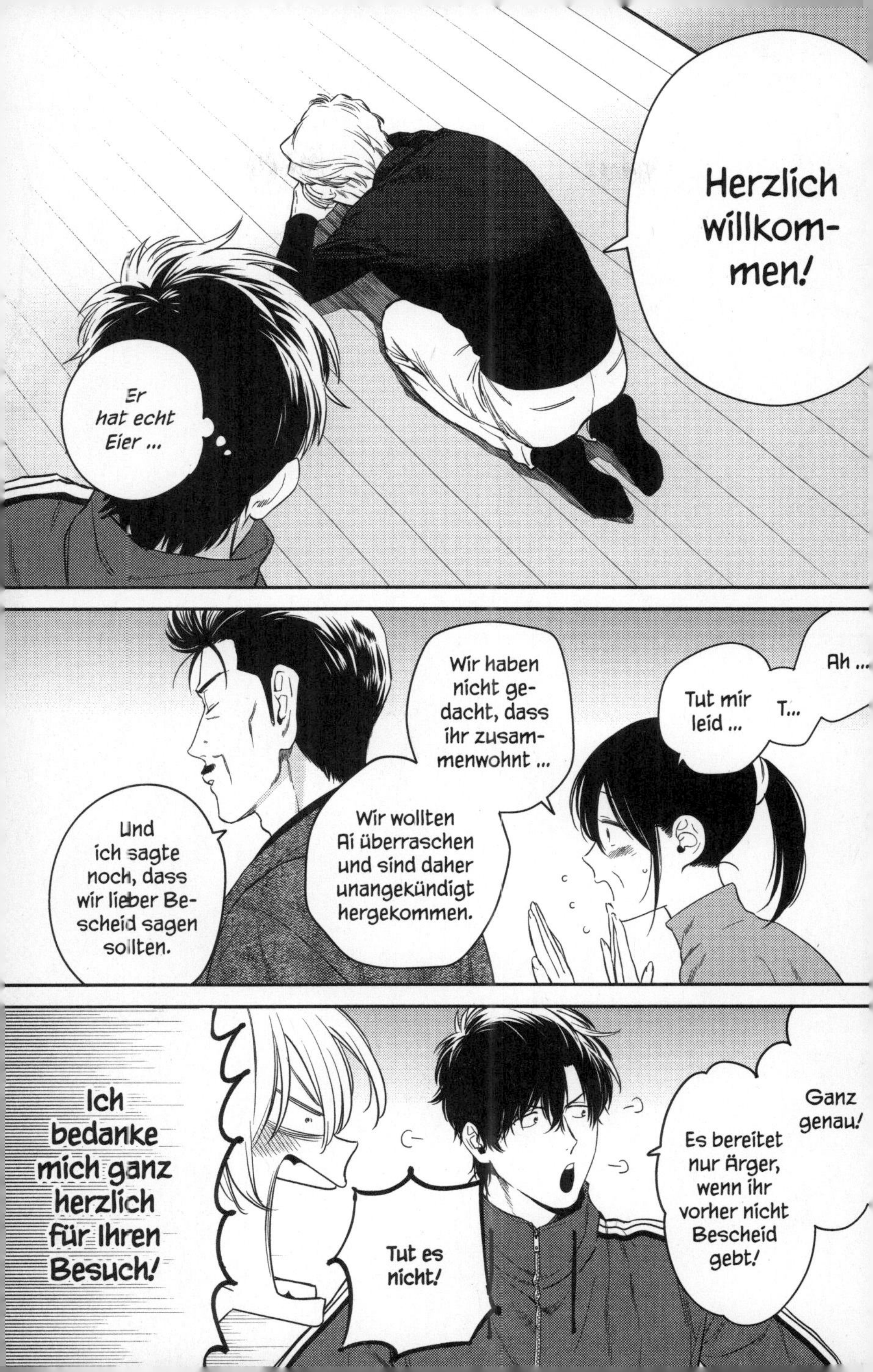
Herzlich willkom-men!
Er hat echt Eier ...
Ah ... T...
Tut mir leid ...
Wir haben nicht ge-dacht, dass ihr zusam-menwohnt ...
Wir wollten Ai überraschen und sind daher unangekündigt hergekommen.
Und ich sagte noch, dass wir lieber Be-scheid sagen sollten.
Ganz genau!
Es bereitet nur Ärger, wenn ihr vorher nicht Bescheid gebt!
Tut es nicht!
Ich bedanke mich ganz herzlich für Ihren Besuch!

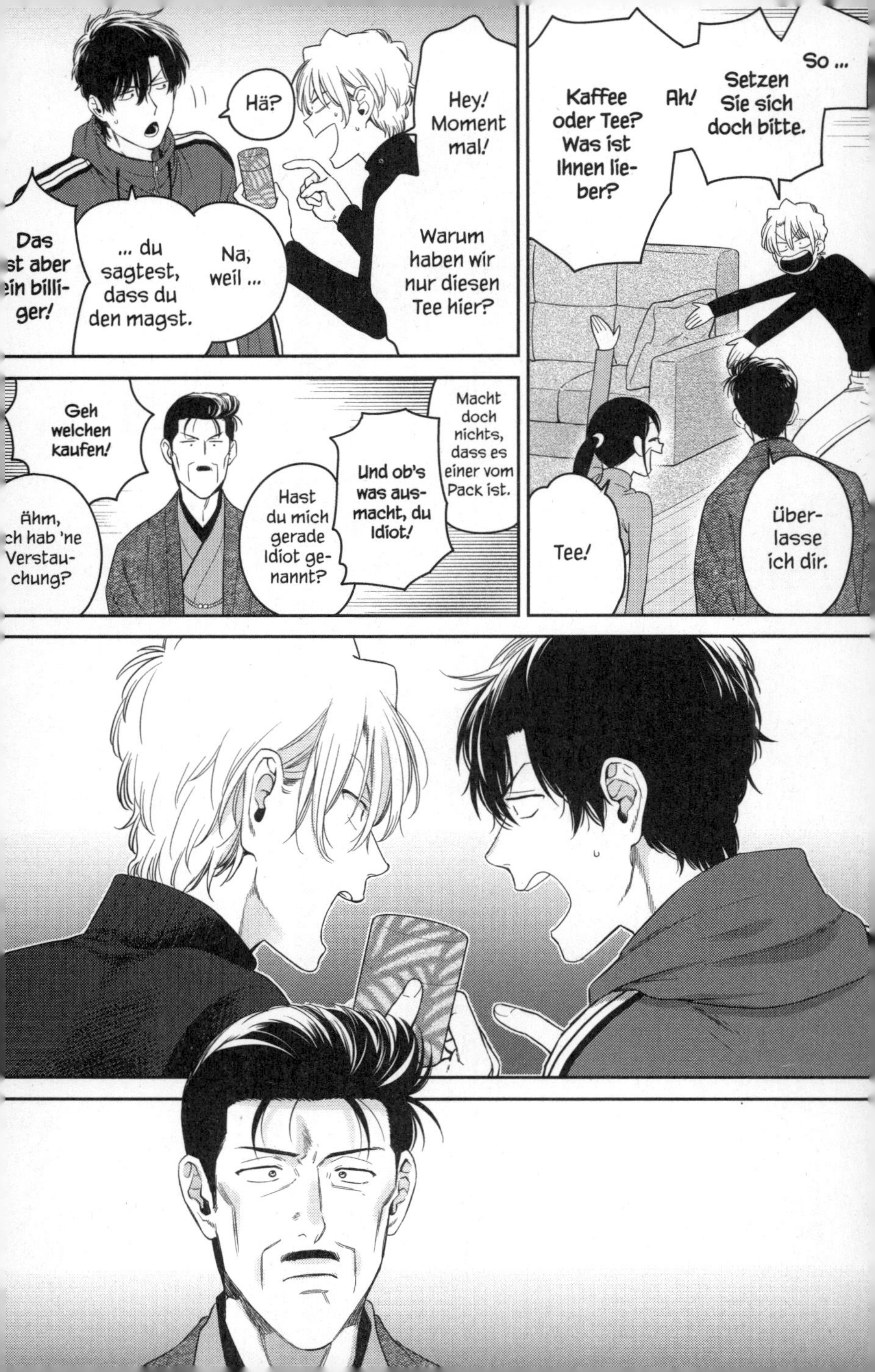
So ...
Setzen Sie sich doch bitte.
Ah!
Kaffee oder Tee? Was ist Ihnen lieber?
Überlasse ich dir.
Tee!
Hey! Moment mal!
Warum haben wir nur diesen Tee hier?
Hä?
Na, weil ...
... du sagtest, dass du den magst.
Das st aber ein billiger!
Macht doch nichts, dass es einer vom Pack ist.
Und ob's was ausmacht, du Idiot!
Hast du mich gerade Idiot genannt?
Geh welchen kaufen!
Ähm, ch hab 'ne Verstauchung?

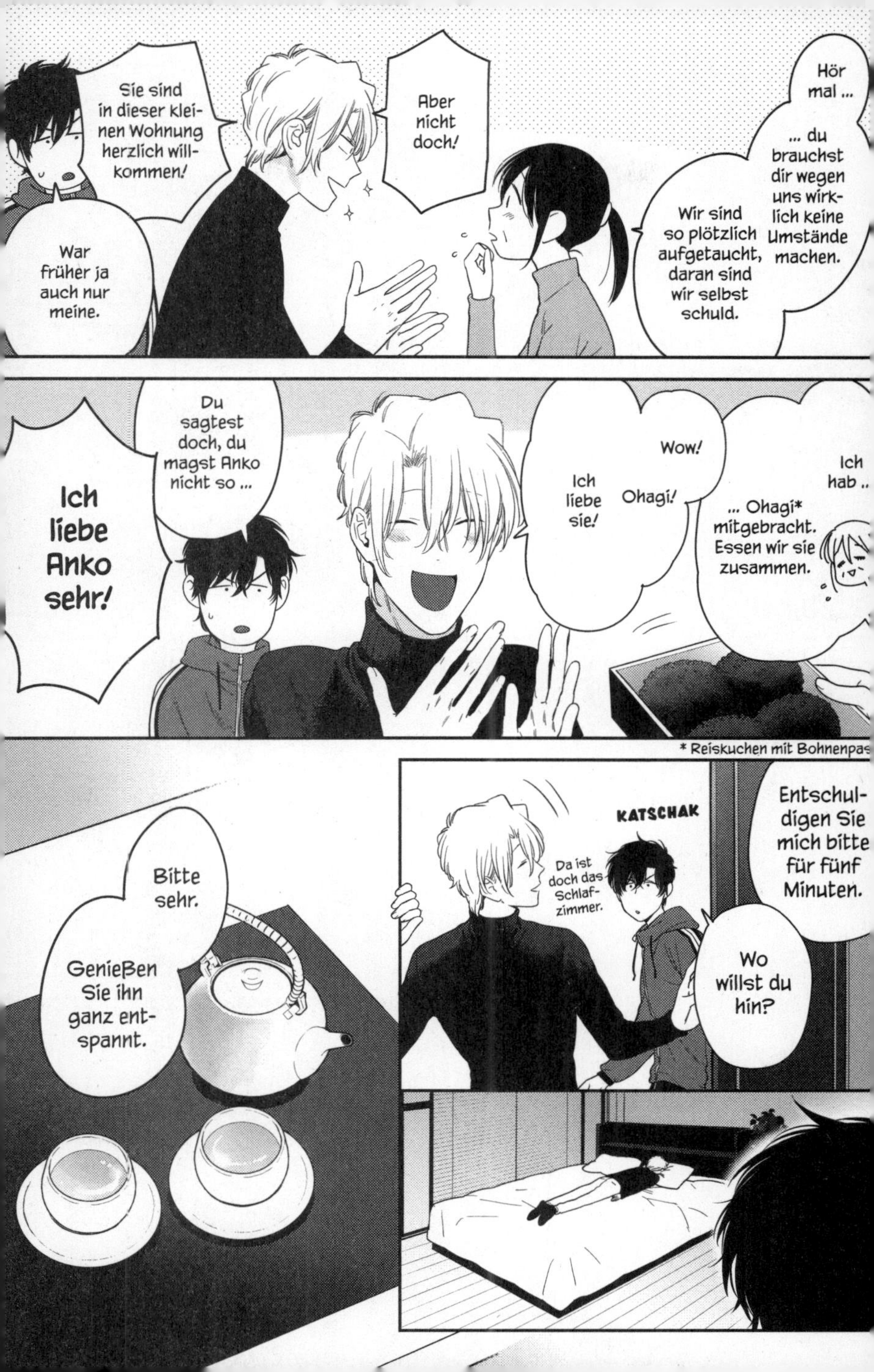

* Reiskuchen mit Bohnenpas

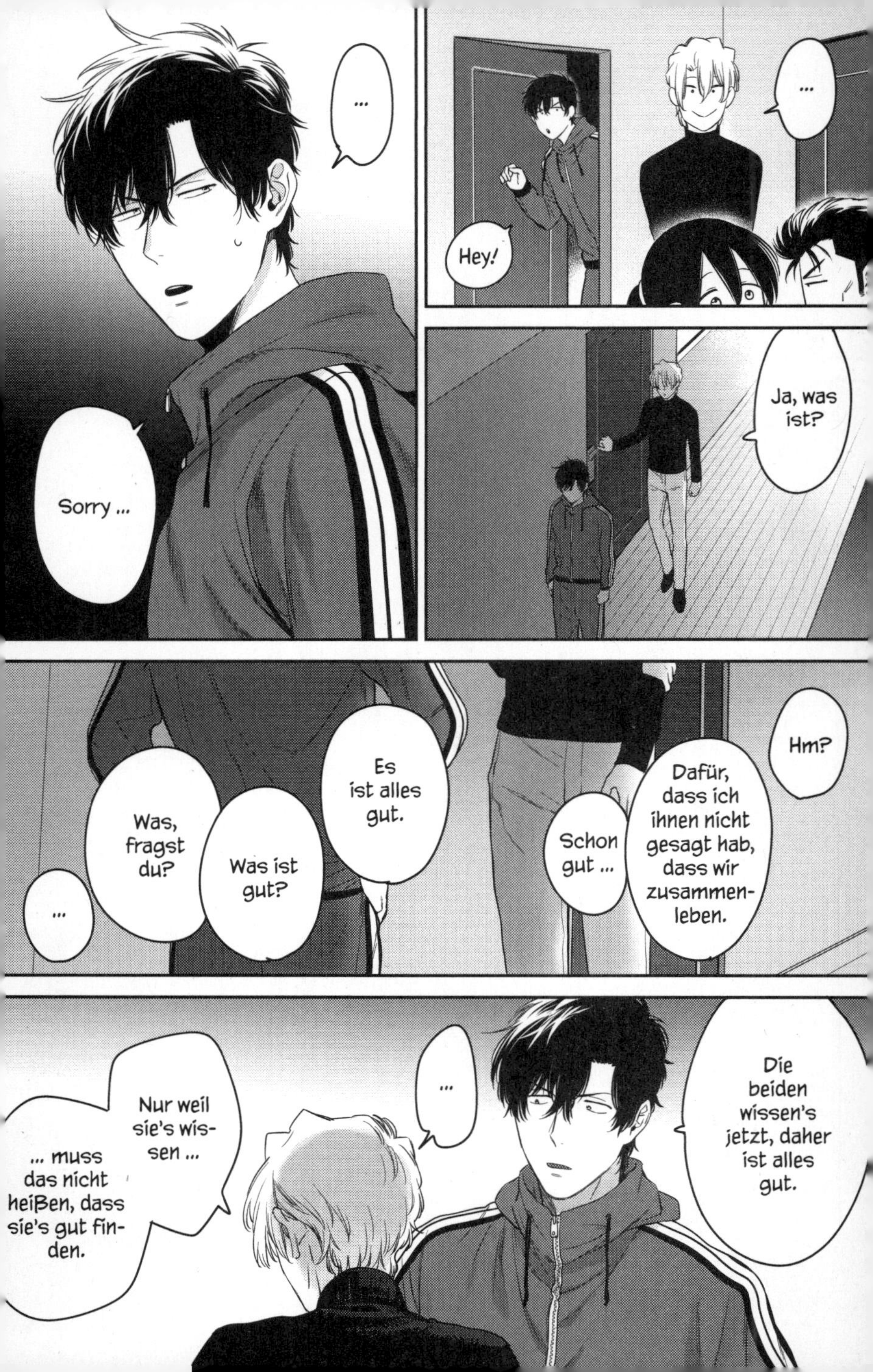

...
Hey!
Ja, was ist?
...
Sorry ...
Hm?
Dafür, dass ich ihnen nicht gesagt hab, dass wir zusammenleben.
Schon gut ...
Es ist alles gut.
Was ist gut?
Was, fragst du?
...
Die beiden wissen's jetzt, daher ist alles gut.
...
Nur weil sie's wissen ...
... muss das nicht heißen, dass sie's gut finden.

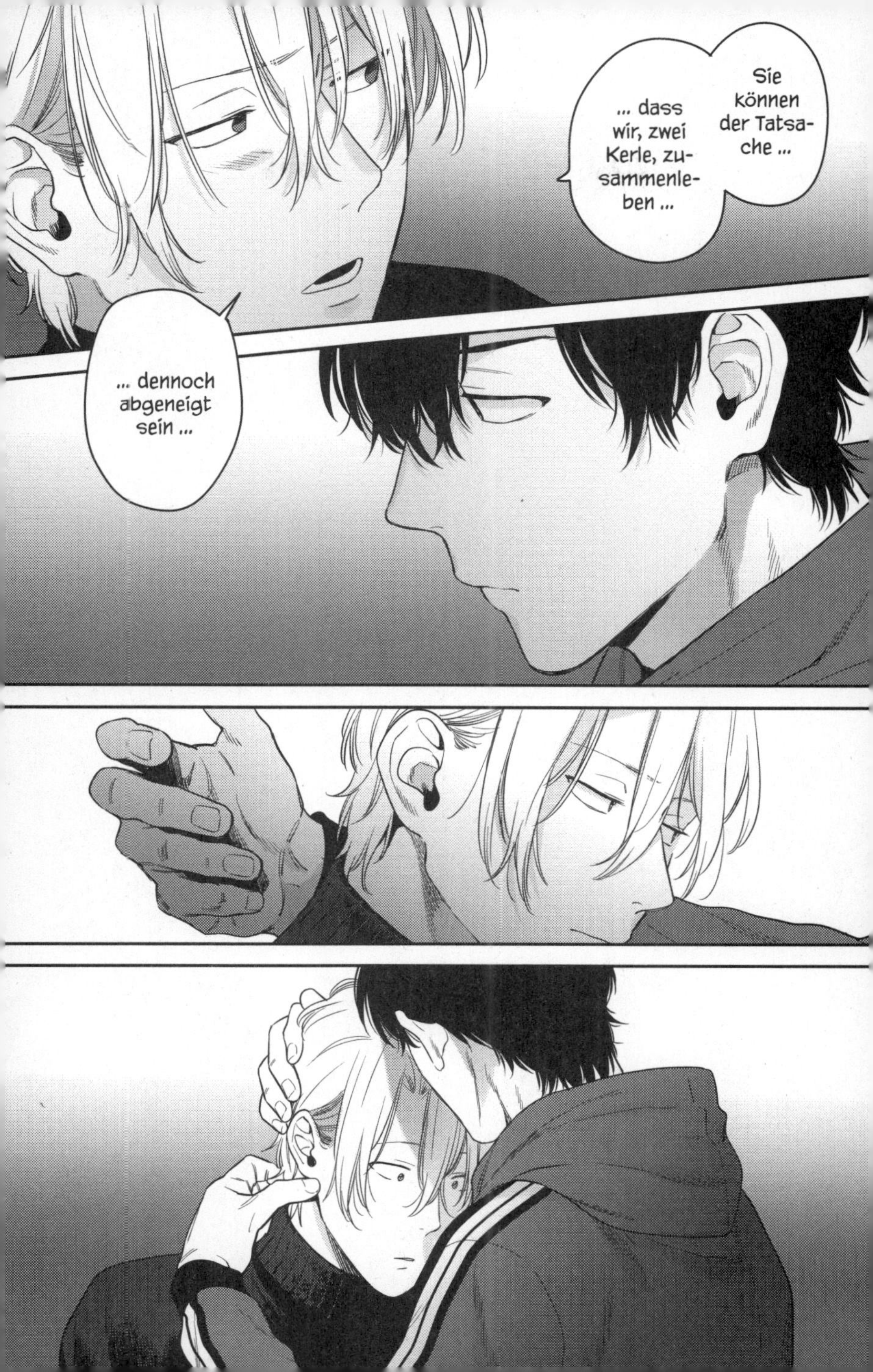
Sie können der Tatsache ...
... dass wir, zwei Kerle, zusammenleben ...
... dennoch abgeneigt sein ...

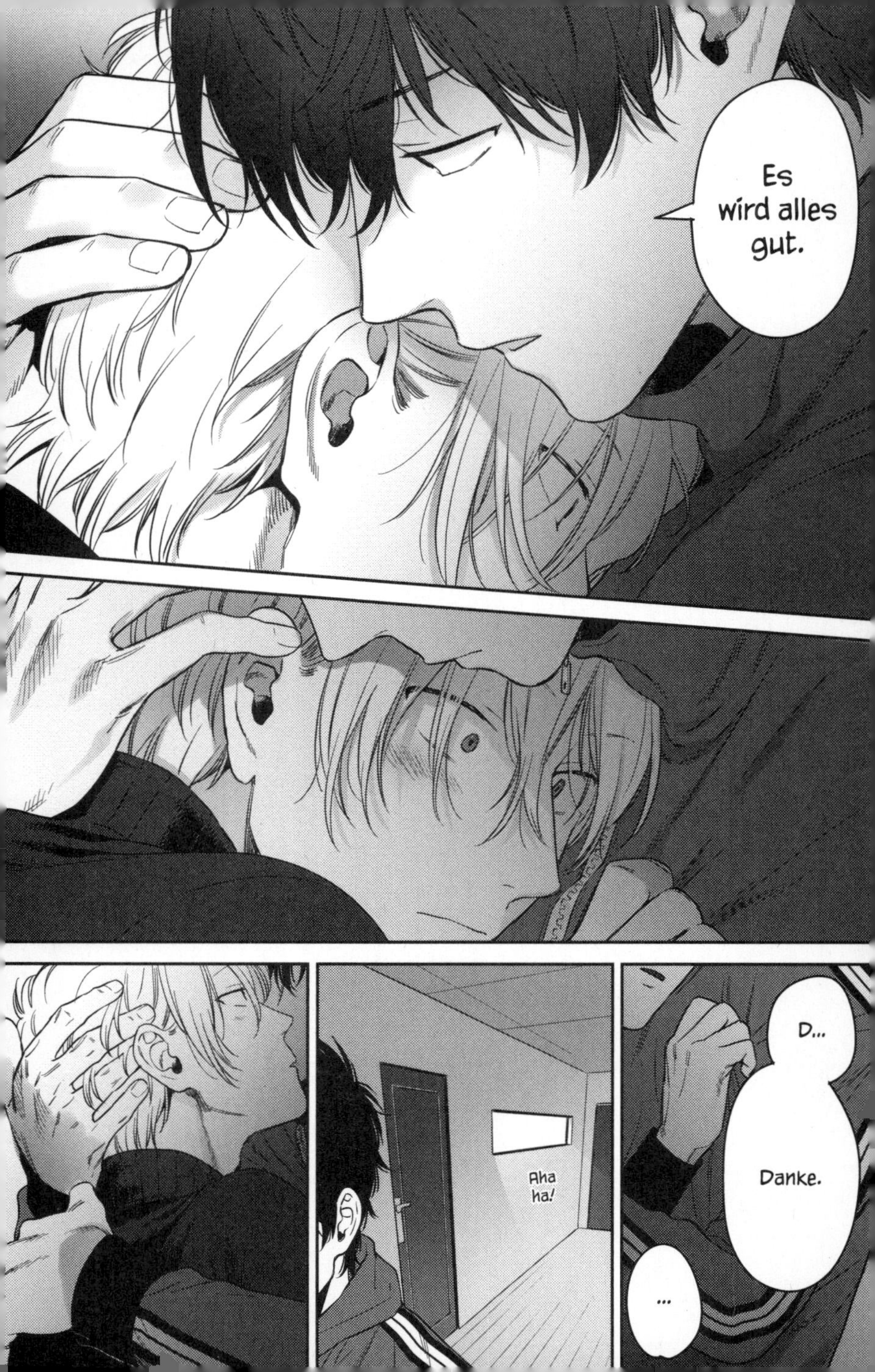
Es wird alles gut.
Aha ha!
D...
Danke.
...

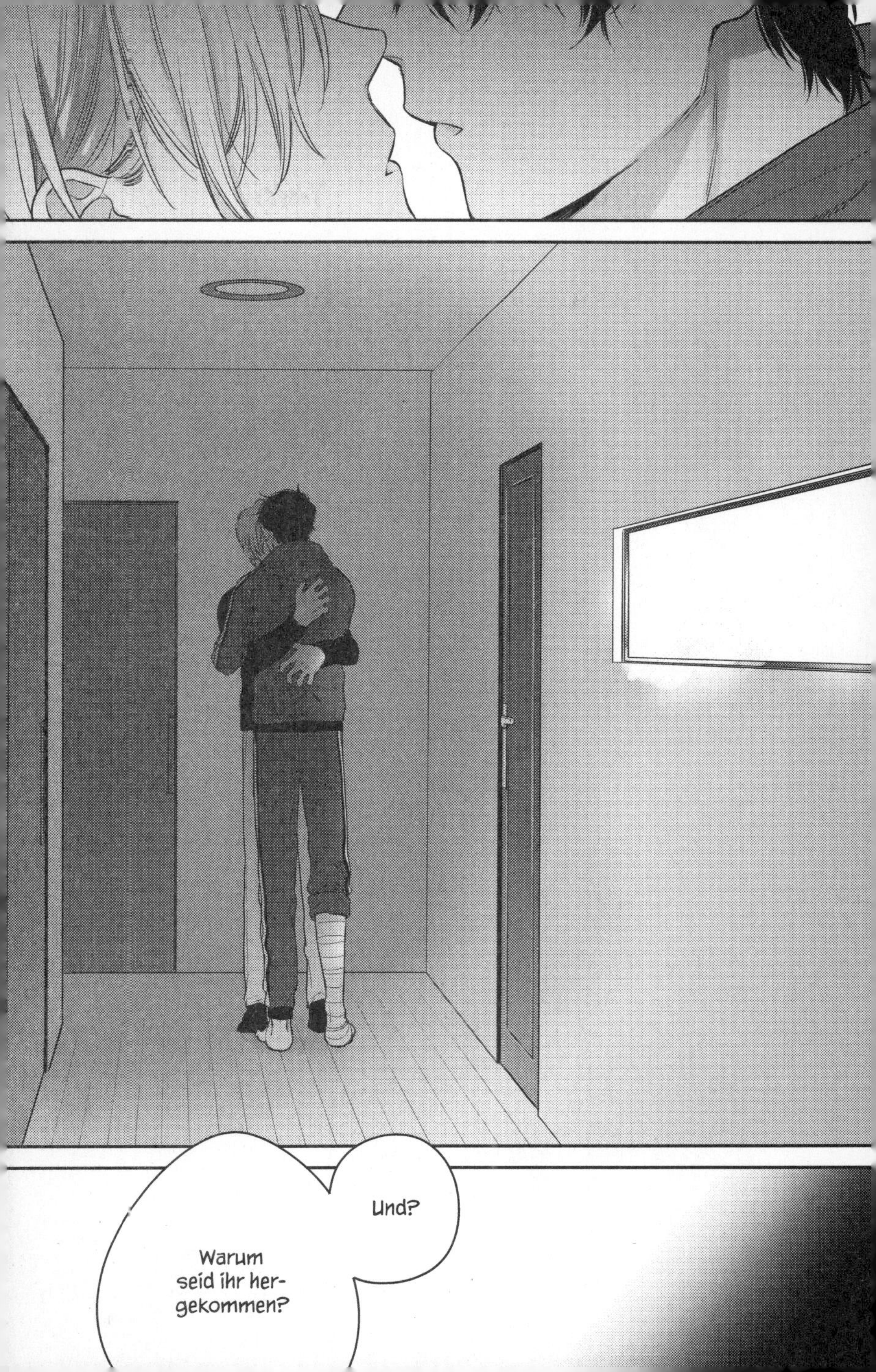
Und?
Warum seid ihr her-gekommen?

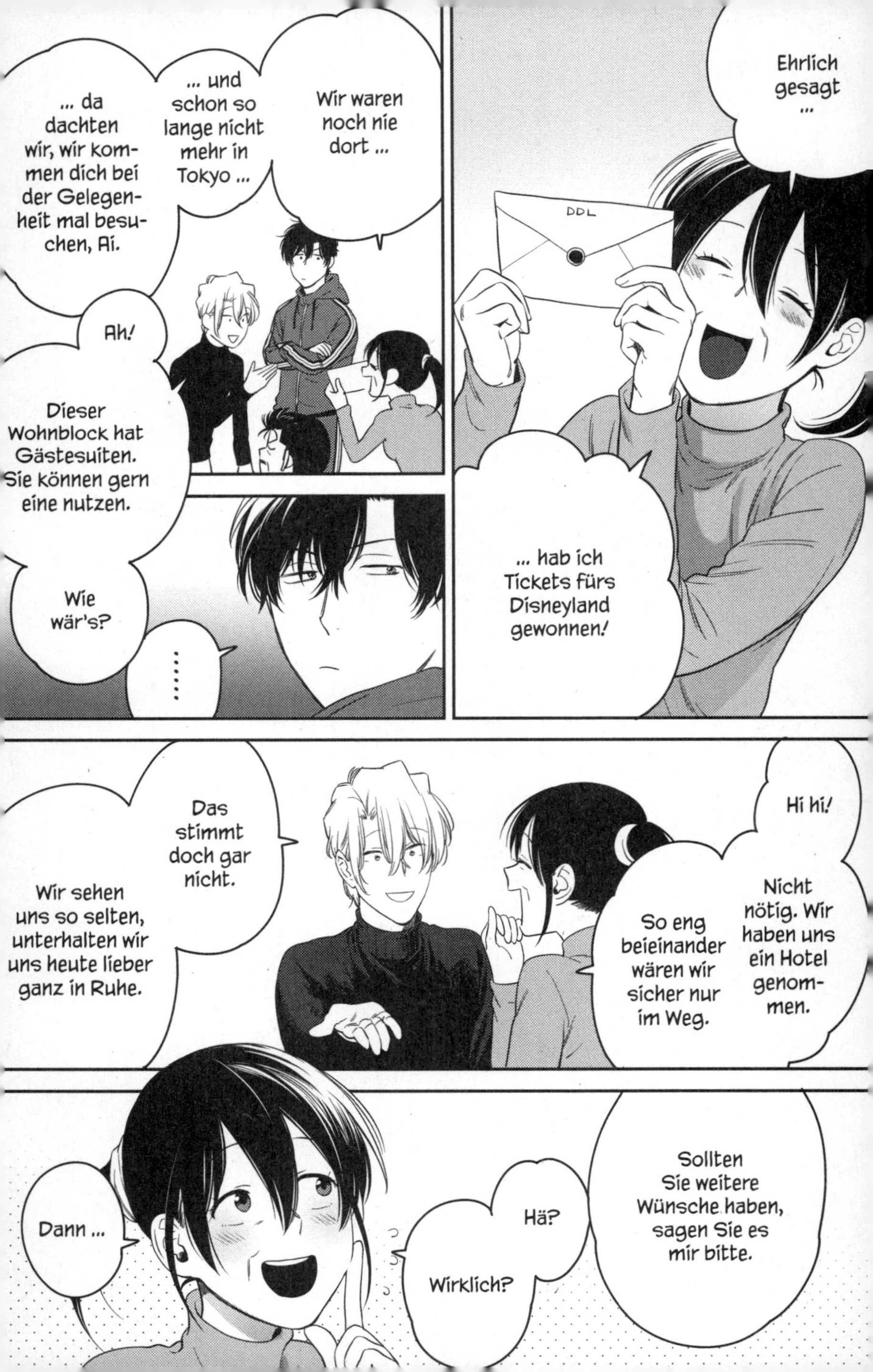
Ehrlich gesagt ...
DDL
... hab ich Tickets fürs Disneyland gewonnen!
Wir waren noch nie dort ...
... und schon so lange nicht mehr in Tokyo ...
... da dachten wir, wir kommen dich bei der Gelegenheit mal besuchen, Ai.
Ah!
Dieser Wohnblock hat Gästesuiten. Sie können gern eine nutzen.
Wie wär's?
......
Hi hi!
Nicht nötig. Wir haben uns ein Hotel genommen.
So eng beieinander wären wir sicher nur im Weg.
Das stimmt doch gar nicht.
Wir sehen uns so selten, unterhalten wir uns heute lieber ganz in Ruhe.
Sollten Sie weitere Wünsche haben, sagen Sie es mir bitte.
Hä?
Wirklich?
Dann ...

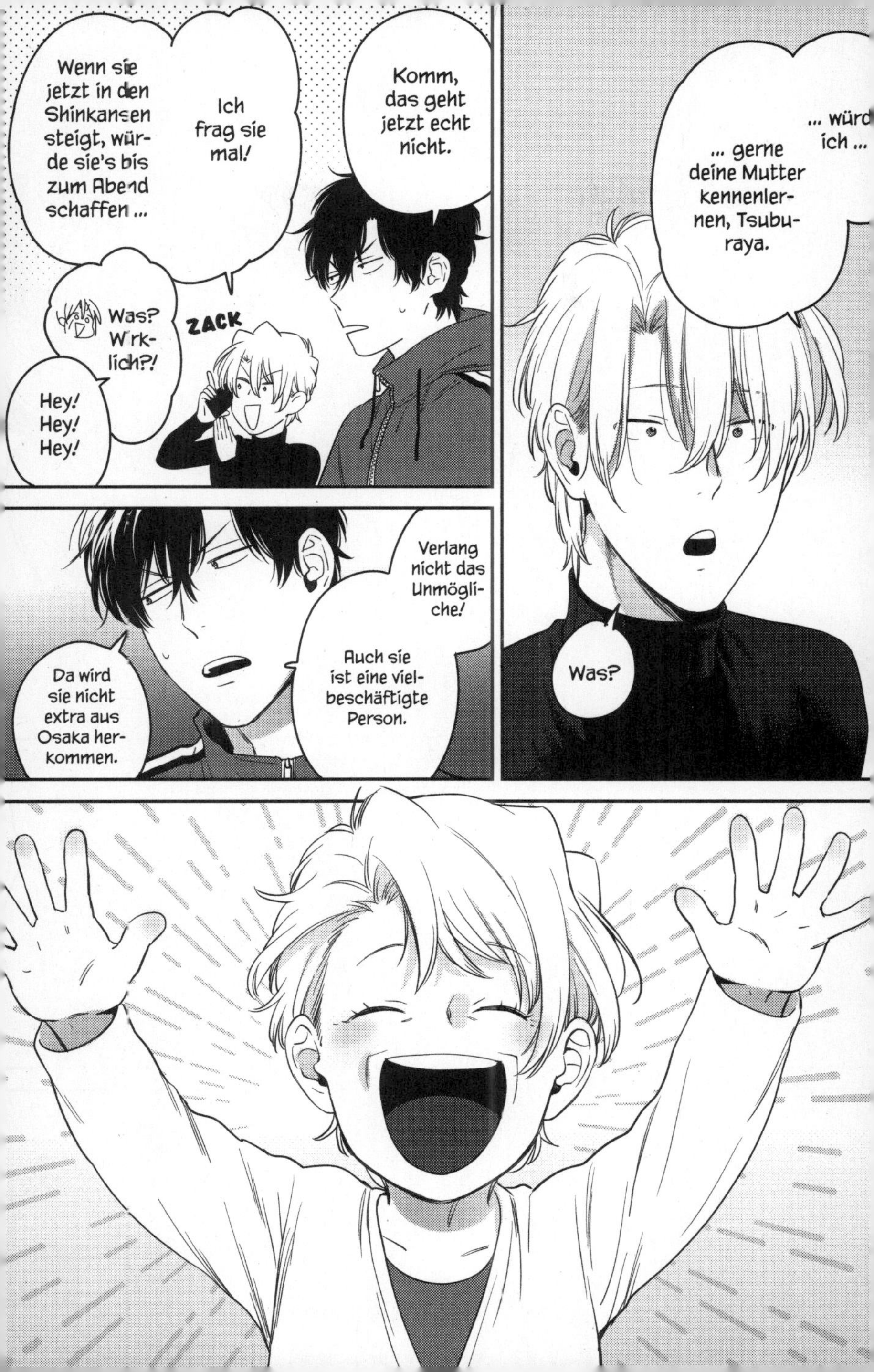

... würd ich ...
... gerne deine Mutter kennenlernen, Tsuburaya.
Was?
Komm, das geht jetzt echt nicht.
Ich frag sie mal!
Wenn sie jetzt in den Shinkansen steigt, würde sie's bis zum Abend schaffen ...
Was? Wirklich?!
ZACK
Hey! Hey! Hey!
Verlang nicht das Unmögliche!
Auch sie ist eine vielbeschäftigte Person.
Da wird sie nicht extra aus Osaka herkommen.

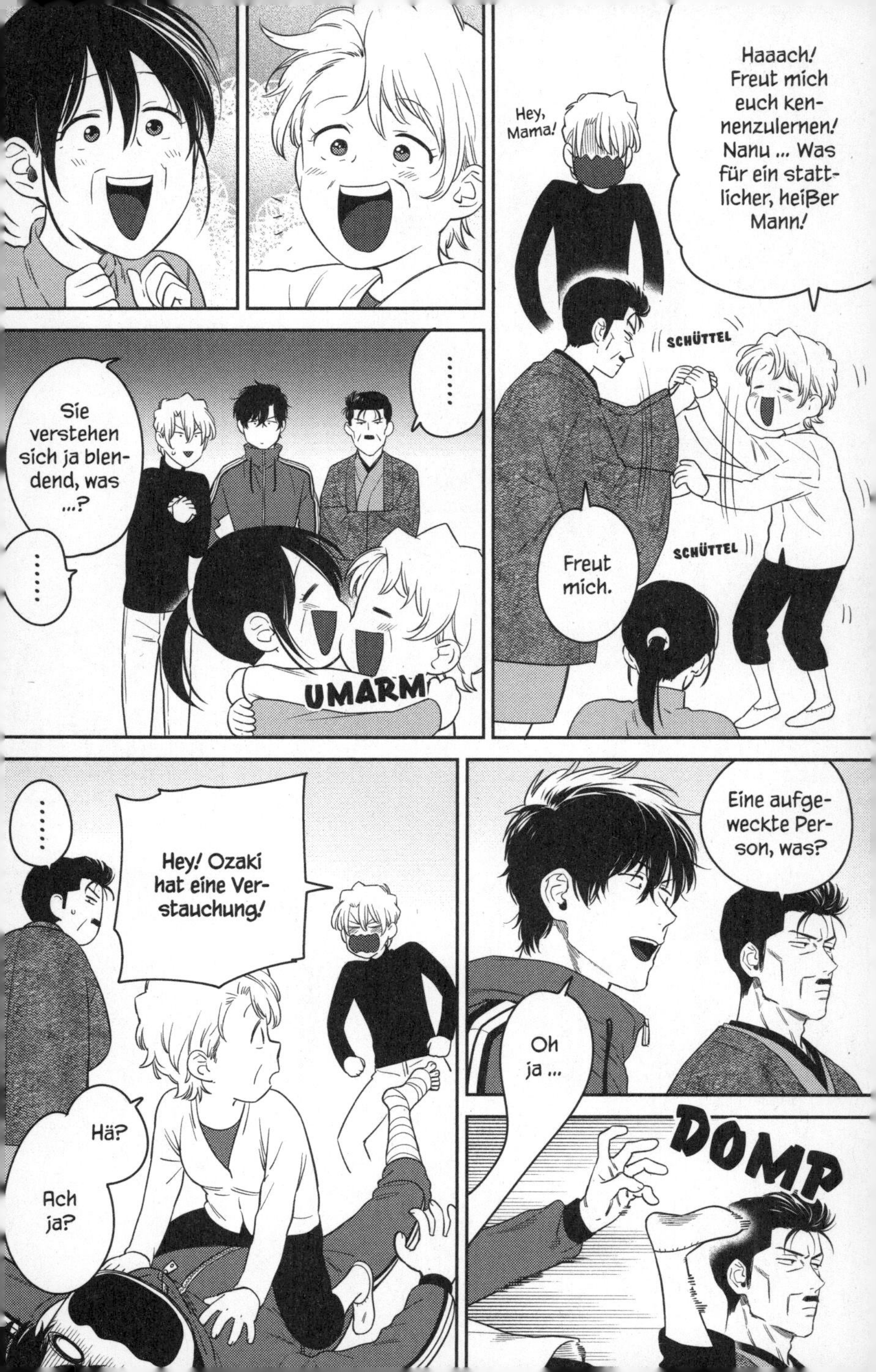

Hey, Mama!
Haaach! Freut mich euch kennenzulernen! Nanu ... Was für ein stattlicher, heißer Mann!
SCHÜTTEL
Freut mich.
SCHÜTTEL
......
Sie verstehen sich ja blendend, was ...?
......
UMARM
Eine aufgeweckte Person, was?
Oh ja ...
DOMP
......
Hey! Ozaki hat eine Verstauchung!
Hä?
Ach ja?

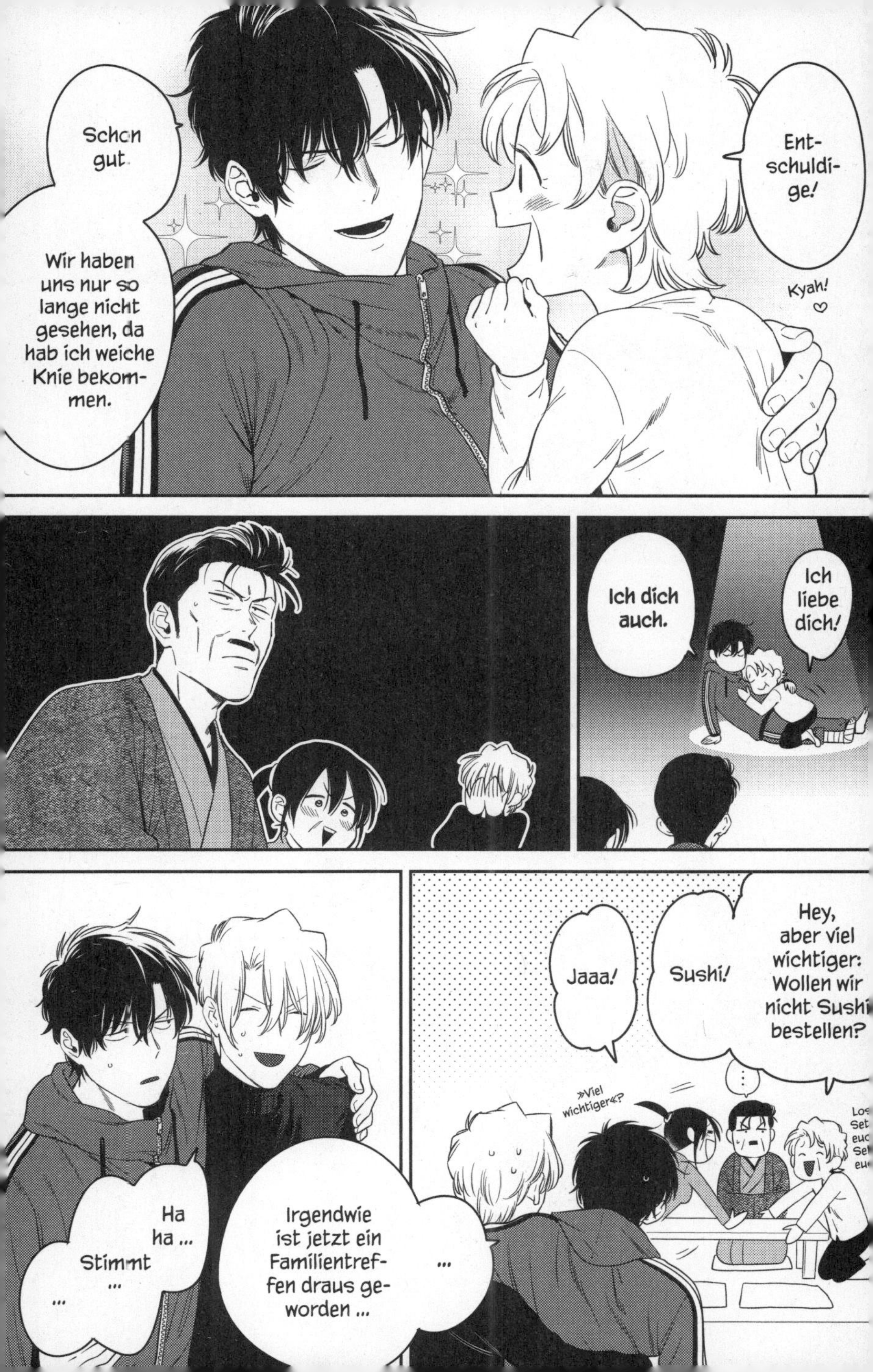
Ent-schuldi-ge!
Kyah! ♡
Schon gut.
Wir haben uns nur so lange nicht gesehen, da hab ich weiche Knie bekommen.
Ich liebe dich!
Ich dich auch.
Hey, aber viel wichtiger: Wollen wir nicht Sushi bestellen?
Sushi!
Jaaa!
…
»Viel wichtiger«?
Irgendwie ist jetzt ein Familientreffen draus geworden ...
...
Ha ha ...
Stimmt ...
...

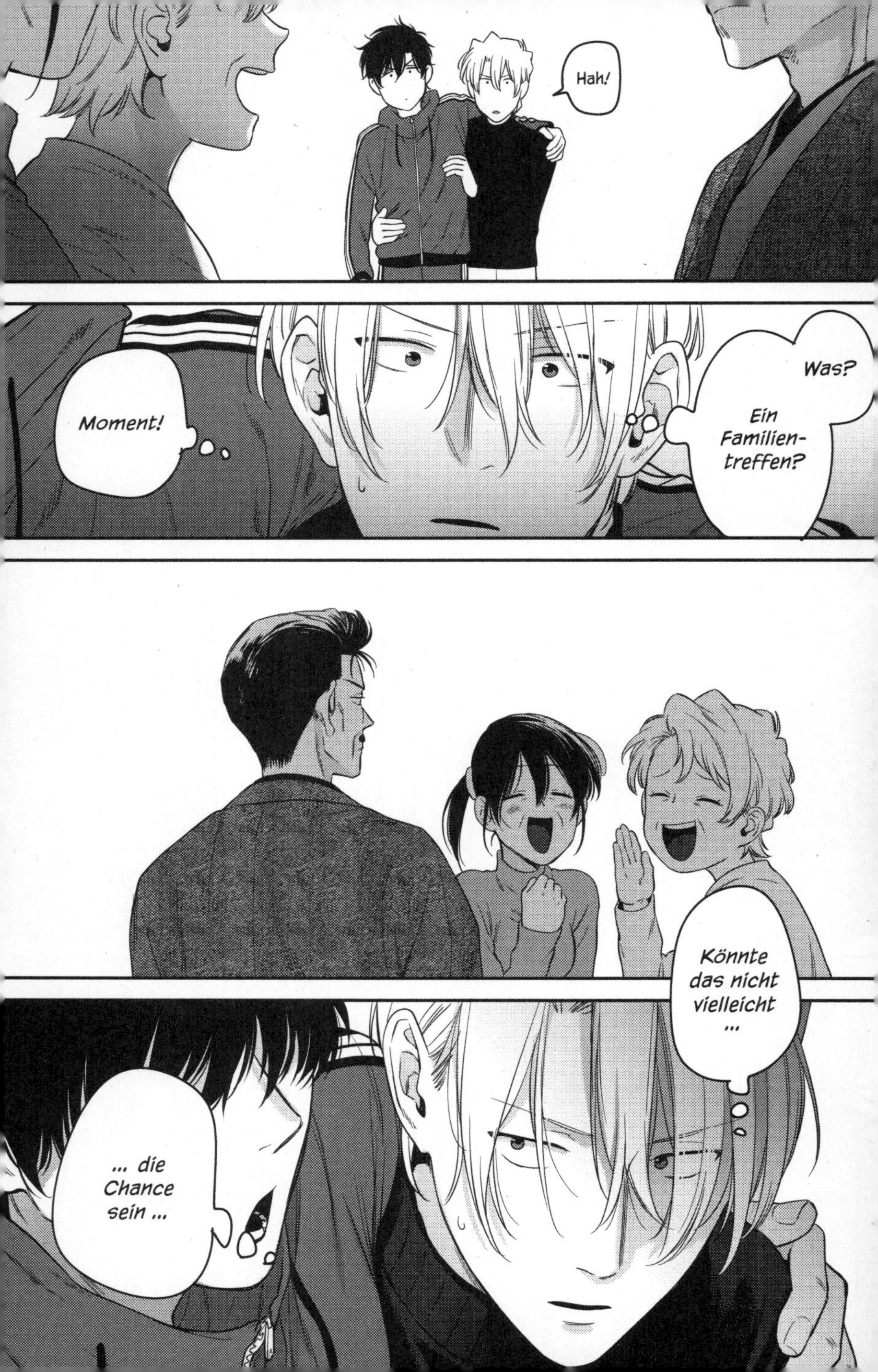
Hah!
Was?
Ein Familien-treffen?
Moment!
Könnte das nicht vielleicht ...
... die Chance sein ...

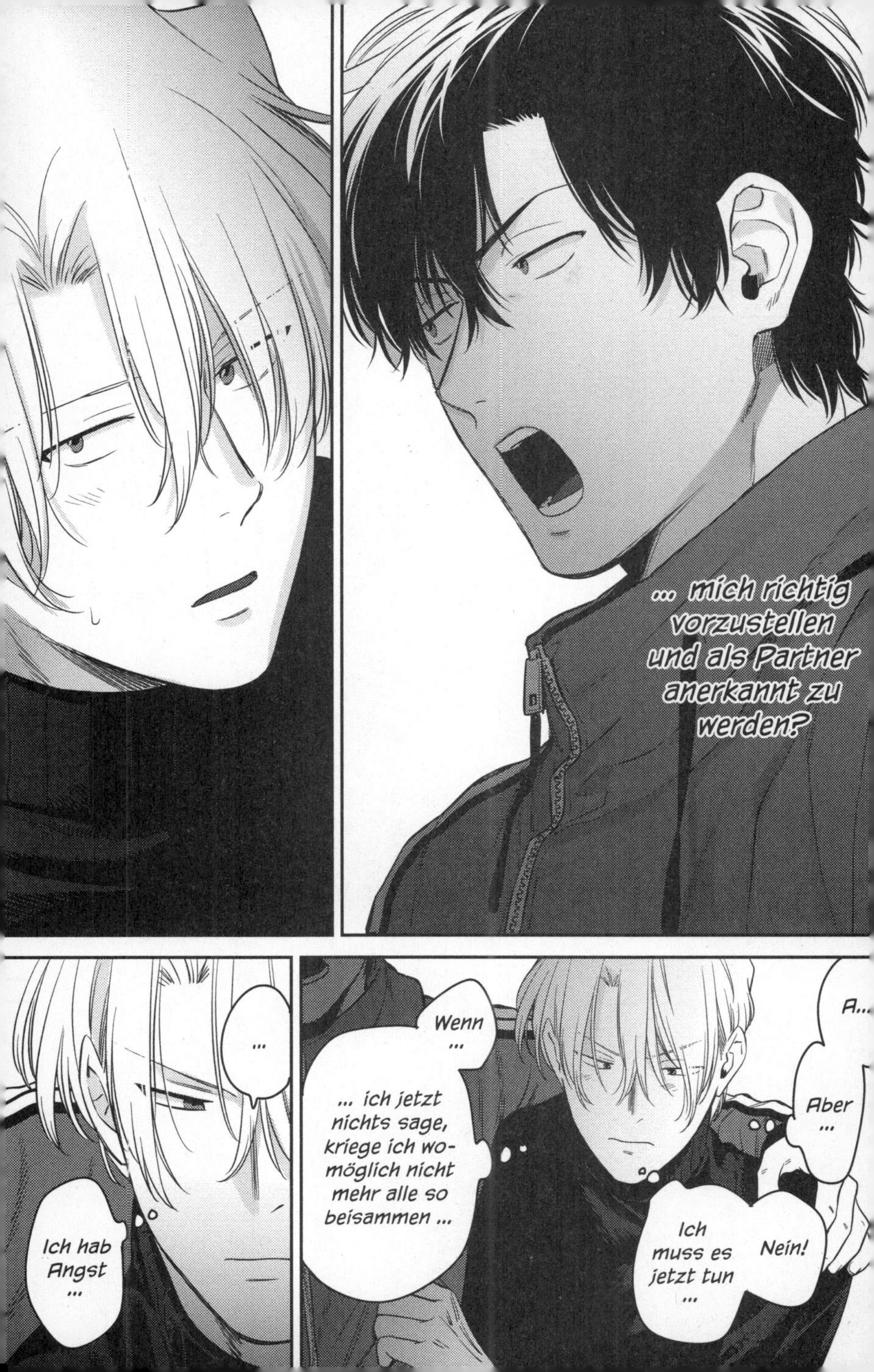
... mich richtig vorzustellen und als Partner anerkannt zu werden?
A...
Aber ...
Nein!
Ich muss es jetzt tun ...
Wenn ...
... ich jetzt nichts sage, kriege ich womöglich nicht mehr alle so beisammen ...
...
Ich hab Angst ...

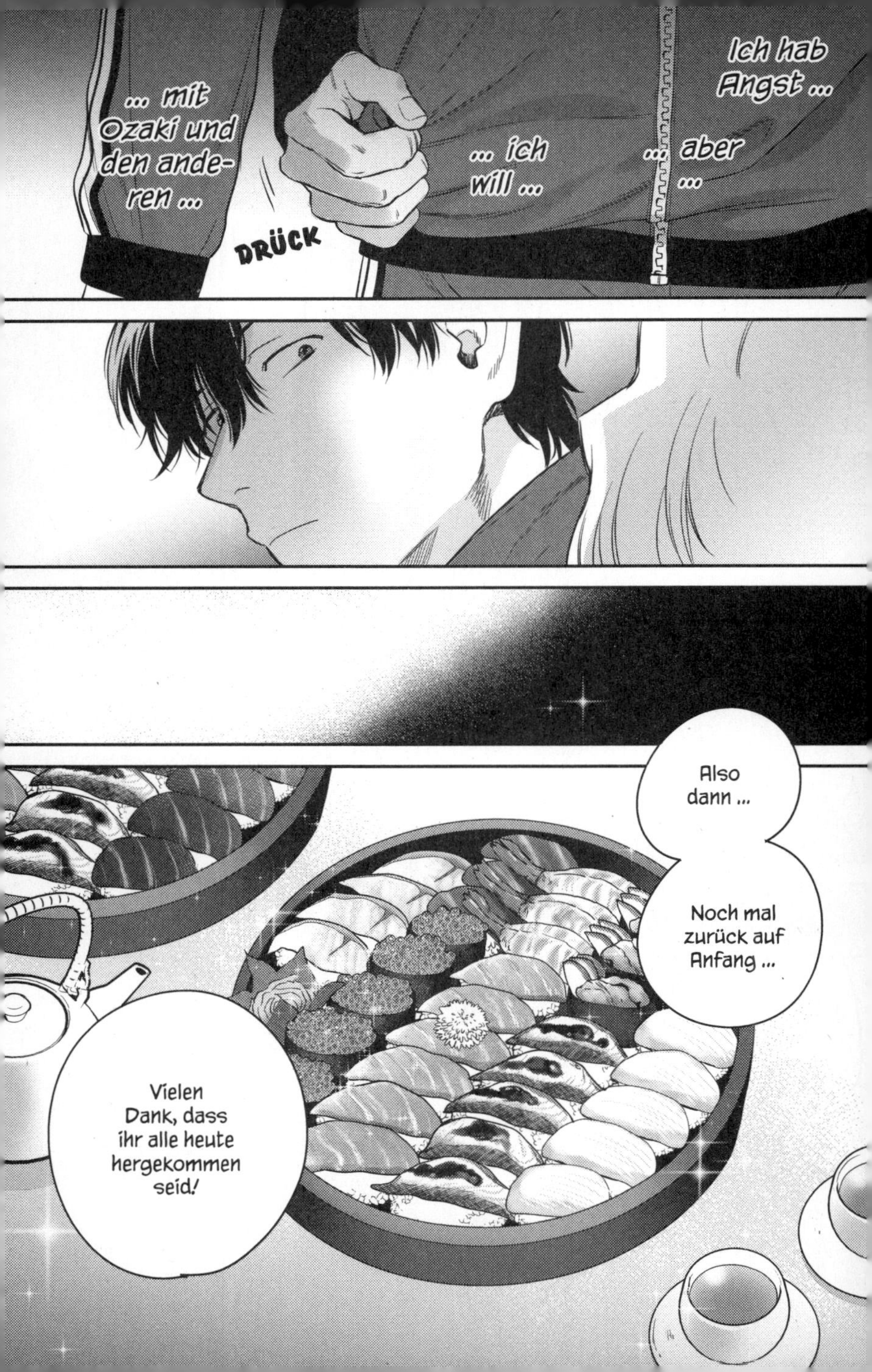
Ich hab Angst ...
... aber ...
... ich will ...
... mit Ozaki und den anderen ...
DRÜCK
Also dann ...
Noch mal zurück auf Anfang ...
Vielen Dank, dass ihr alle heute hergekommen seid!

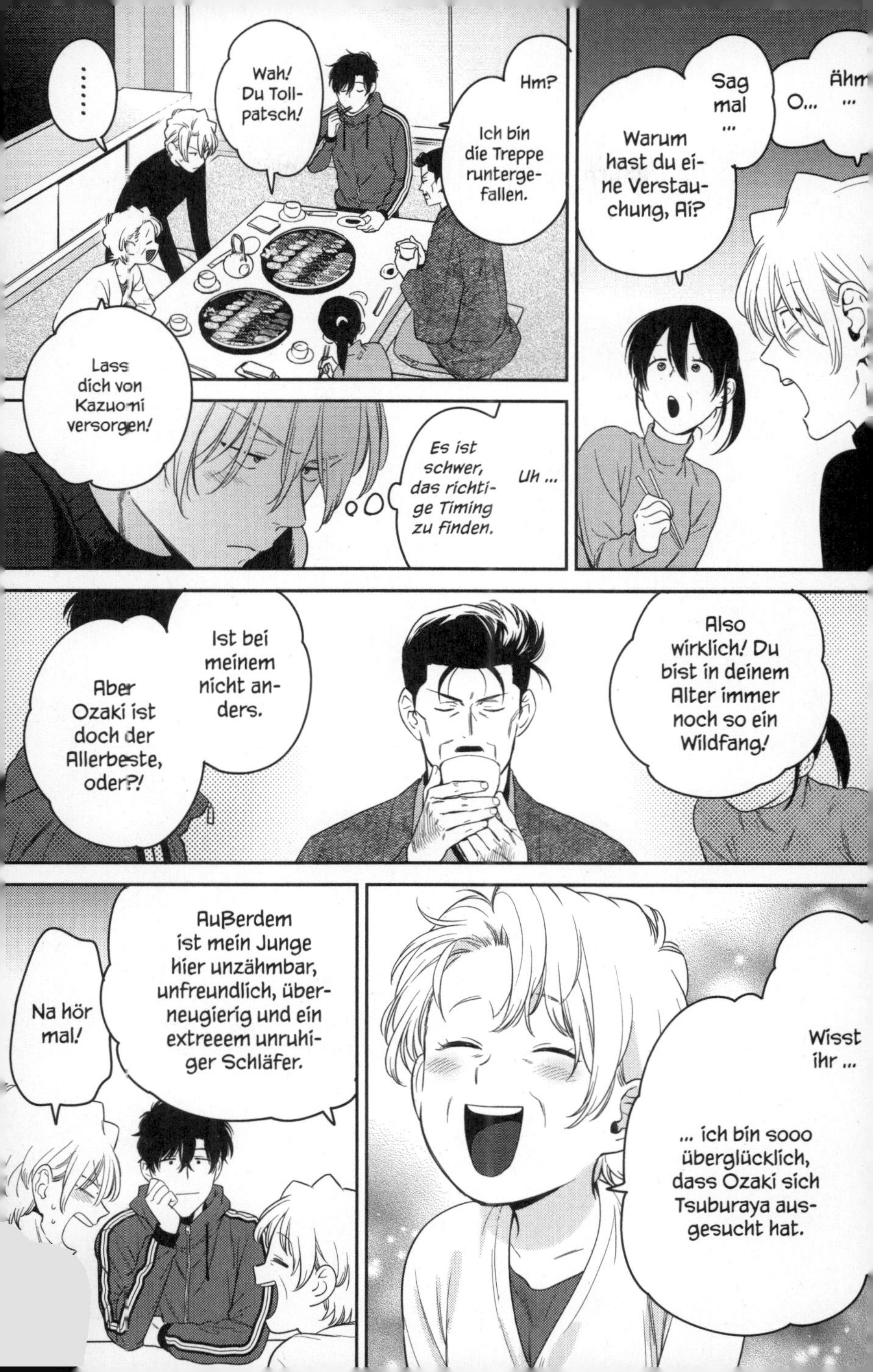
Ähm ...
O...
Sag mal ...
Warum hast du eine Verstauchung, Ai?
Hm?
Ich bin die Treppe runtergefallen.
Wah! Du Tollpatsch!
......
Lass dich von Kazuomi versorgen!
Uh ...
Es ist schwer, das richtige Timing zu finden.
Also wirklich! Du bist in deinem Alter immer noch so ein Wildfang!
Ist bei meinem nicht anders.
Aber Ozaki ist doch der Allerbeste, oder?!
Wisst ihr ...
... ich bin sooo überglücklich, dass Ozaki sich Tsuburaya ausgesucht hat.
Außerdem ist mein Junge hier unzähmbar, unfreundlich, überneugierig und ein extreeem unruhiger Schläfer.
Na hör mal!

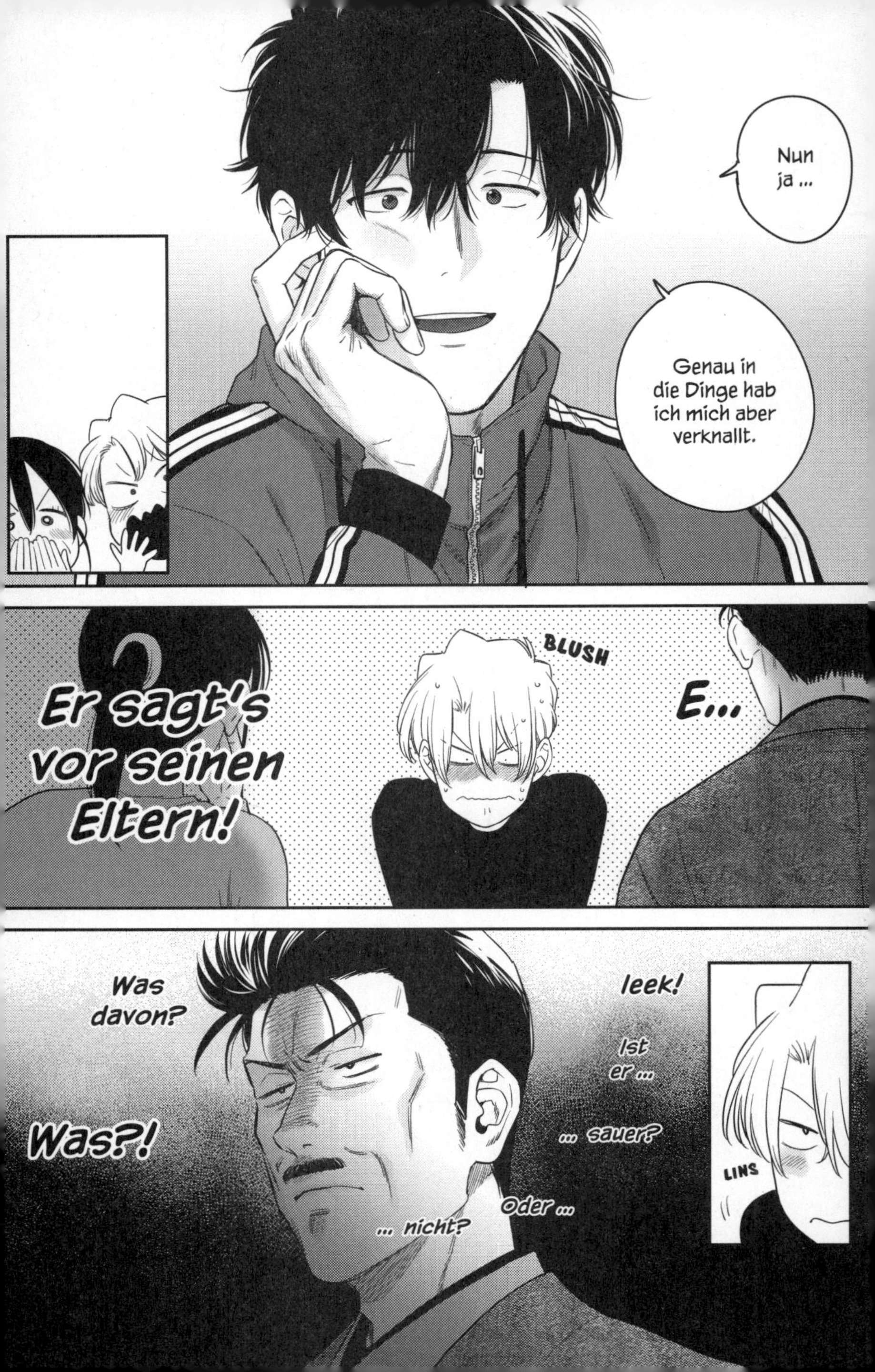
Nun ja ...
Genau in die Dinge hab ich mich aber verknallt.
BLUSH
E...
Er sagt's vor seinen Eltern!
Ieek!
Was davon?
Ist er ...
... sauer?
Was?!
Oder ...
... nicht?
LINS

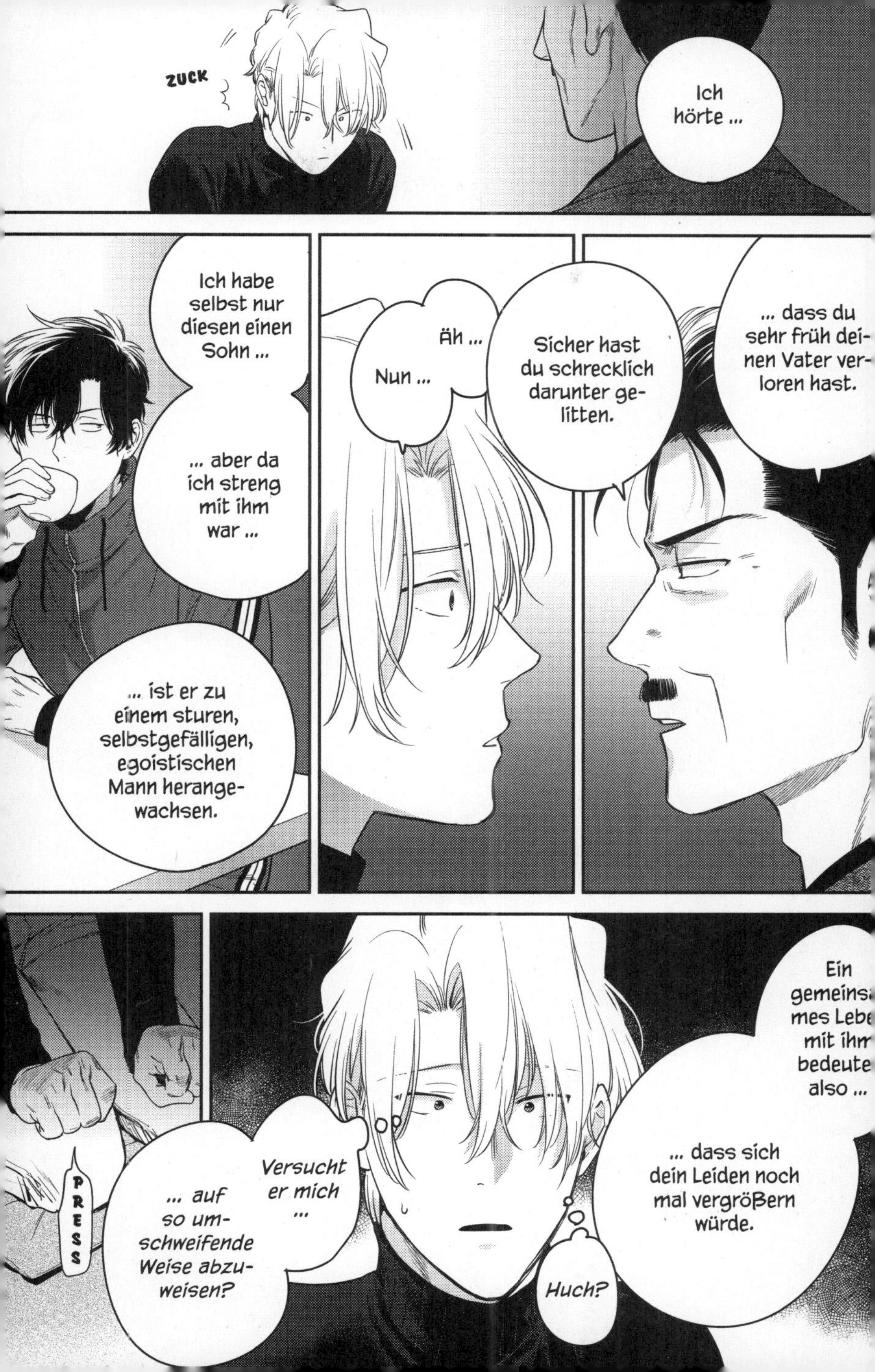
ZUCK
Ich hörte ...
... dass du sehr früh deinen Vater verloren hast.
Sicher hast du schrecklich darunter gelitten.
Äh ...
Nun ...
Ich habe selbst nur diesen einen Sohn ...
... aber da ich streng mit ihm war ...
... ist er zu einem sturen, selbstgefälligen, egoistischen Mann herangewachsen.
Ein gemeinsames Leben mit ihm bedeutet also ...
... dass sich dein Leiden noch mal vergrößern würde.
Huch?
Versucht er mich ...
... auf so umschweifende Weise abzuweisen?
PRESS

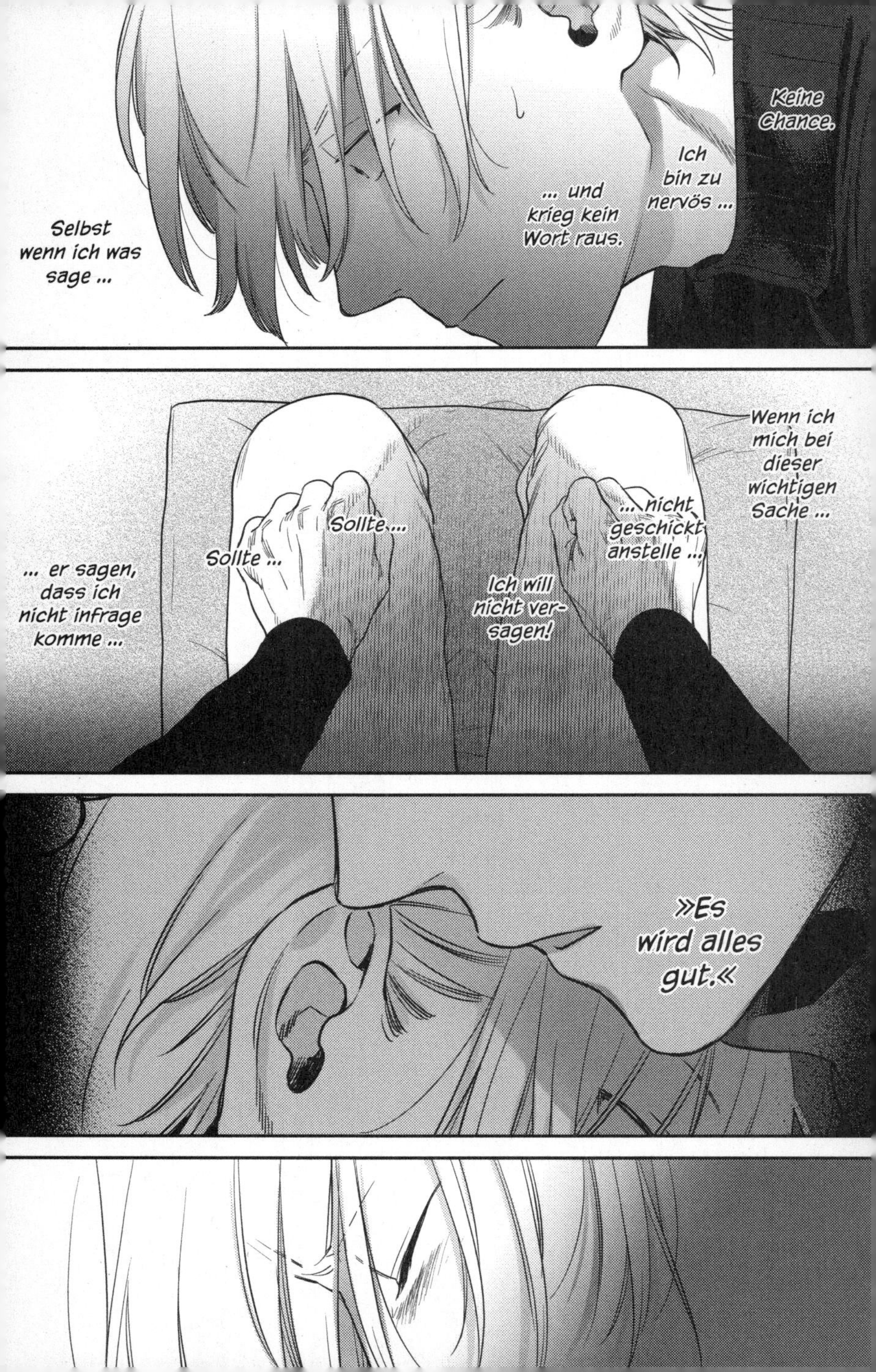
Keine Chance.
Ich bin zu nervös ...
... und krieg kein Wort raus.
Selbst wenn ich was sage ...
Wenn ich mich bei dieser wichtigen Sache ...
... nicht geschickt anstelle ...
Ich will nicht versagen!
Sollte ...
Sollte ...
... er sagen, dass ich nicht infrage komme ...
»Es wird alles gut.«

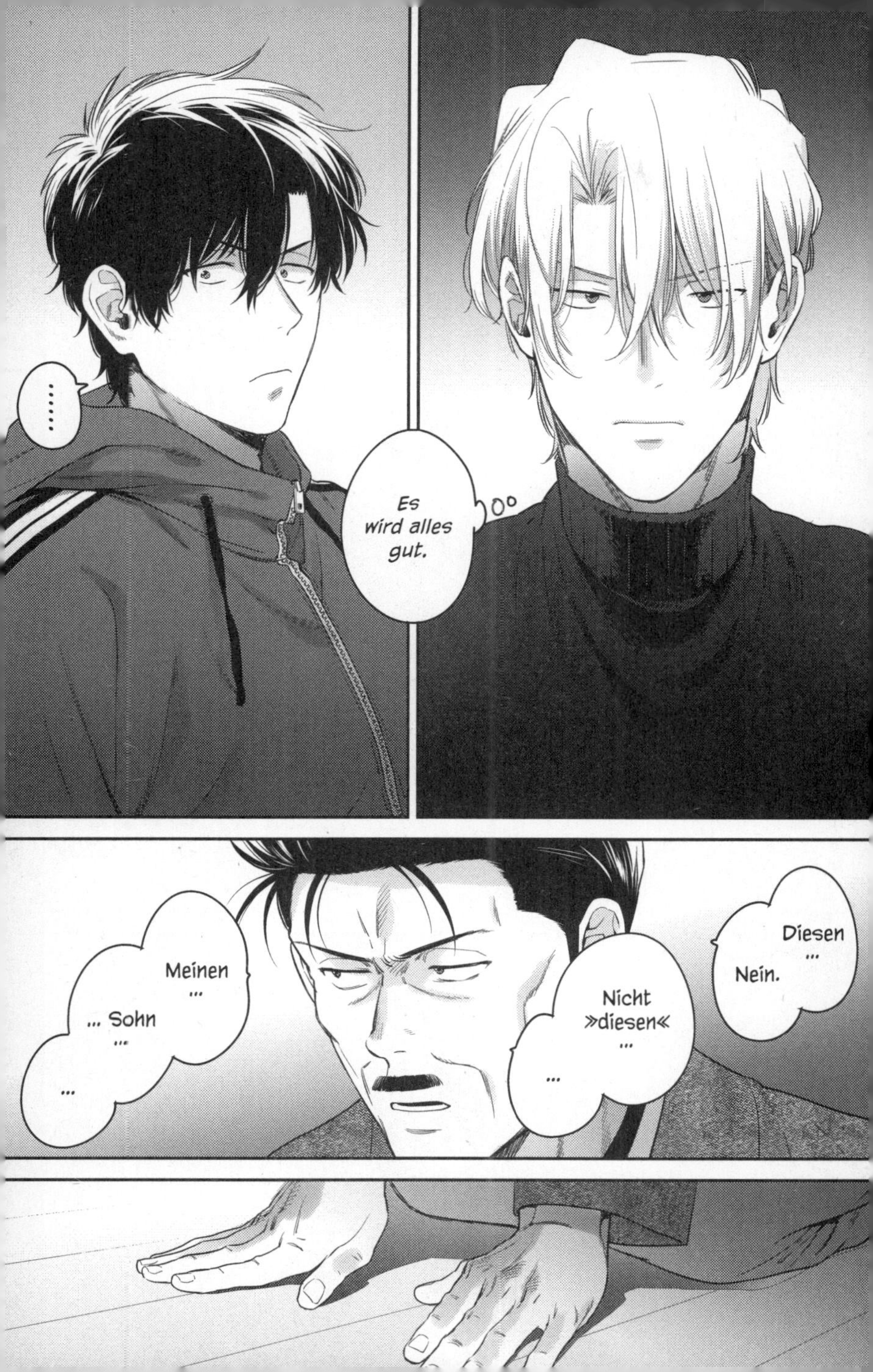
Es wird alles gut.
……
Diesen … Nein.
Nicht »diesen« … …
Meinen … … Sohn … …

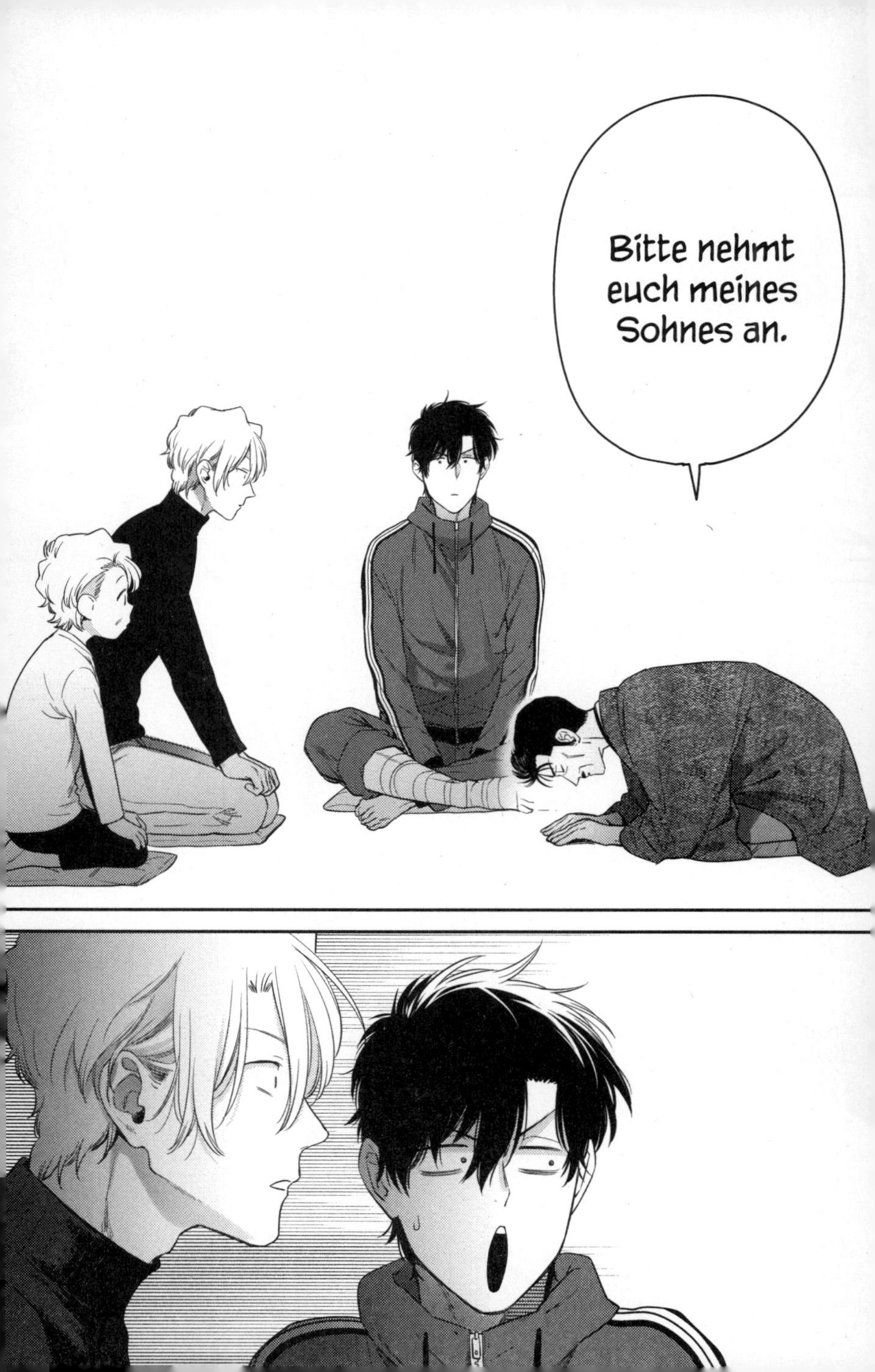
Bitte nehmt euch meines Sohnes an.

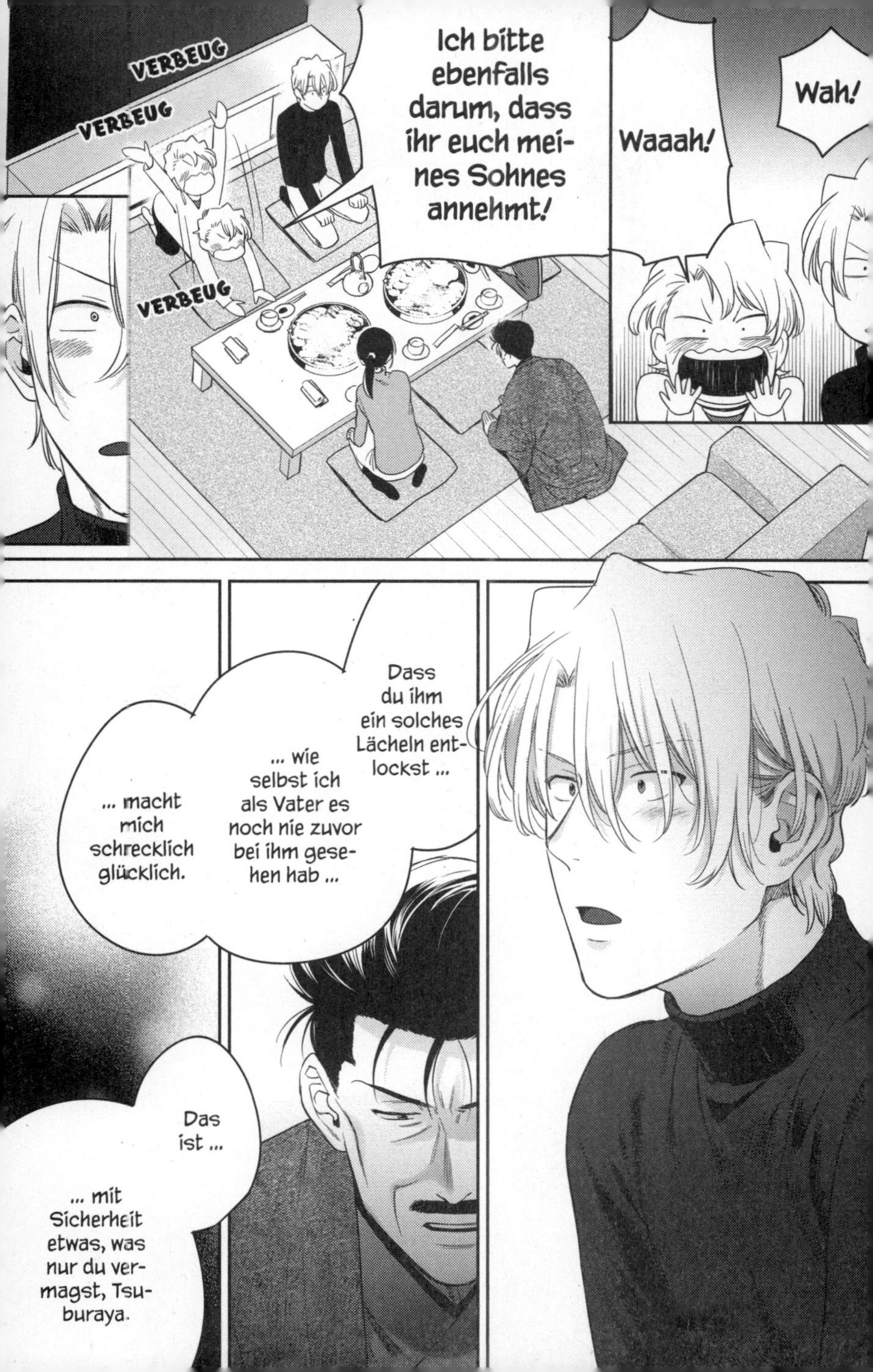
Wah!
Waaah!
Ich bitte ebenfalls darum, dass ihr euch meines Sohnes annehmt!
VERBEUG
VERBEUG
VERBEUG
Dass du ihm ein solches Lächeln entlockst ...
... wie selbst ich als Vater es noch nie zuvor bei ihm gesehen hab ...
... macht mich schrecklich glücklich.
Das ist ...
... mit Sicherheit etwas, was nur du vermagst, Tsuburaya.

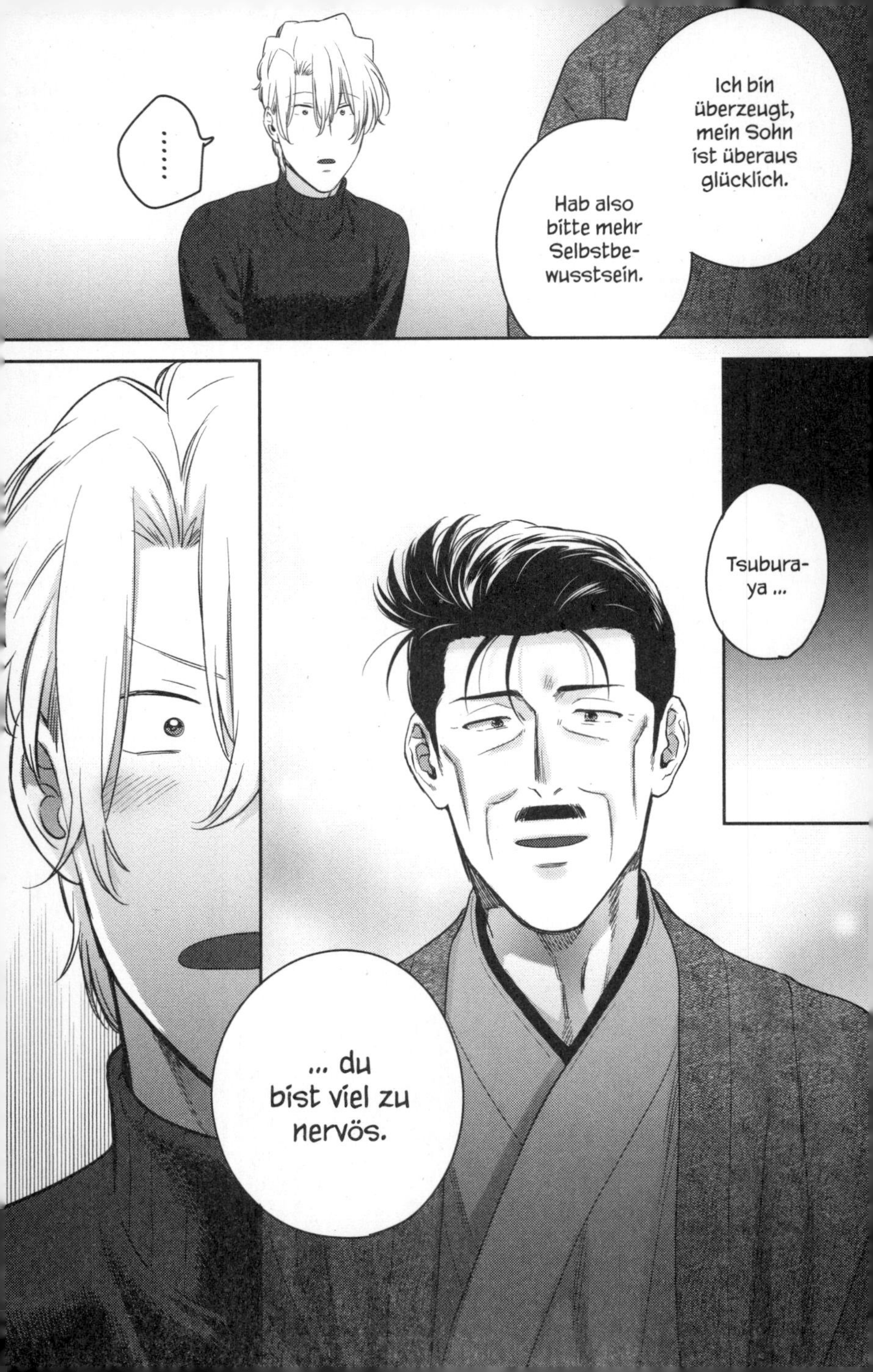
Ich bin überzeugt, mein Sohn ist überaus glücklich.
Hab also bitte mehr Selbstbe-wusstsein.
……
Tsubura-ya …
… du bist viel zu nervös.

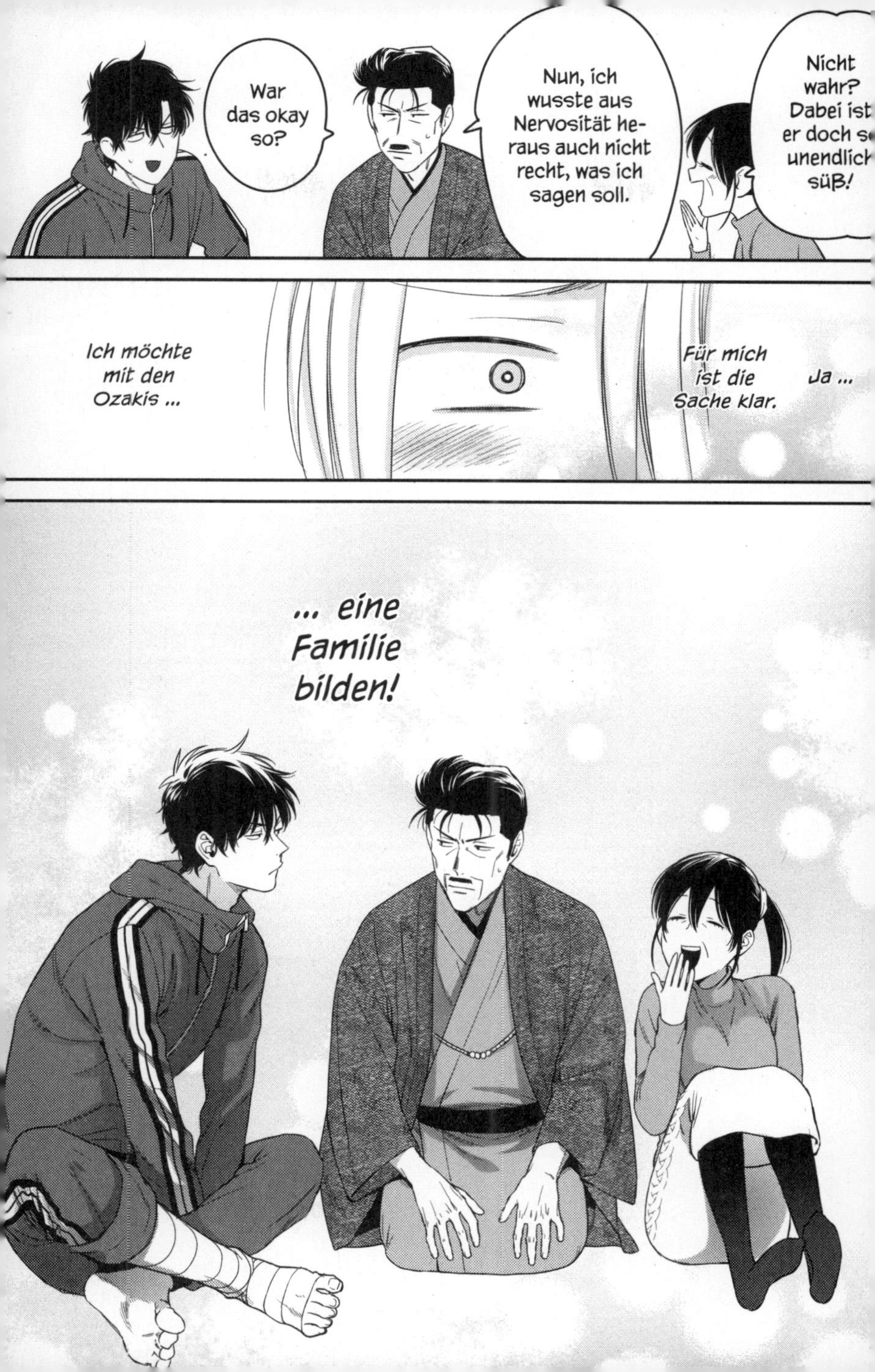

Nicht wahr? Dabei ist er doch so unendlich süß!
Nun, ich wusste aus Nervosität heraus auch nicht recht, was ich sagen soll.
War das okay so?
Ja ...
Für mich ist die Sache klar.
Ich möchte mit den Ozakis ...
... eine Familie bilden!

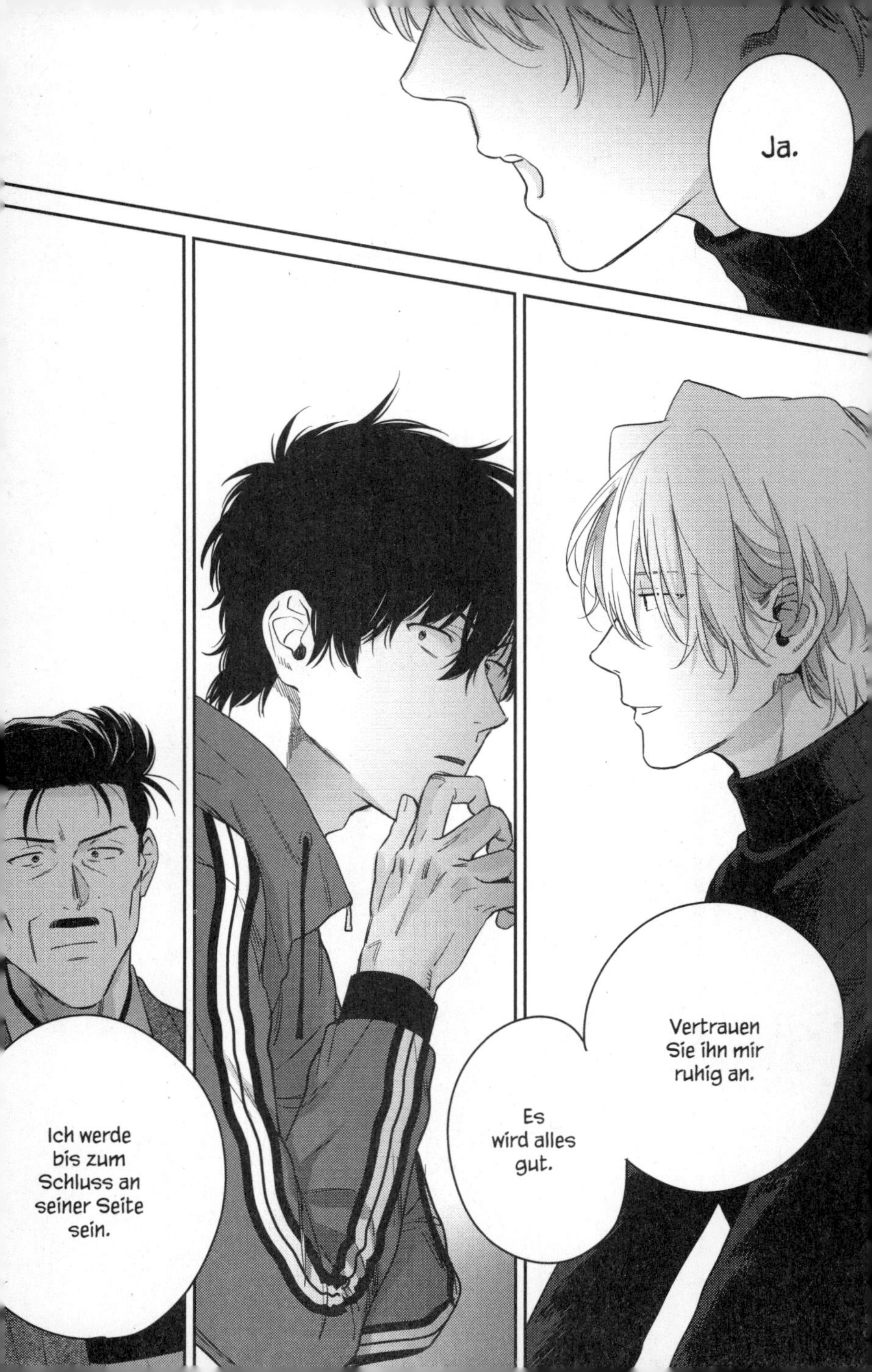
Ja.
Vertrauen Sie ihn mir ruhig an.
Es wird alles gut.
Ich werde bis zum Schluss an seiner Seite sein.

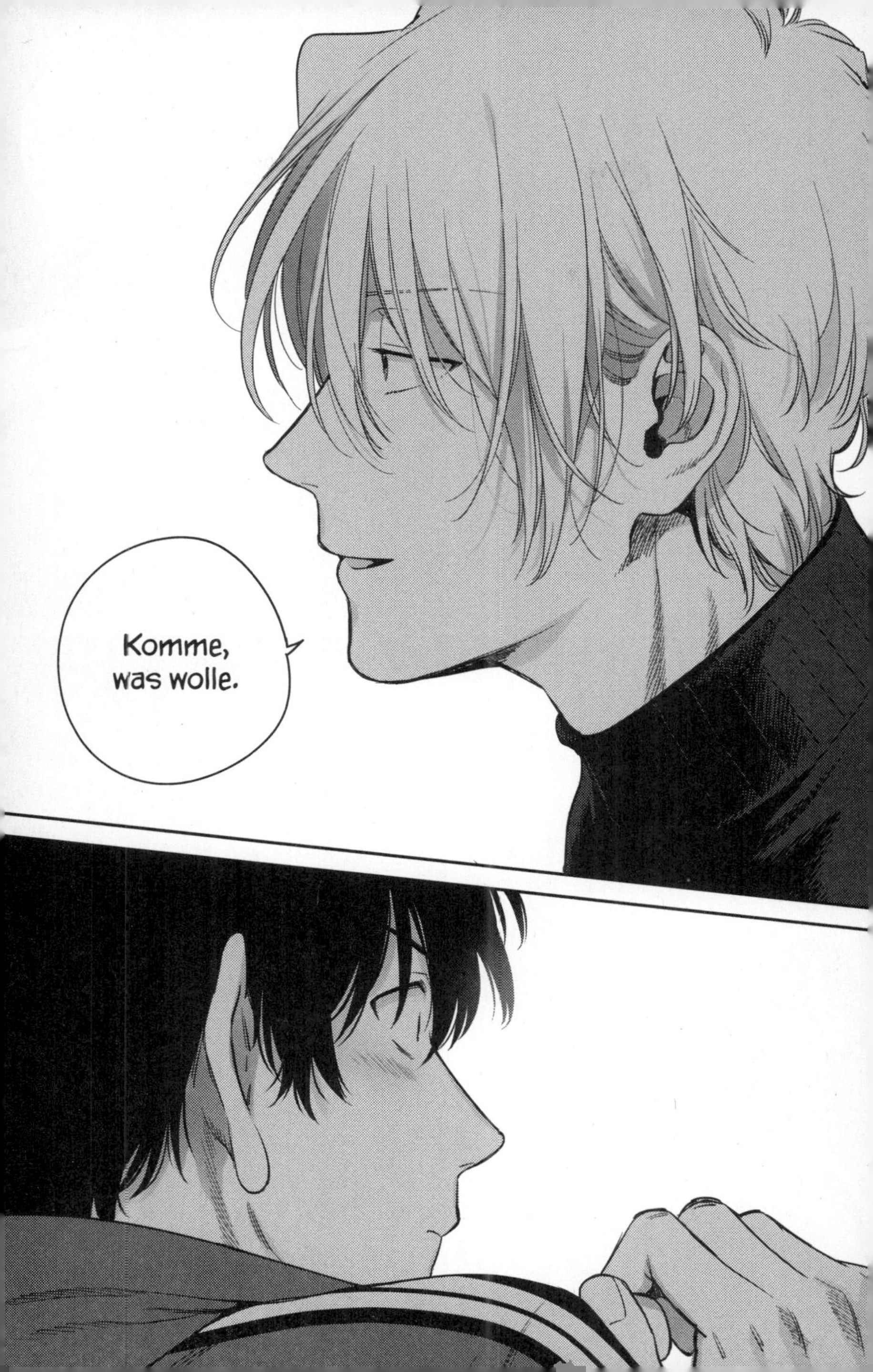
Komme, was wolle.

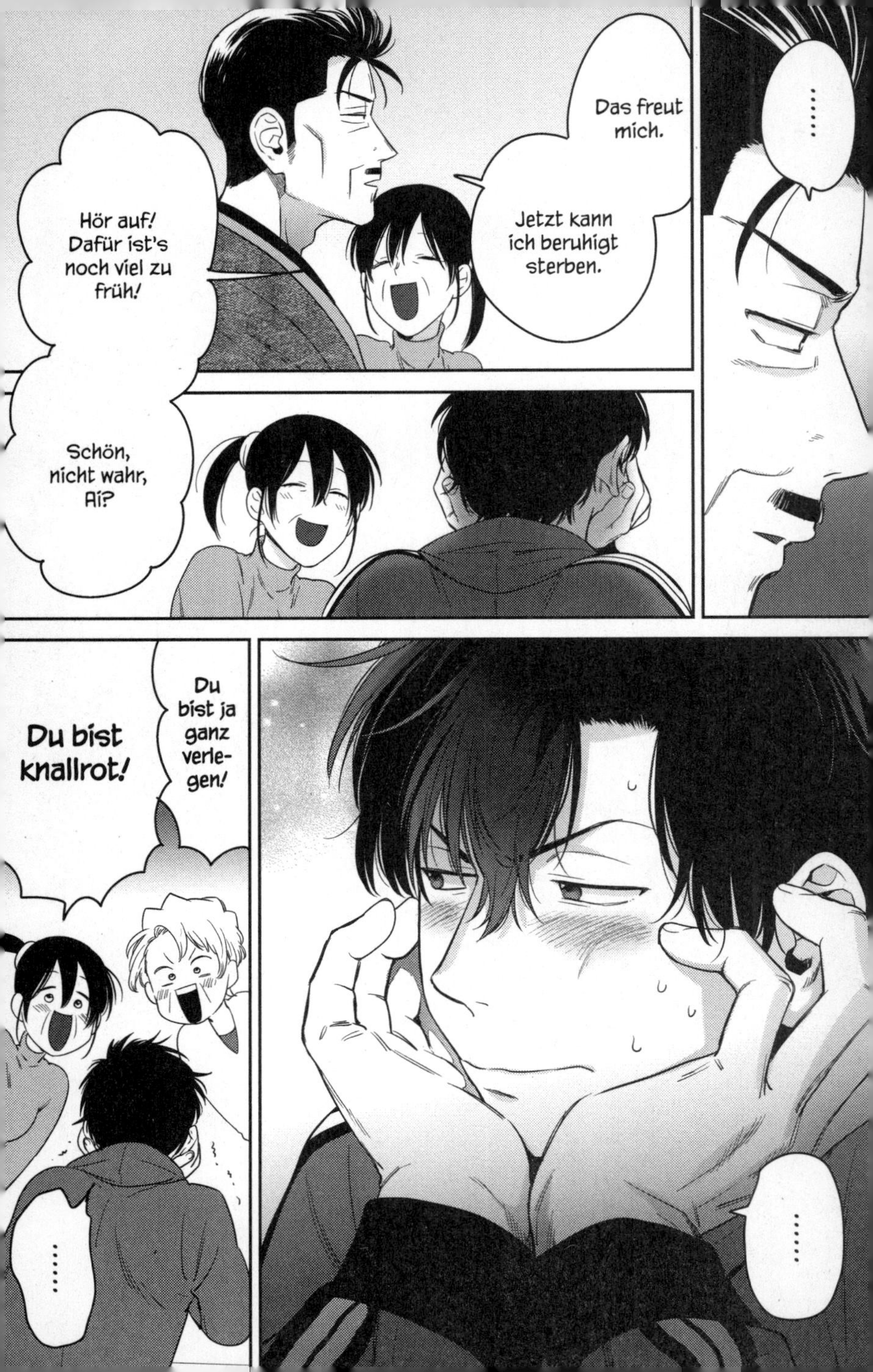
……
Das freut mich.
Jetzt kann ich beruhigt sterben.
Hör auf! Dafür ist's noch viel zu früh!
Schön, nicht wahr, Ai?
……
Du bist ja ganz verle-gen!
Du bist knallrot!
……

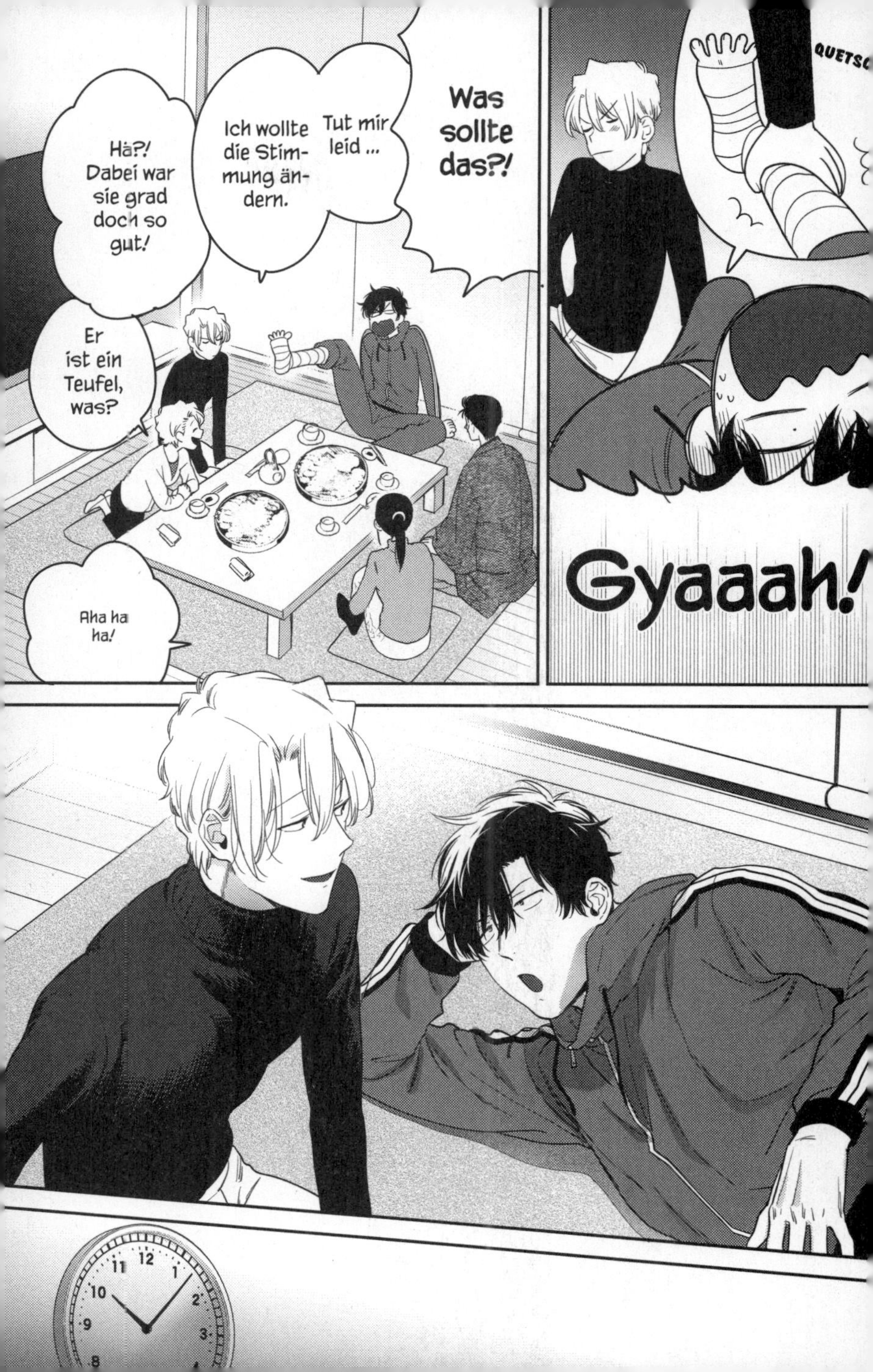
QUETSC
Gyaaah!
Was sollte das?!
Tut mir leid ...
Ich wollte die Stimmung ändern.
Hä?! Dabei war sie grad doch so gut!
Er ist ein Teufel, was?
Aha ha ha!

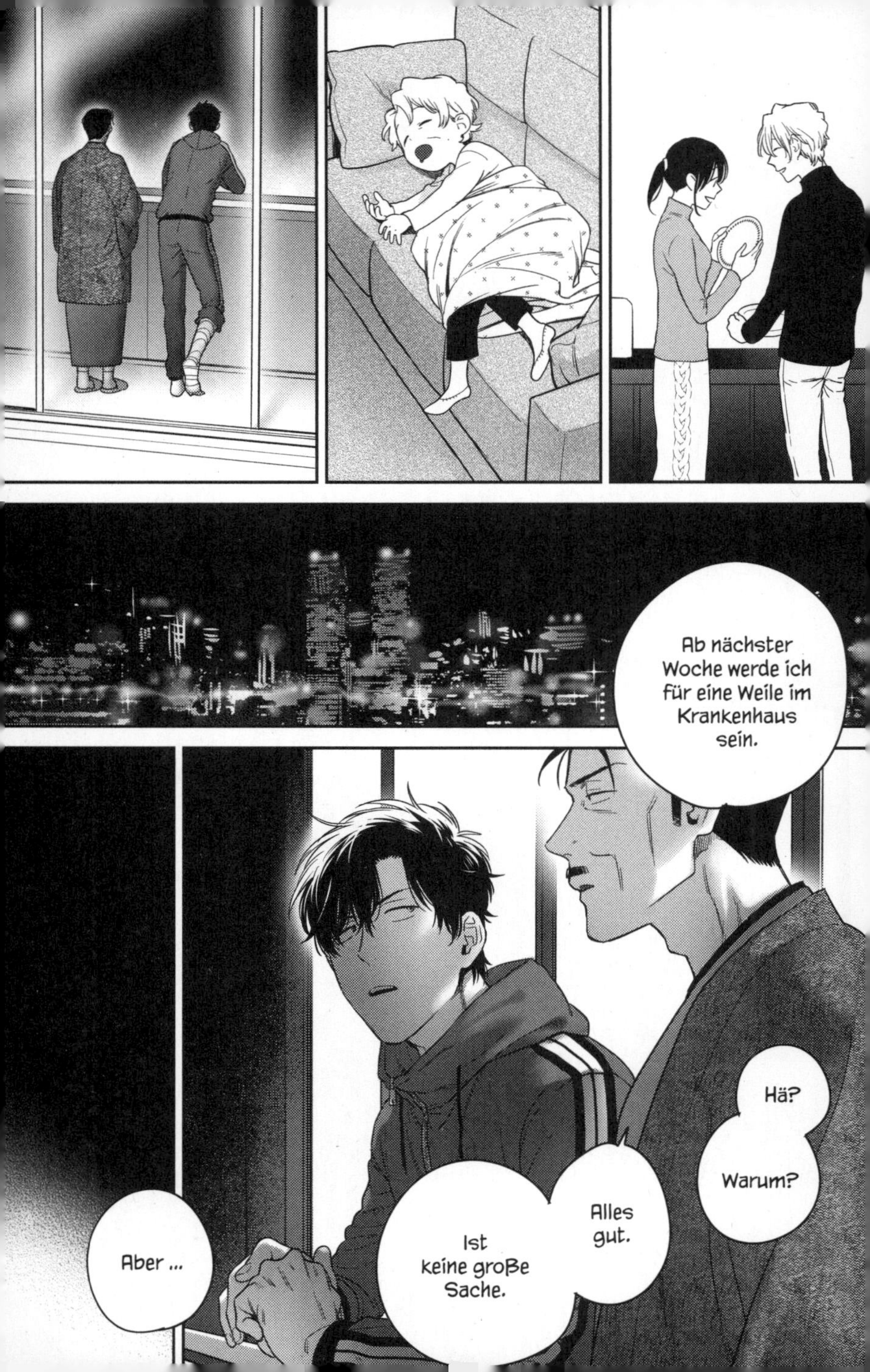

Ab nächster Woche werde ich für eine Weile im Krankenhaus sein.
Hä?
Warum?
Alles gut.
Ist keine große Sache.
Aber ...

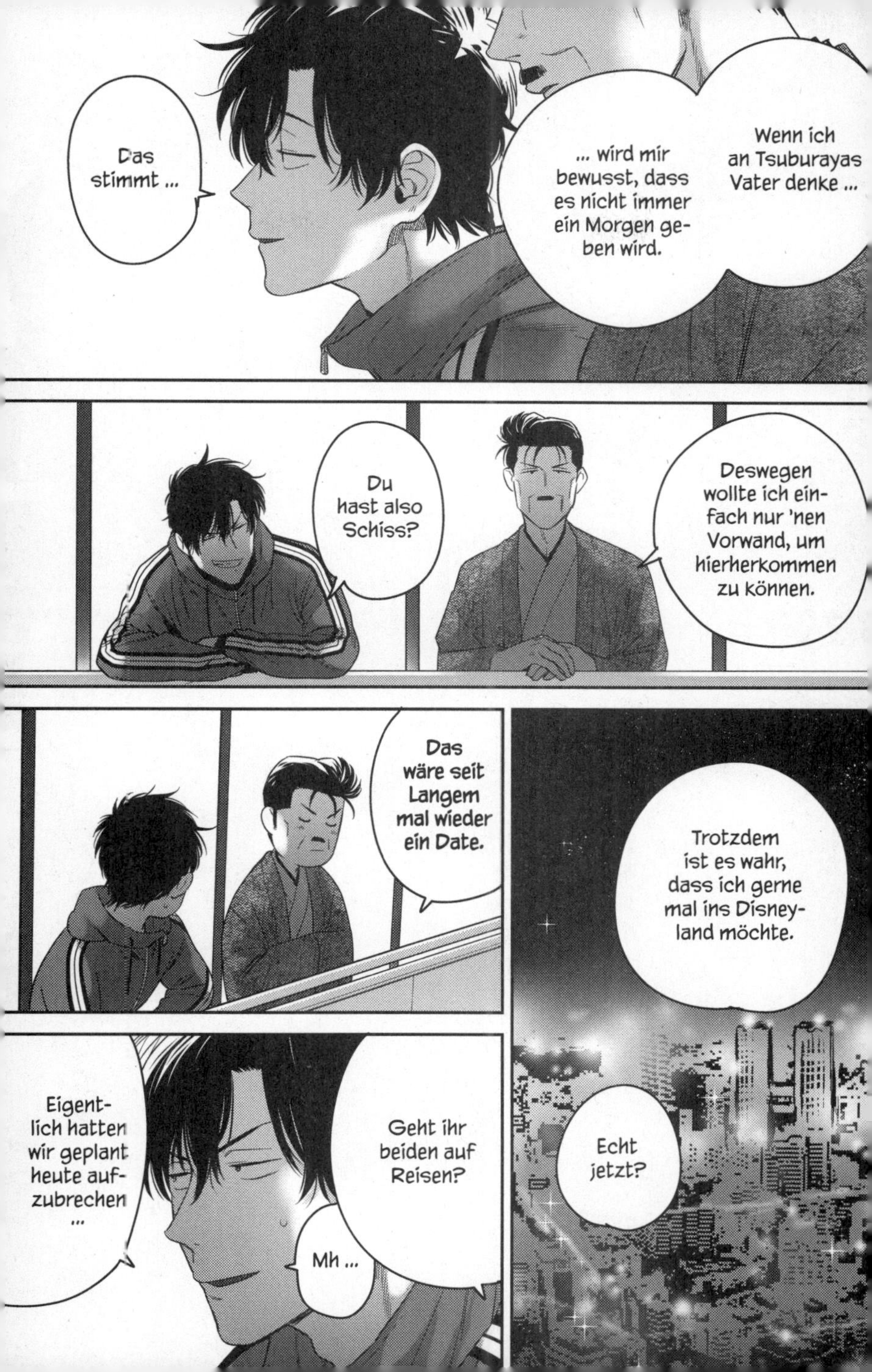
Wenn ich an Tsuburayas Vater denke ...
... wird mir bewusst, dass es nicht immer ein Morgen geben wird.
Das stimmt ...
Deswegen wollte ich einfach nur 'nen Vorwand, um hierherkommen zu können.
Du hast also Schiss?
Trotzdem ist es wahr, dass ich gerne mal ins Disneyland möchte.
Echt jetzt?
Das wäre seit Langem mal wieder ein Date.
Geht ihr beiden auf Reisen?
Mh ...
Eigentlich hatten wir geplant heute aufzubrechen ...

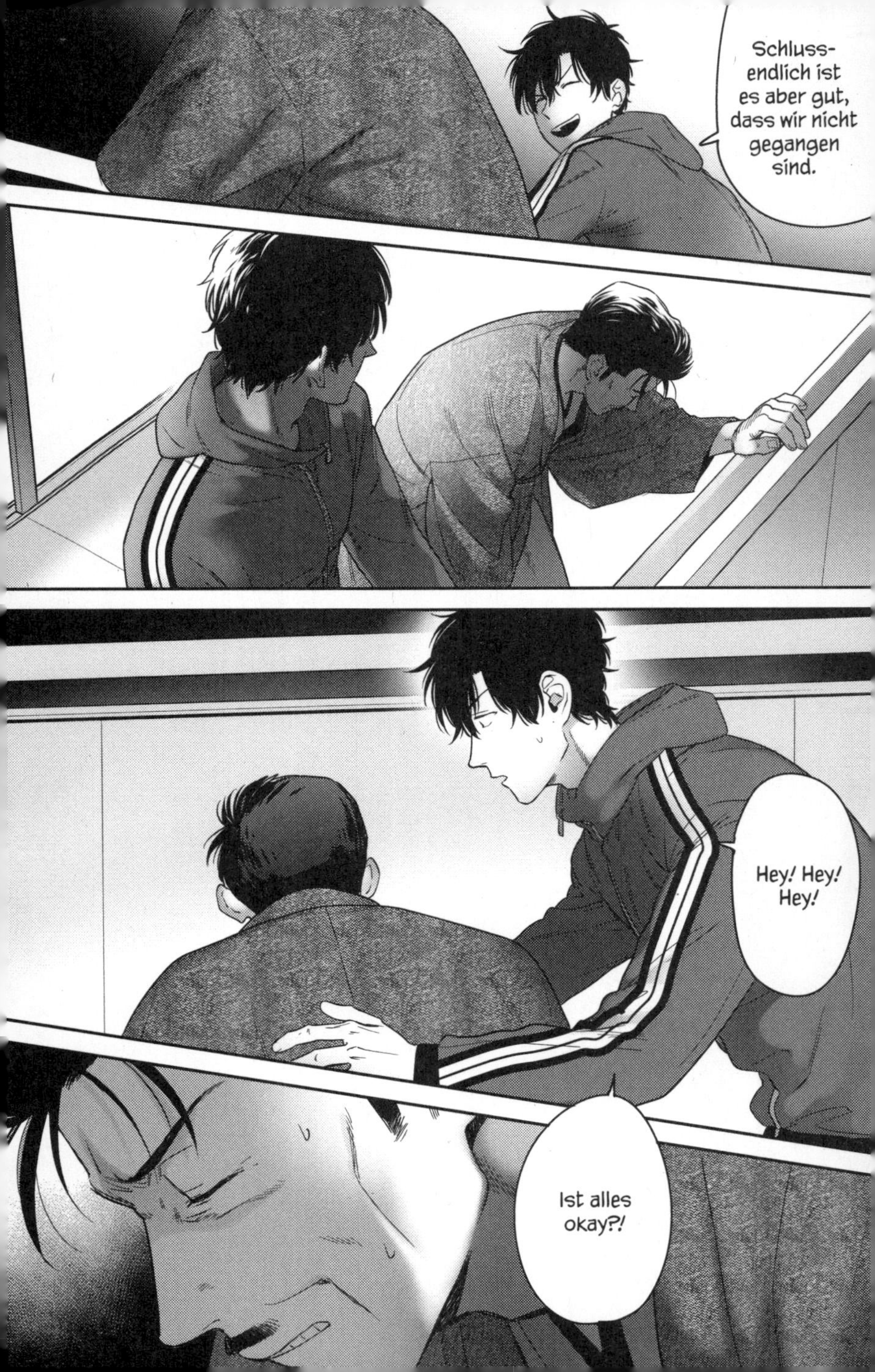
Schluss-
endlich ist
es aber gut,
dass wir nicht
gegangen
sind.
Hey! Hey!
Hey!
Ist alles
okay?!

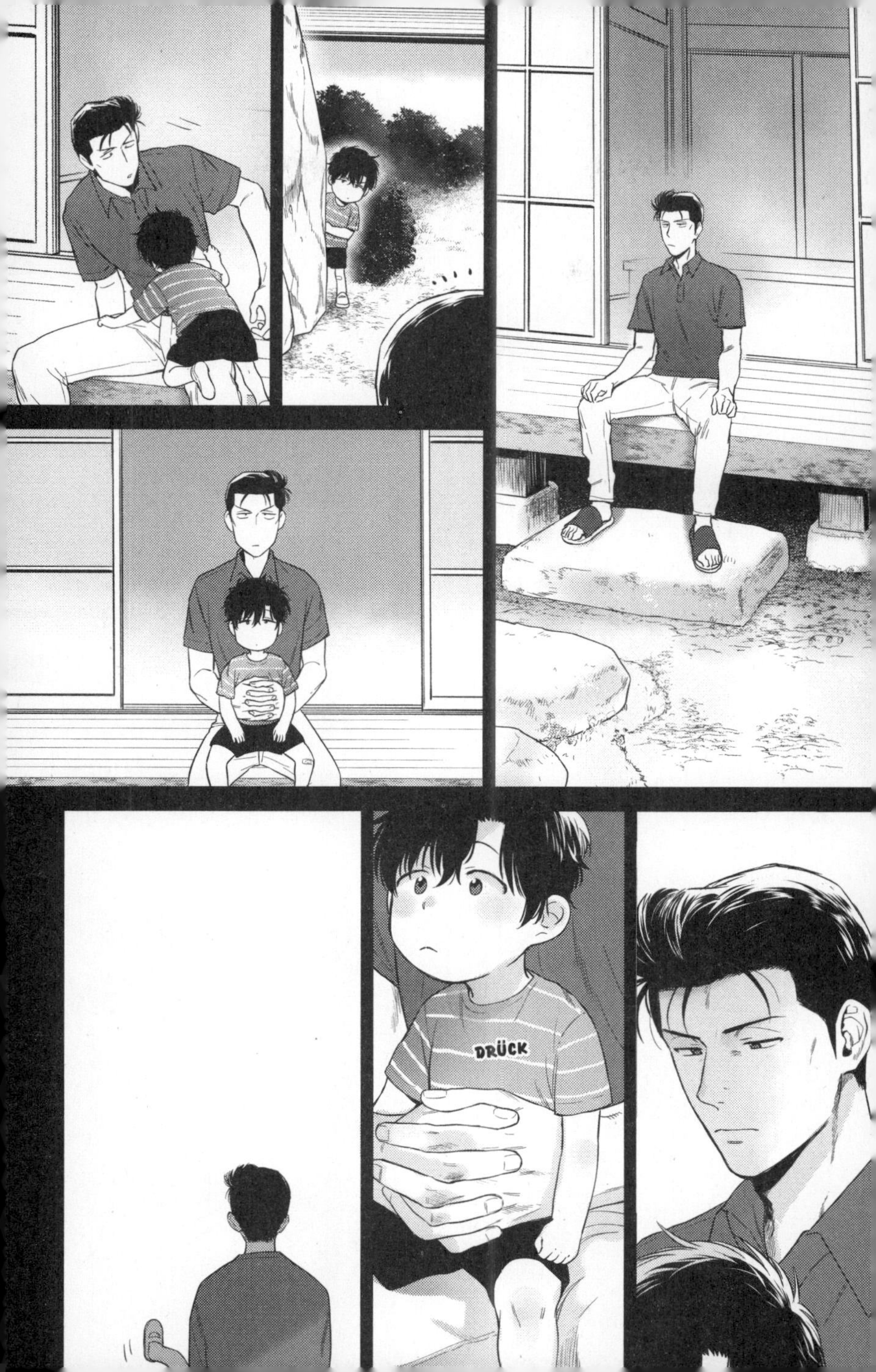
...
DRÜCK

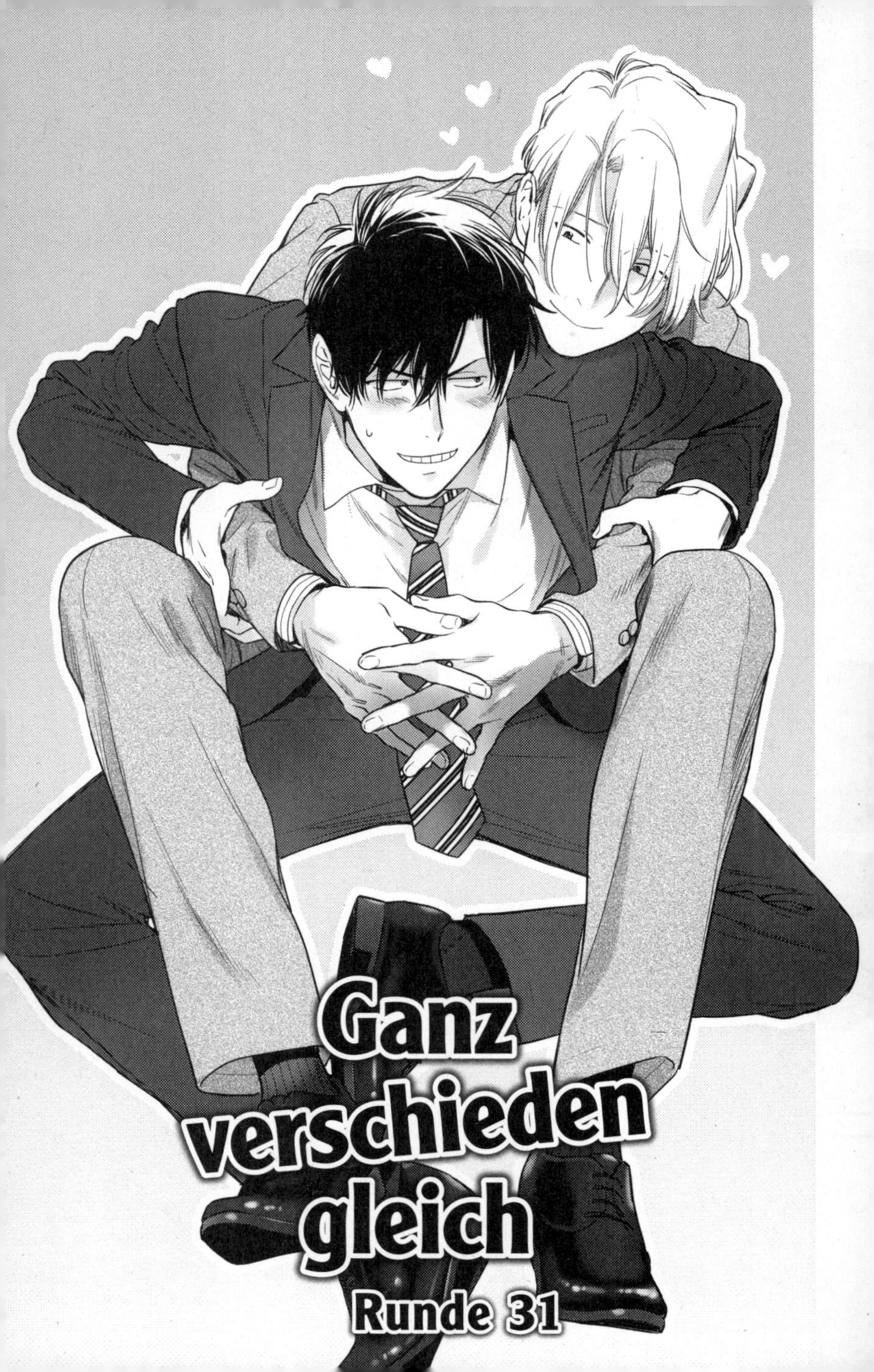
Ganz
verschieden
gleich
Runde 31

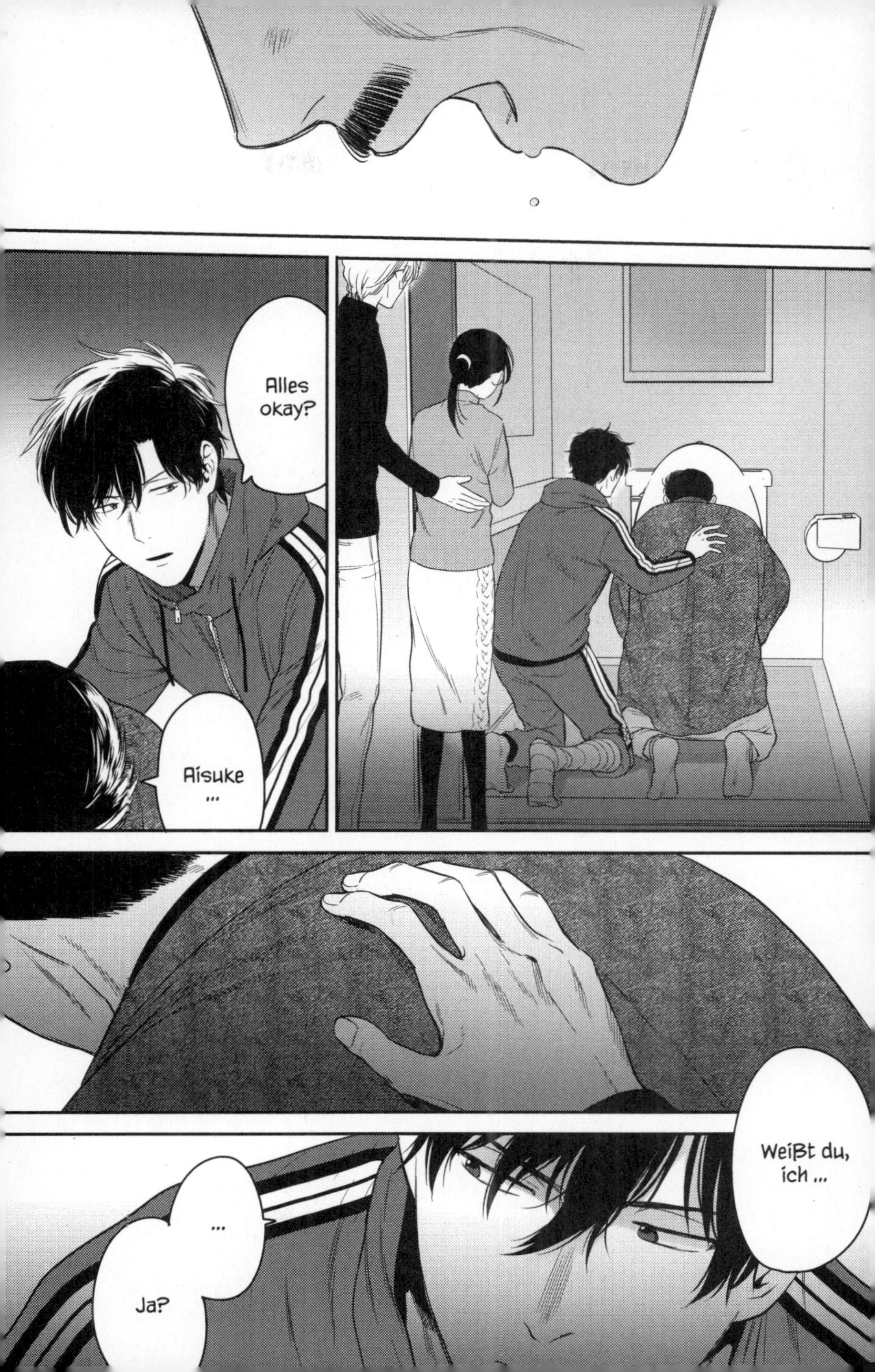
Alles okay?
Aisuke …
Weißt du, ich …
…
Ja?

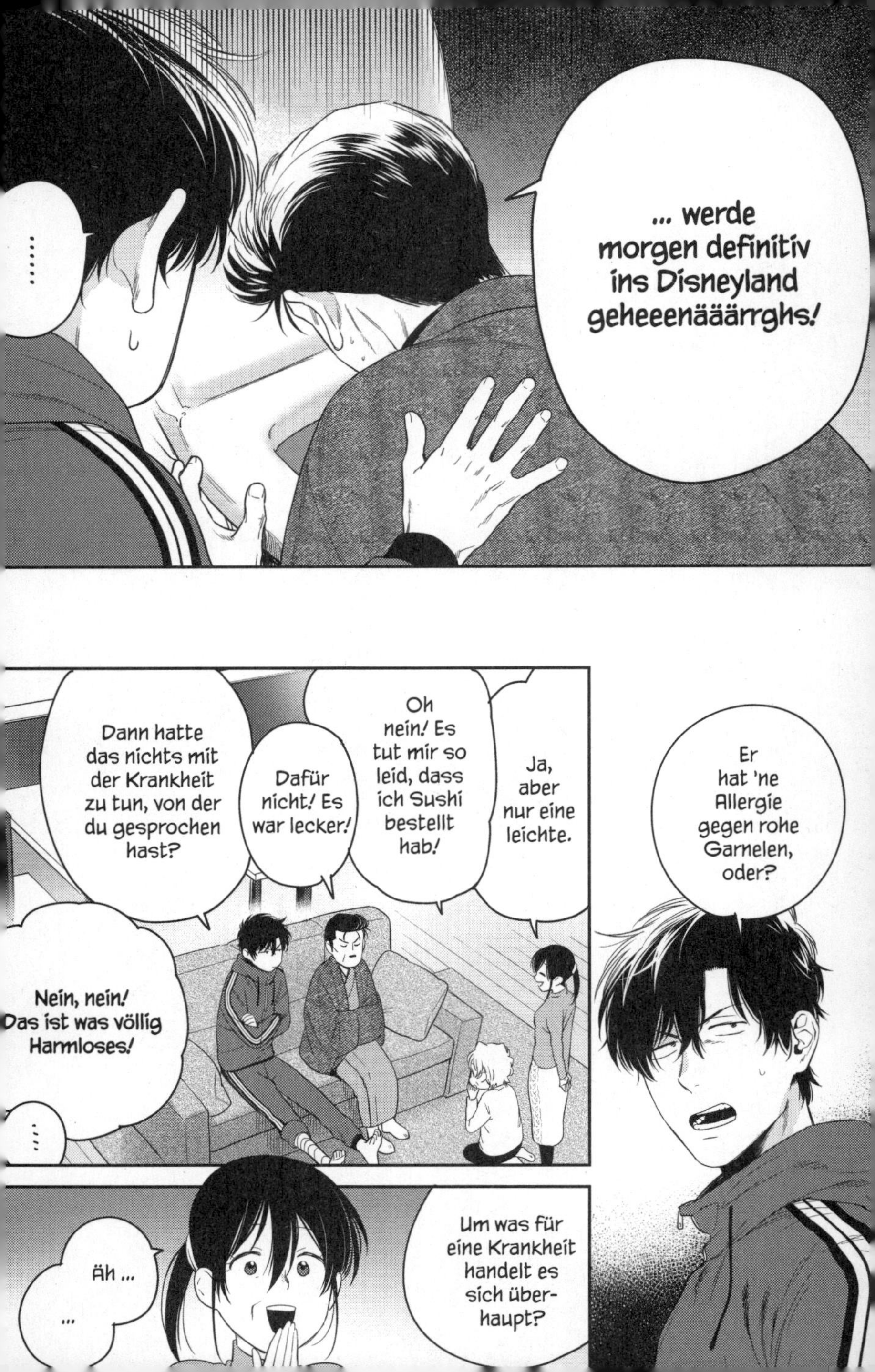
... werde morgen definitiv ins Disneyland geheeenääärrghs!
......
Er hat 'ne Allergie gegen rohe Garnelen, oder?
Ja, aber nur eine leichte.
Oh nein! Es tut mir so leid, dass ich Sushi bestellt hab!
Dafür nicht! Es war lecker!
Dann hatte das nichts mit der Krankheit zu tun, von der du gesprochen hast?
Nein, nein! Das ist was völlig Harmloses!
....
Um was für eine Krankheit handelt es sich überhaupt?
Äh ...
...

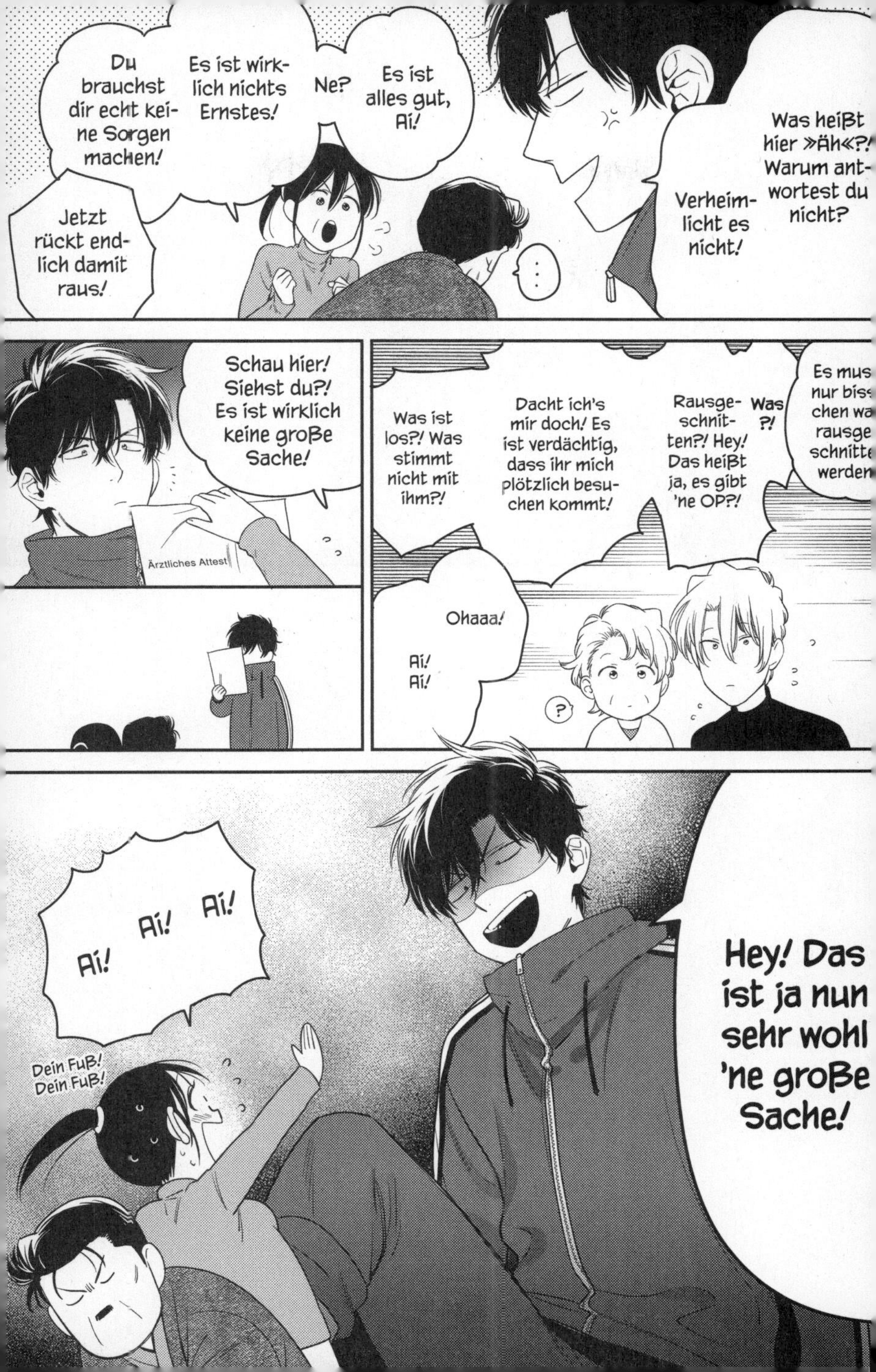
Was heißt hier »Äh«?! Warum antwortest du nicht?
Verheimlicht es nicht!
Es ist alles gut, Ai!
Ne?
Es ist wirklich nichts Ernstes!
Du brauchst dir echt keine Sorgen machen!
Jetzt rückt endlich damit raus!
…
Es mus nur biss chen wa rausge schnitte werden
Was ?!
Rausgeschnitten?! Hey! Das heißt ja, es gibt 'ne OP?!
Dacht ich's mir doch! Es ist verdächtig, dass ihr mich plötzlich besuchen kommt!
Was ist los?! Was stimmt nicht mit ihm?!
Schau hier! Siehst du?! Es ist wirklich keine große Sache!
Ärztliches Attest
Ohaaa!
Ai! Ai!
?
Hey! Das ist ja nun sehr wohl 'ne große Sache!
Ai! Ai! Ai!
Dein Fuß! Dein Fuß!

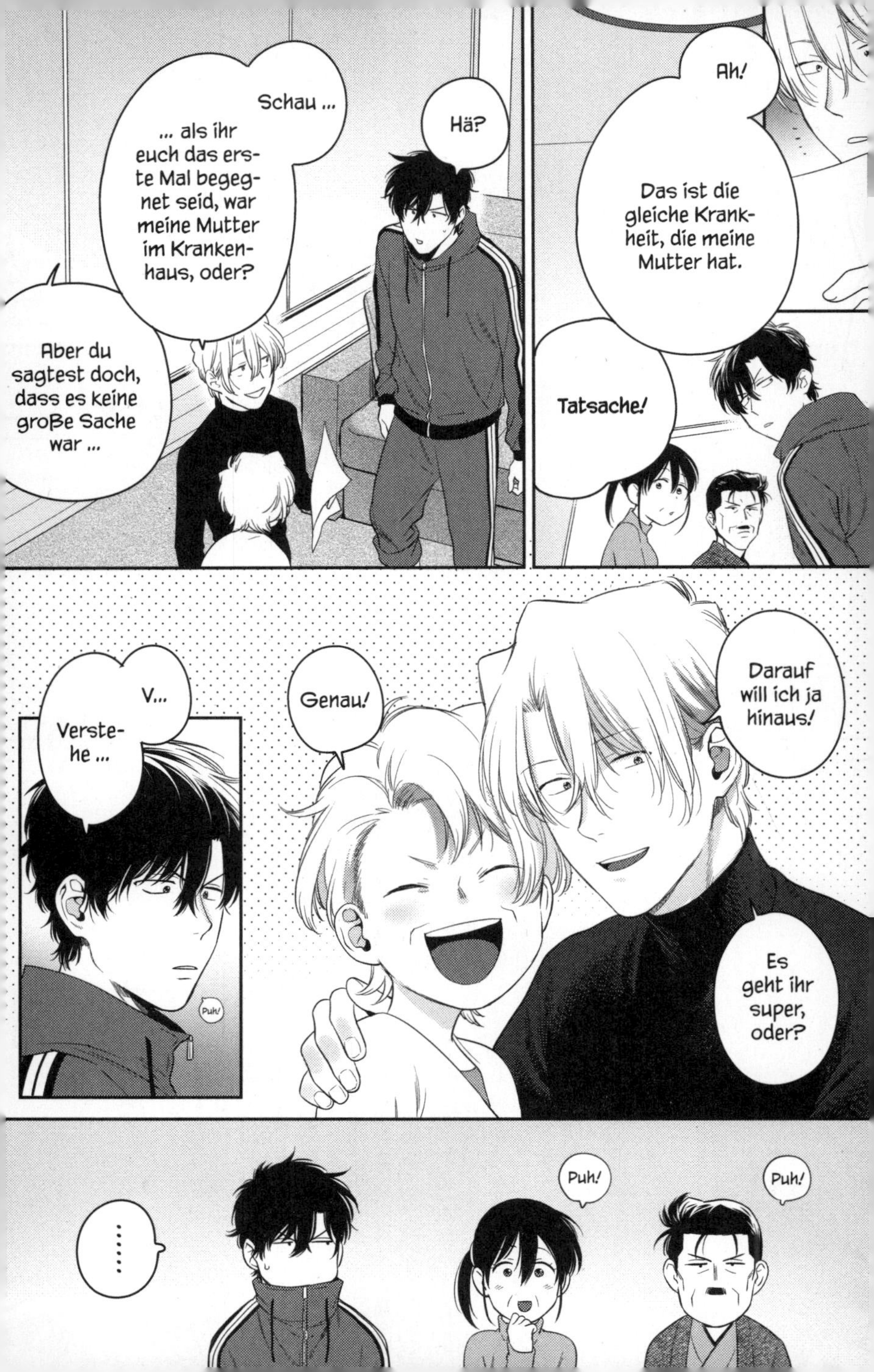

Ah!
Das ist die gleiche Krankheit, die meine Mutter hat.
Tatsache!
Schau ...
... als ihr euch das erste Mal begegnet seid, war meine Mutter im Krankenhaus, oder?
Hä?
Aber du sagtest doch, dass es keine große Sache war ...
Darauf will ich ja hinaus!
Es geht ihr super, oder?
Genau!
V...
Verstehe ...
Puh!
Puh!
Puh!
......

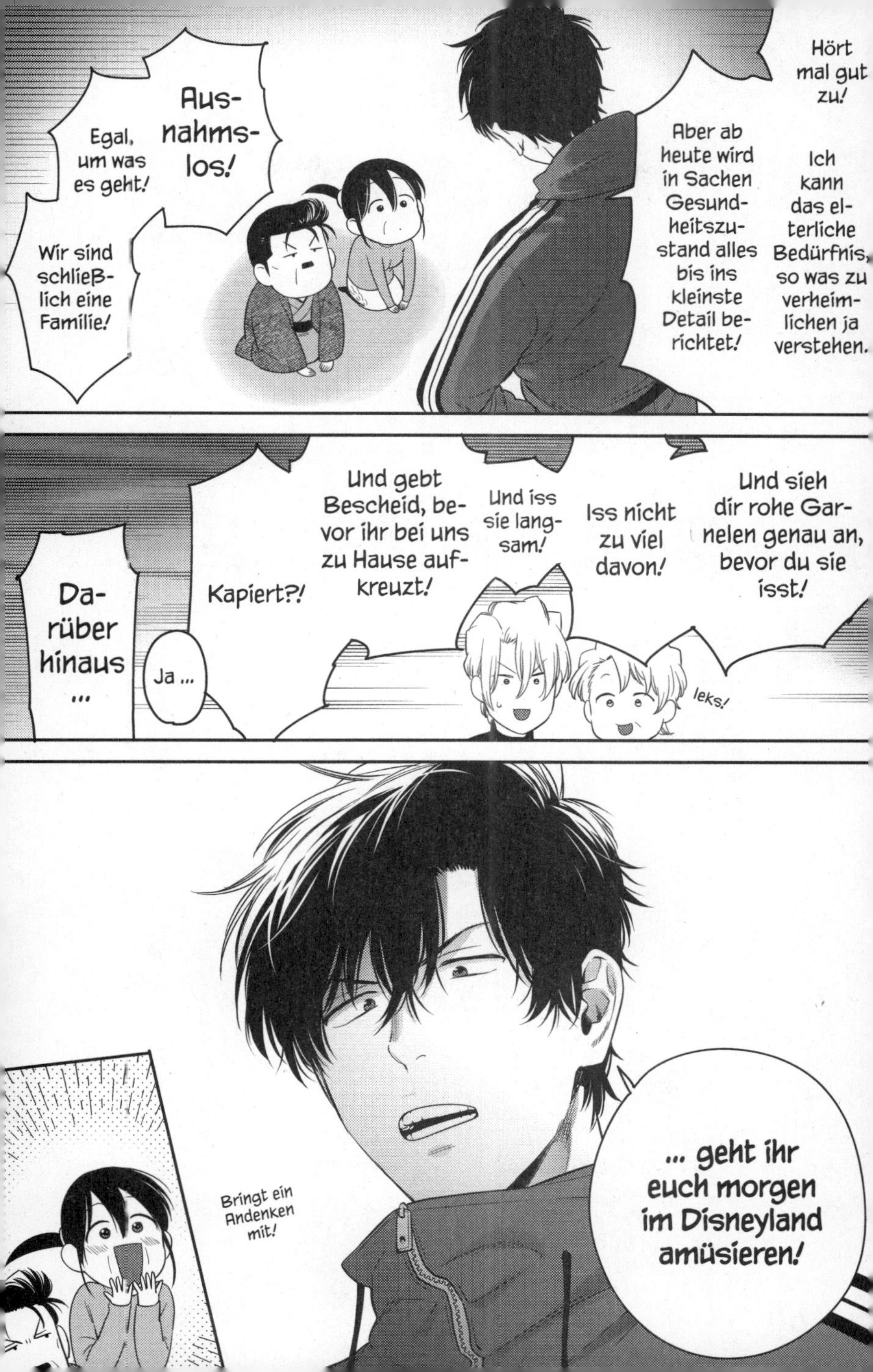

Hört mal gut zu!
Ich kann das elterliche Bedürfnis, so was zu verheimlichen ja verstehen.
Aber ab heute wird in Sachen Gesundheitszustand alles bis ins kleinste Detail berichtet!
Ausnahmslos!
Egal, um was es geht!
Wir sind schließlich eine Familie!
Und sieh dir rohe Garnelen genau an, bevor du sie isst!
Iss nicht zu viel davon!
Und iss sie langsam!
Und gebt Bescheid, bevor ihr bei uns zu Hause aufkreuzt!
Kapiert?!
Ieks!
Ja ...
Darüber hinaus ...
... geht ihr euch morgen im Disneyland amüsieren!
Bringt ein Andenken mit!

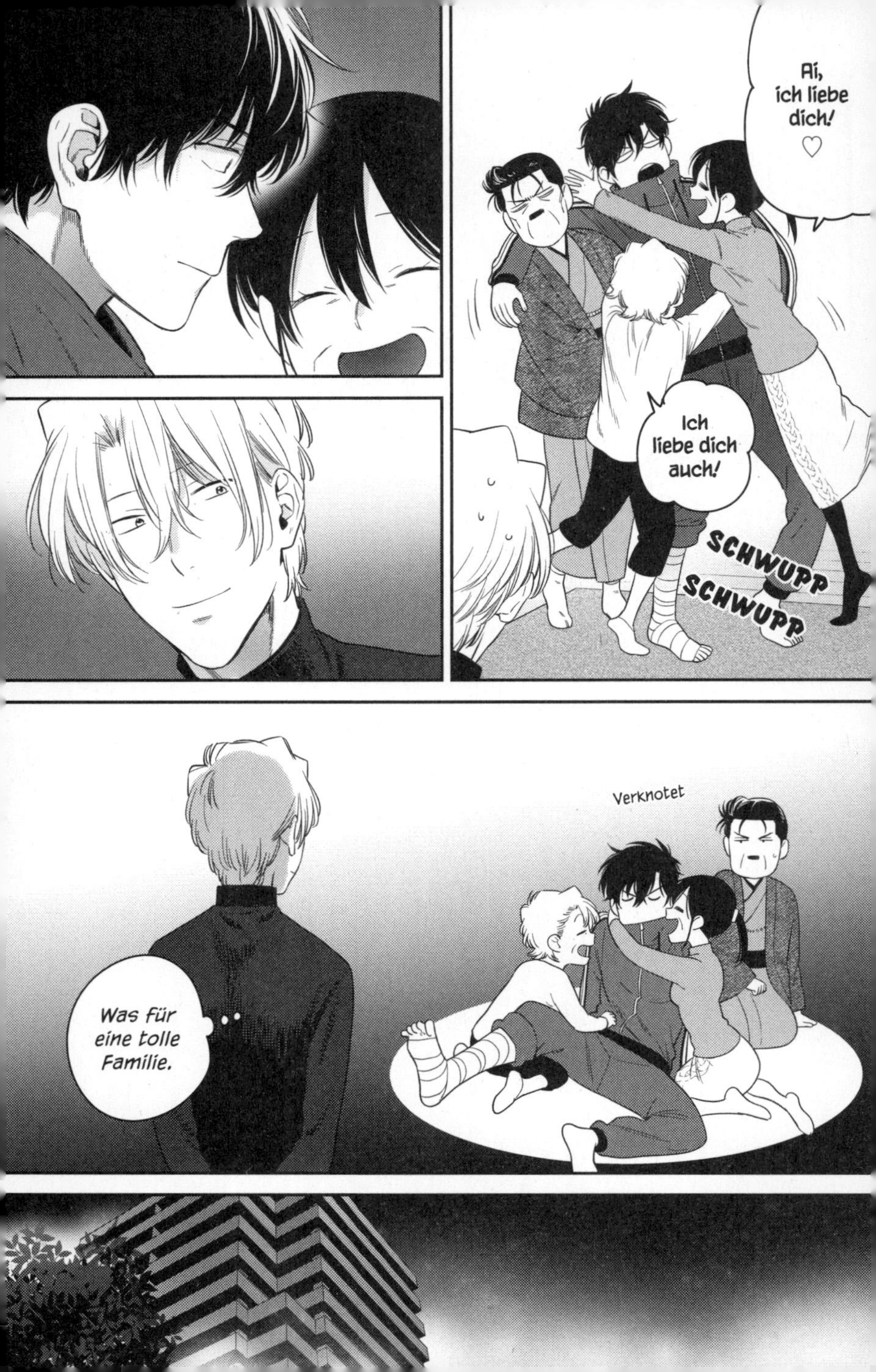
Ai, ich liebe dich! ♡
Ich liebe dich auch!
SCHWUPP
SCHWUPP
Verknotet
Was für eine tolle Familie.

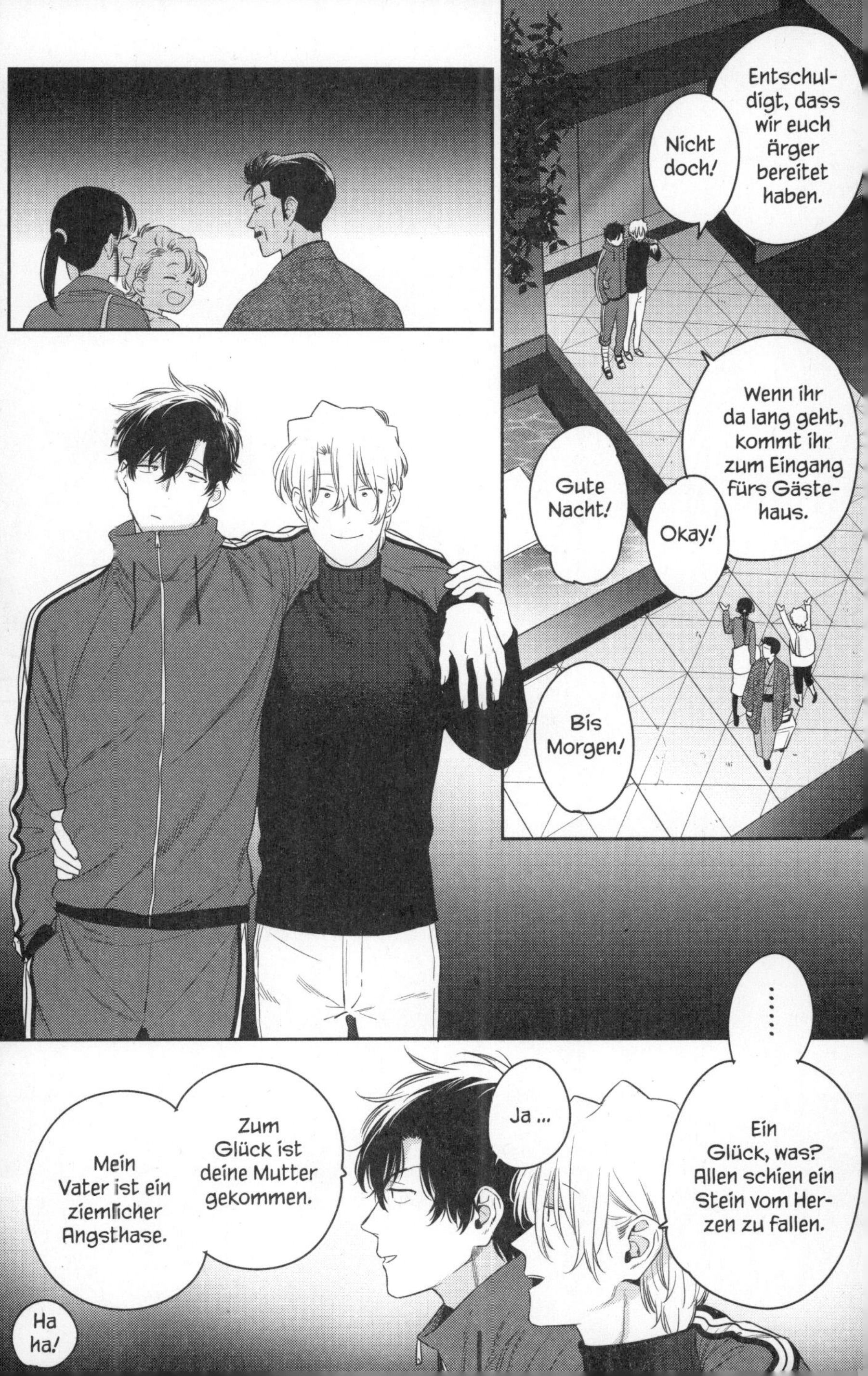
Entschuldigt, dass wir euch Ärger bereitet haben.
Nicht doch!
Wenn ihr da lang geht, kommt ihr zum Eingang fürs Gästehaus.
Okay!
Gute Nacht!
Bis Morgen!
……
Ein Glück, was? Allen schien ein Stein vom Herzen zu fallen.
Ja ...
Zum Glück ist deine Mutter gekommen.
Mein Vater ist ein ziemlicher Angsthase.
Ha ha!

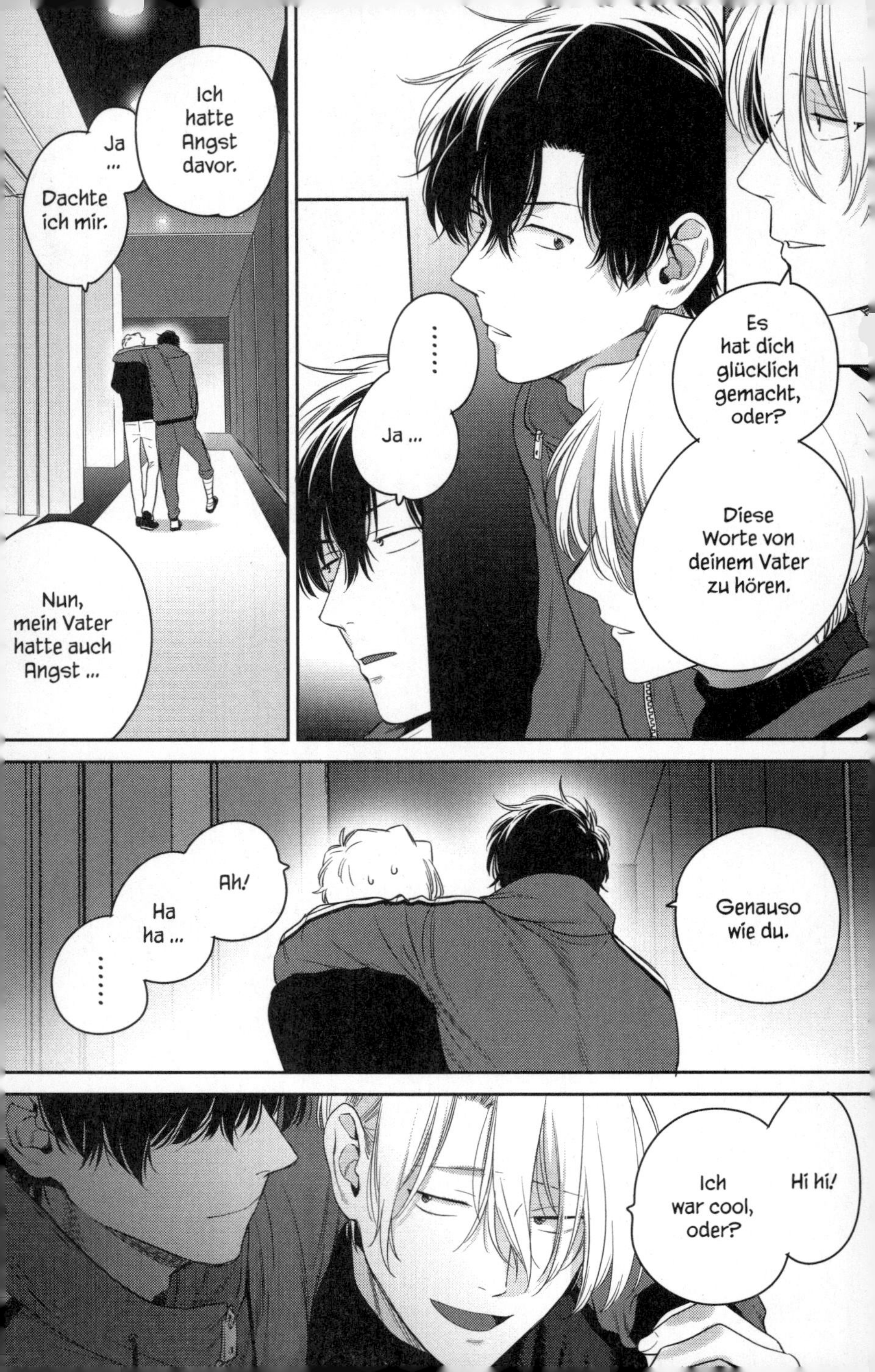
Es hat dich glücklich gemacht, oder?
Diese Worte von deinem Vater zu hören.
……
Ja …
Ich hatte Angst davor.
Ja … Dachte ich mir.
Nun, mein Vater hatte auch Angst …
Genauso wie du.
Ah!
Ha ha …
……
Hi hi!
Ich war cool, oder?

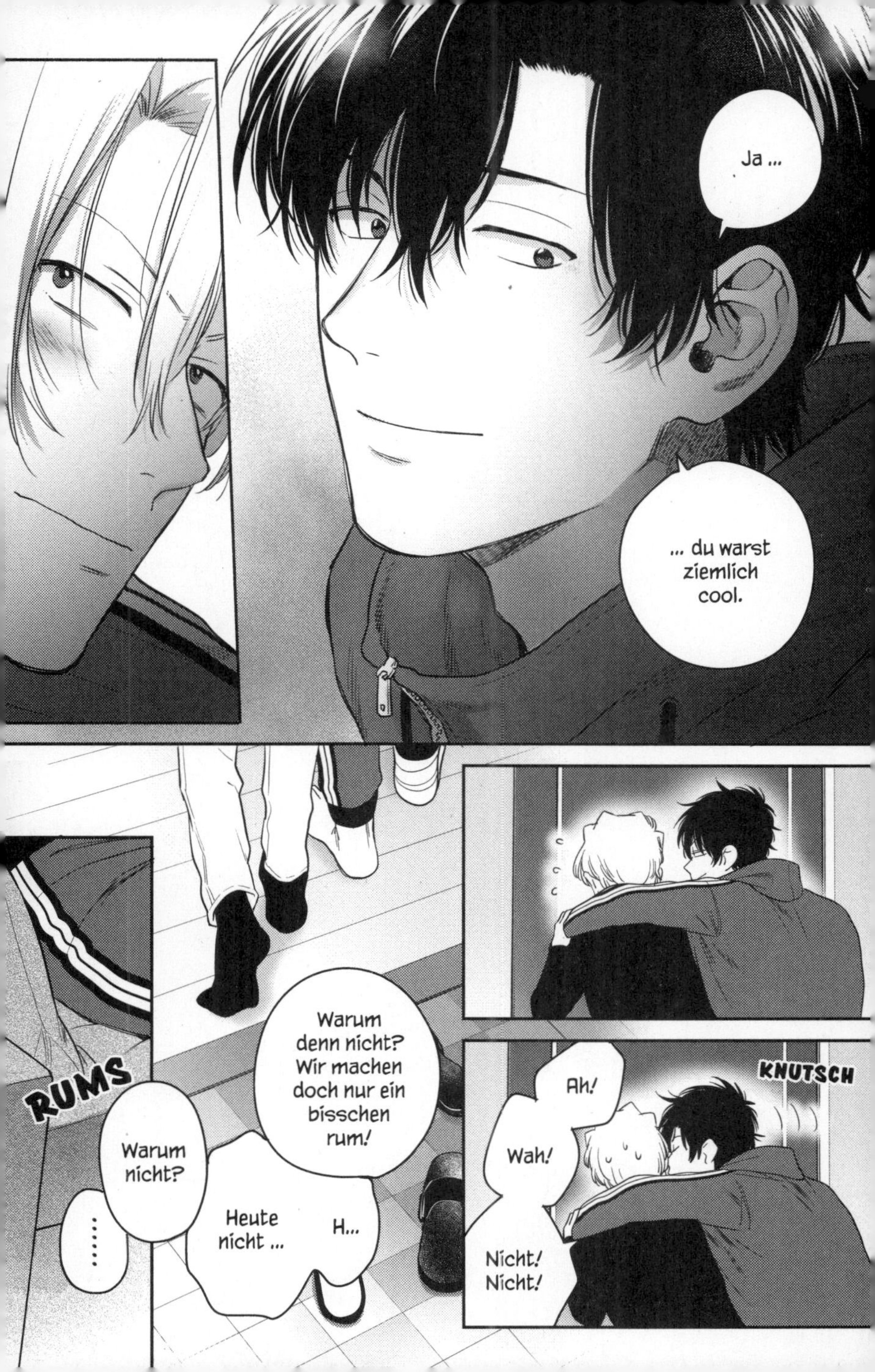
Ja ...
... du warst ziemlich cool.
KNUTSCH
Ah!
Wah!
Nicht! Nicht!
Warum denn nicht? Wir machen doch nur ein bisschen rum!
H...
Heute nicht ...
Warum nicht?
......
RUMS

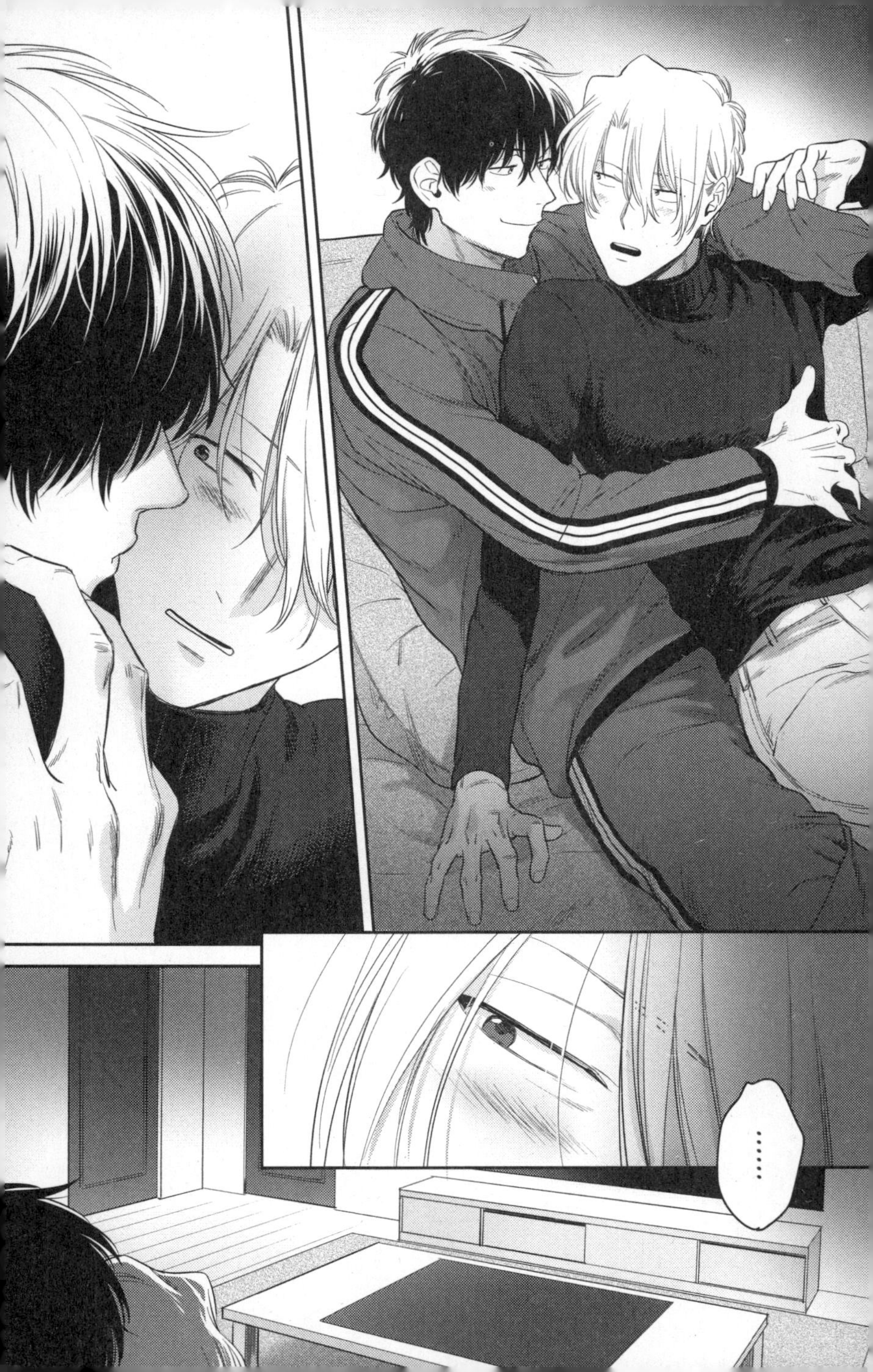

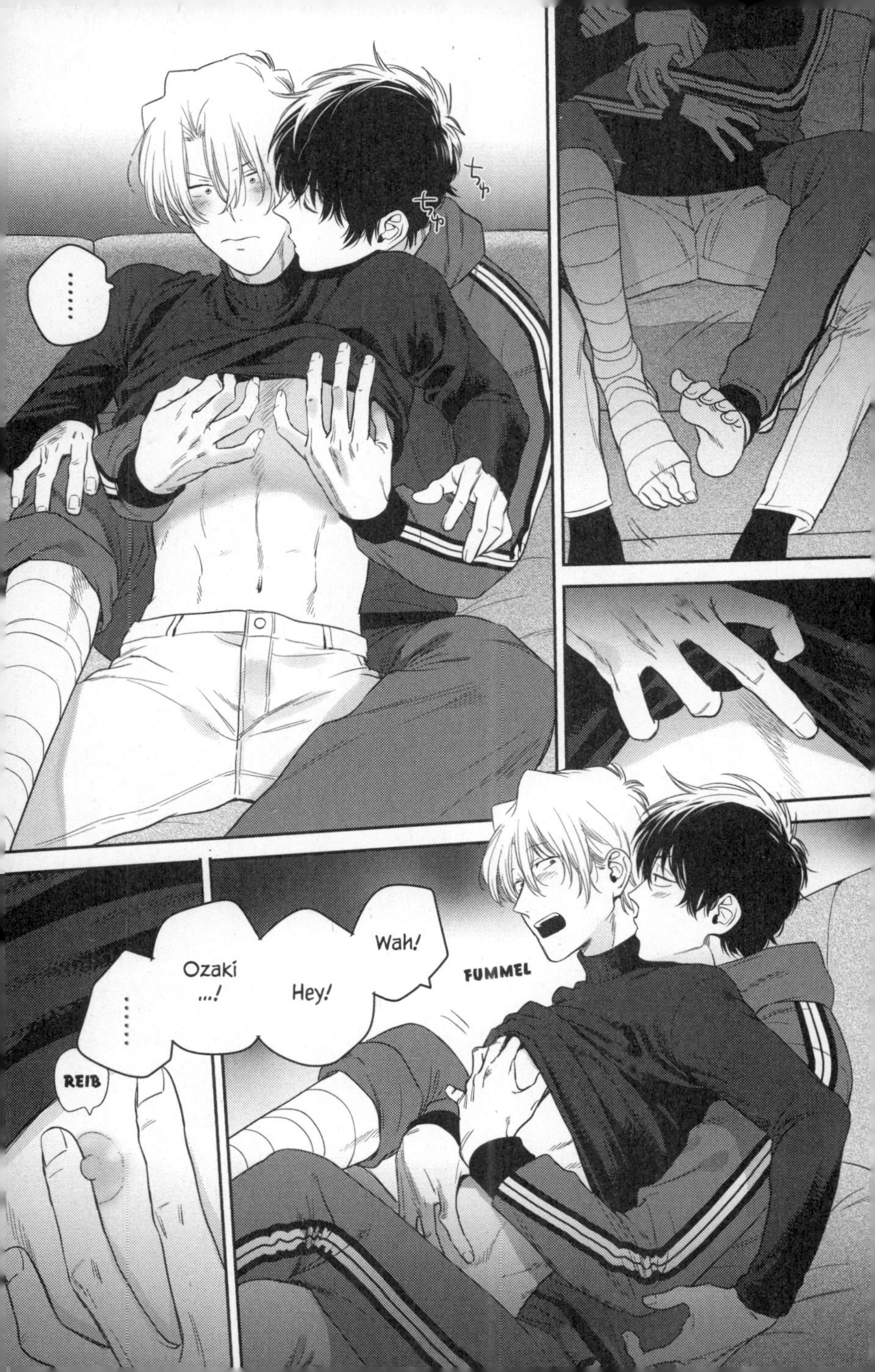

ちゅ
ちゅ
......
Wah!
Hey!
Ozaki ...!
......
FUMMEL
REIB

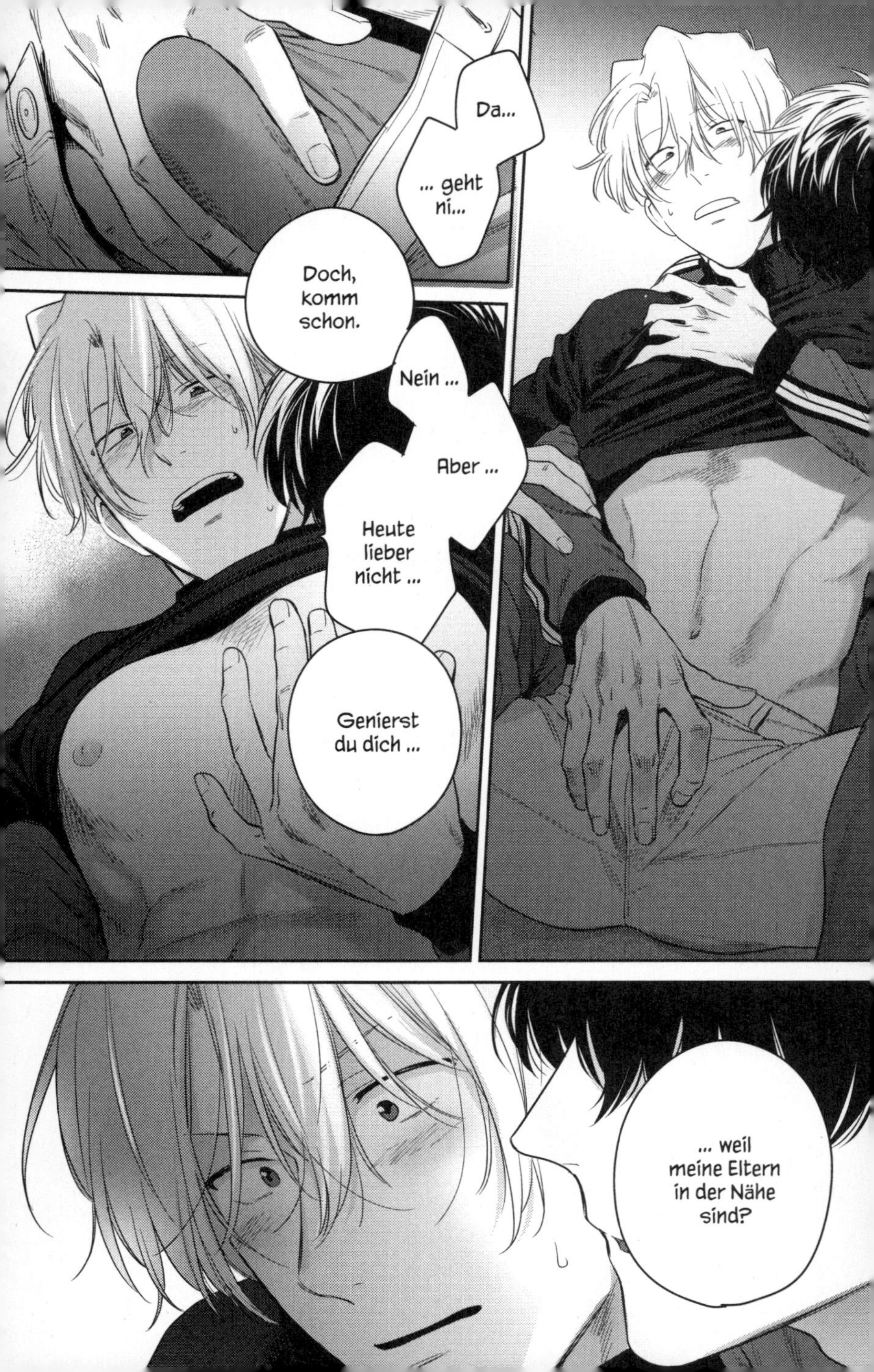
Da...
... geht ni...
Doch, komm schon.
Nein ...
Aber ...
Heute lieber nicht ...
Genierst du dich ...
... weil meine Eltern in der Nähe sind?

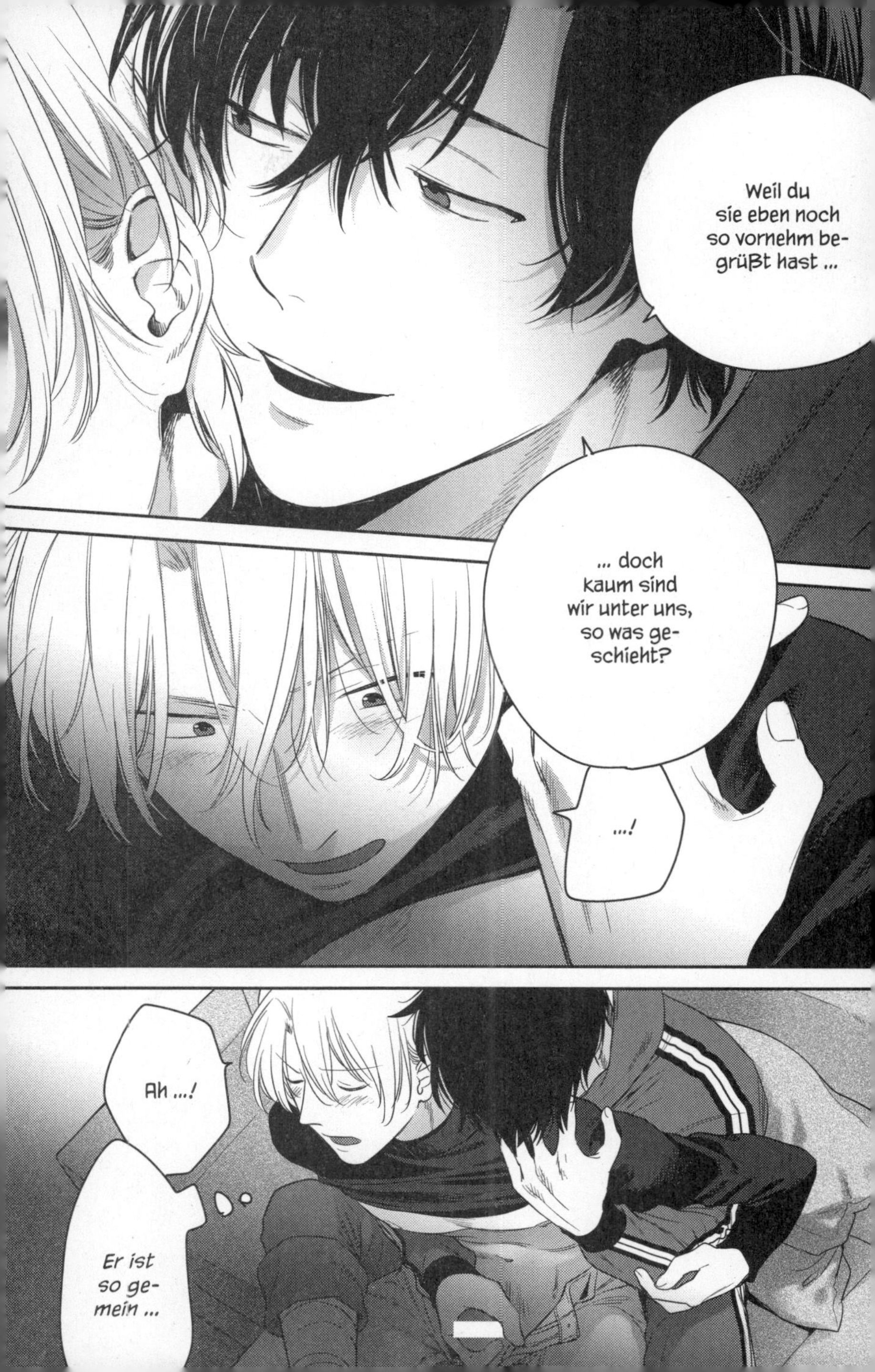
Weil du sie eben noch so vornehm begrüßt hast ...
... doch kaum sind wir unter uns, so was geschieht?
...!
Ah ...!
Er ist so gemein ...

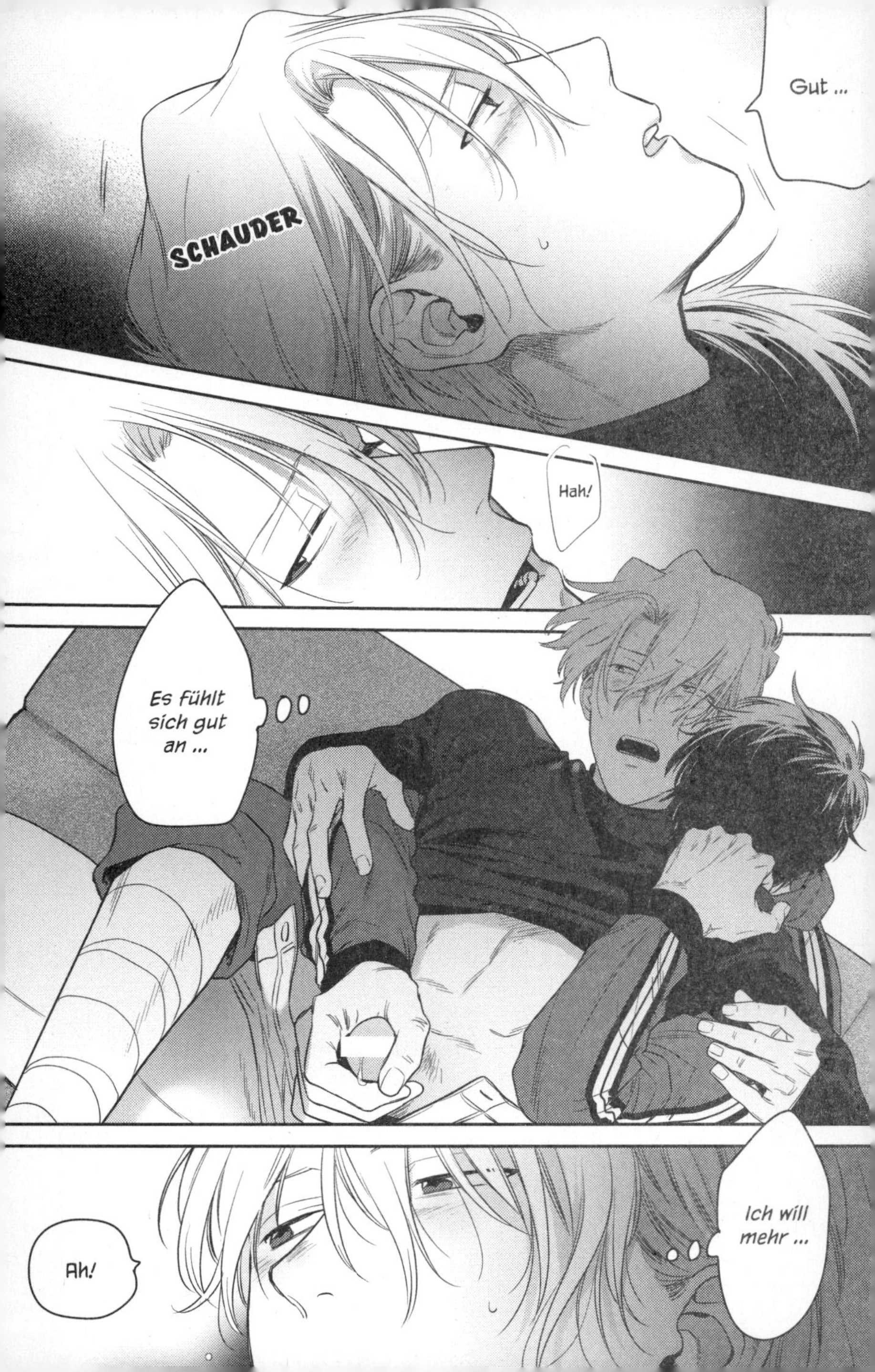
Gut ...
SCHAUDER
Hah!
Es fühlt sich gut an ...
Ich will mehr ...
Ah!

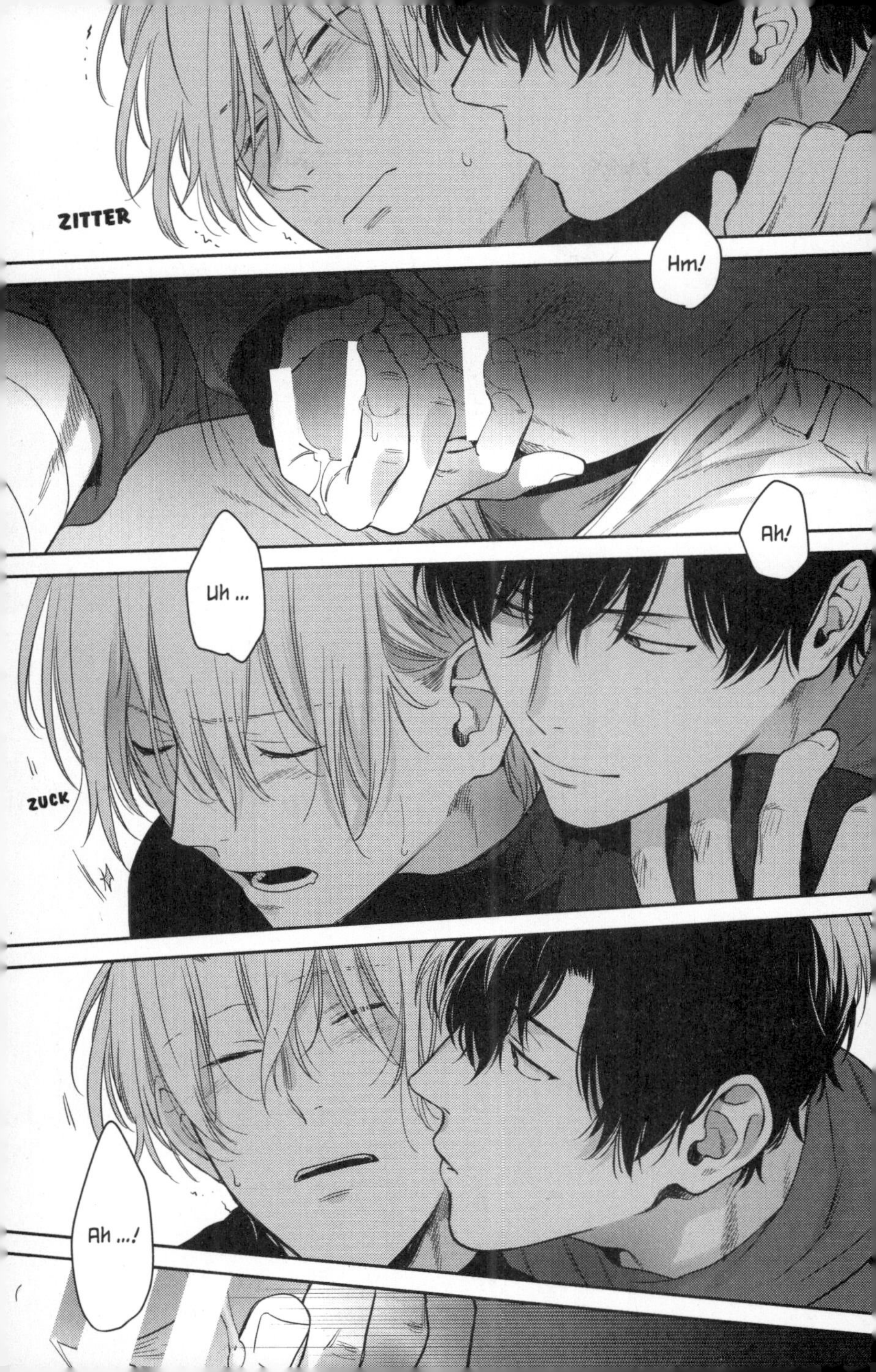
ZITTER
Hm!
Ah!
Uh ...
ZUCK
Ah ...!

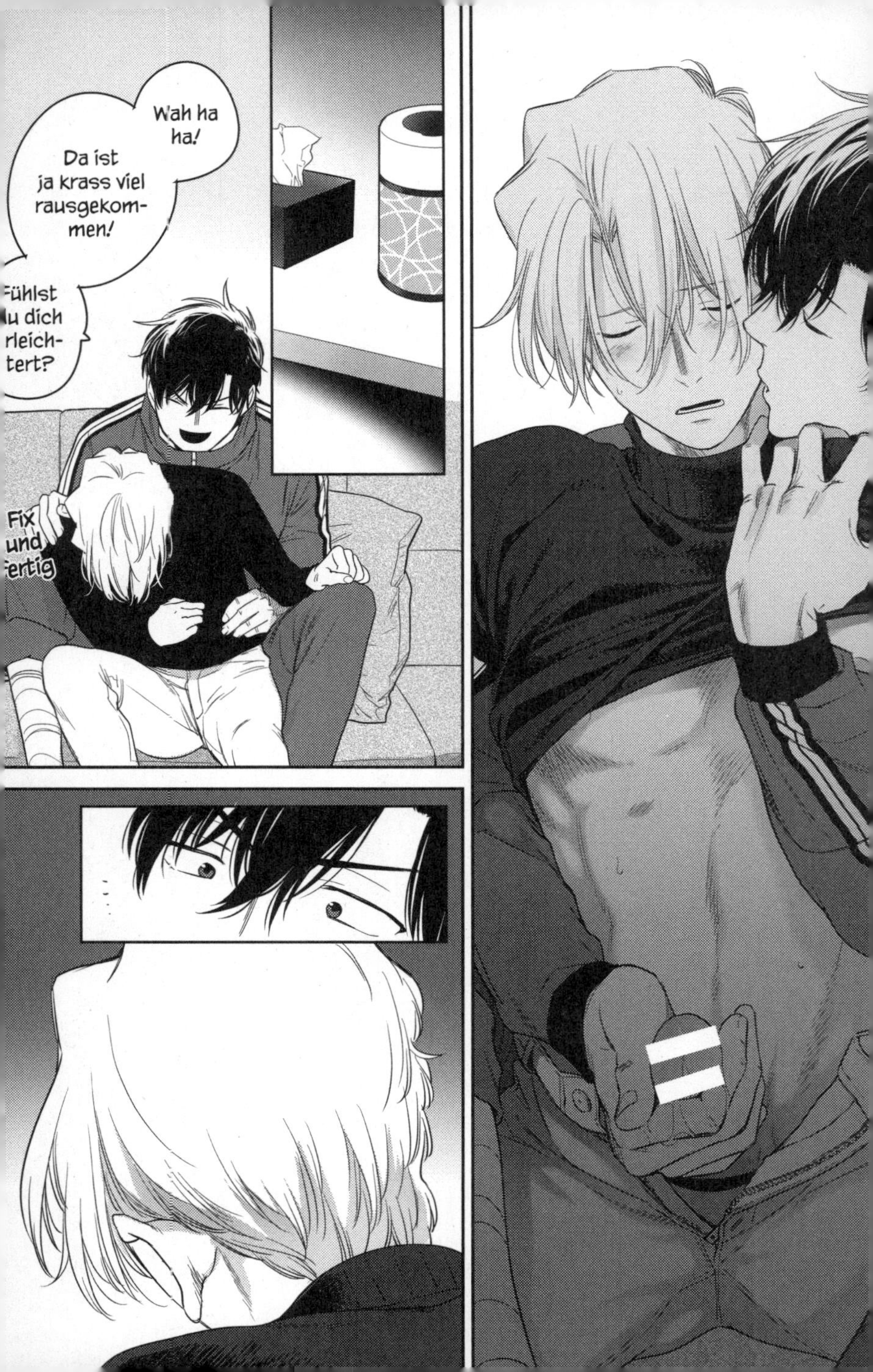
Wah ha ha!
Da ist ja krass viel rausgekommen!
Fühlst du dich erleichtert?
Fix und fertig
…

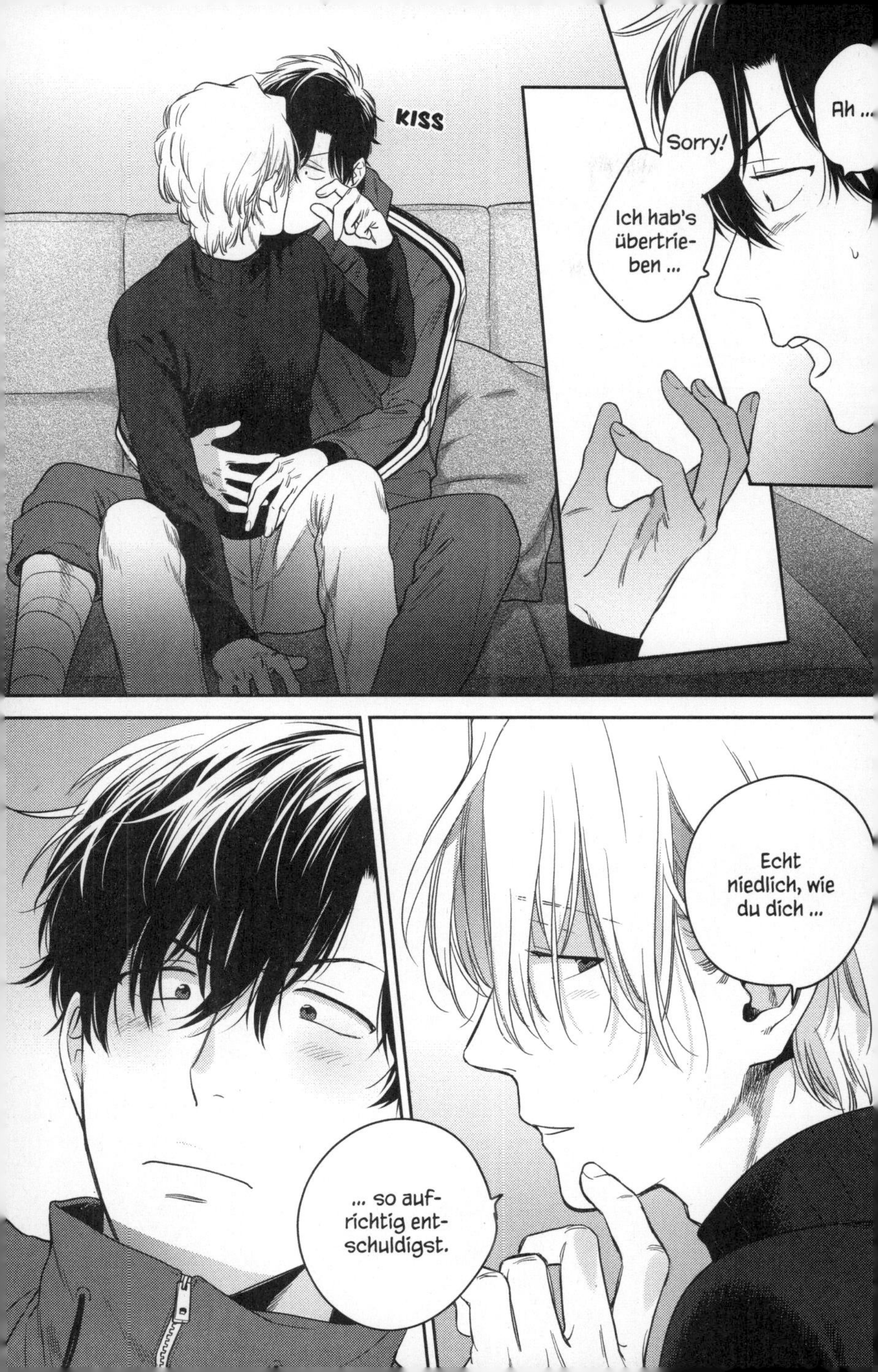
Ah ...
Sorry!
Ich hab's übertrieben ...
KISS
Echt niedlich, wie du dich ...
... so aufrichtig entschuldigst.

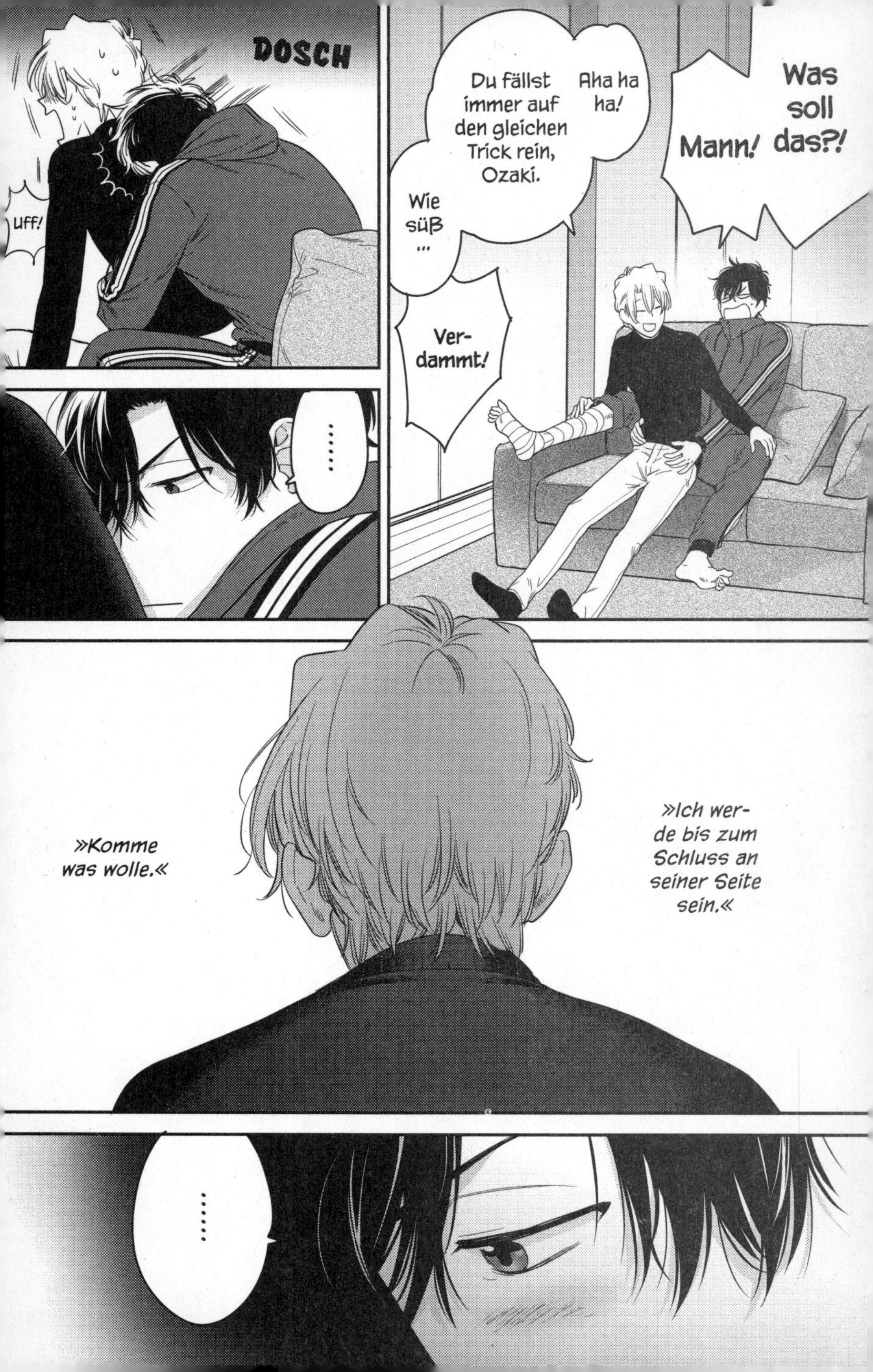
Mann! Was soll das?!
Aha ha ha!
Du fällst immer auf den gleichen Trick rein, Ozaki.
Wie süß ...
Ver-dammt!
DOSCH
Uff!
......
»Ich wer-de bis zum Schluss an seiner Seite sein.«
»Komme was wolle.«
......

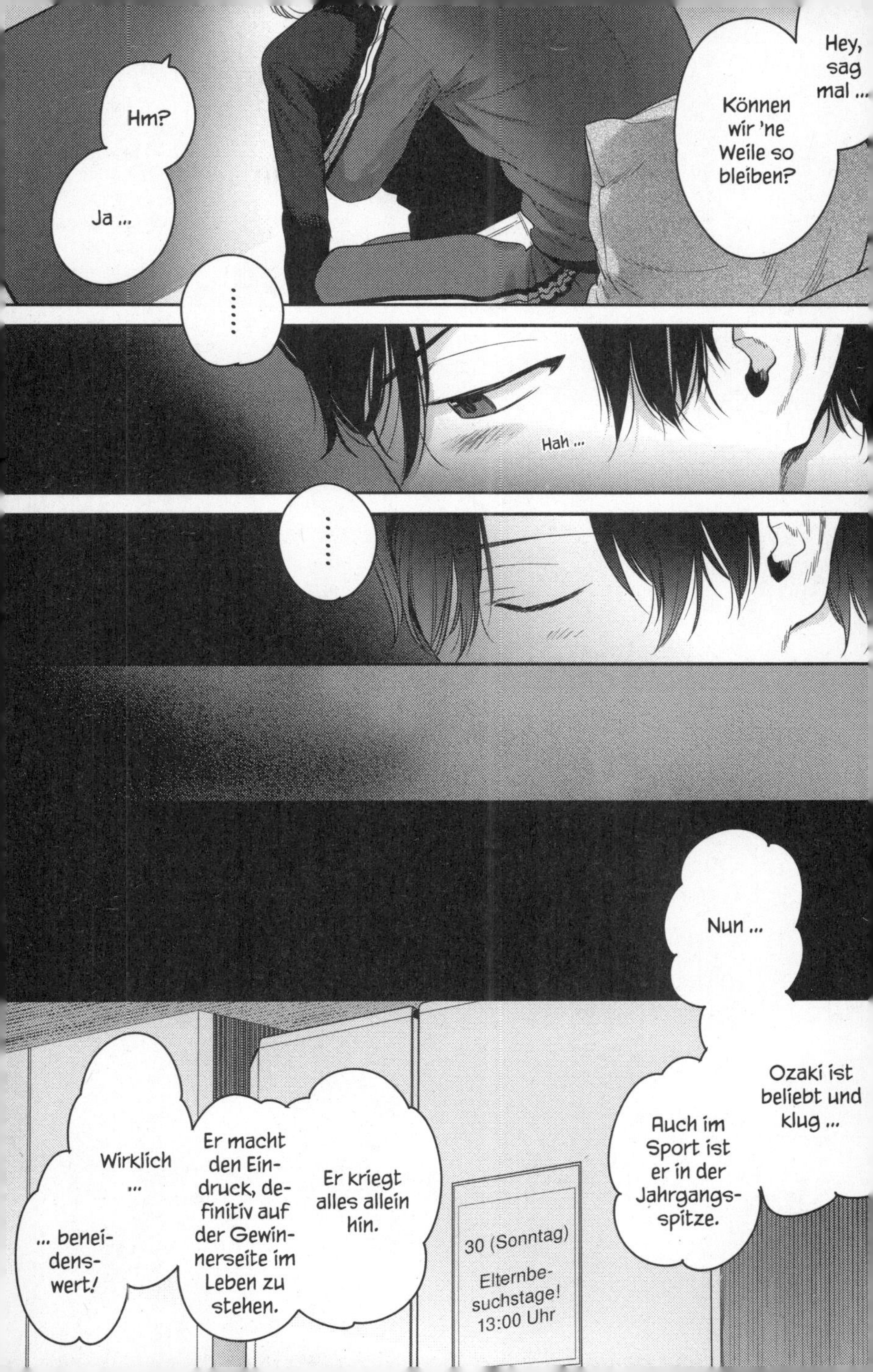

Hey, sag mal ...
Können wir 'ne Weile so bleiben?
Hm?
Ja ...
......
Hah ...
......
Nun ...
Ozaki ist beliebt und klug ...
Auch im Sport ist er in der Jahrgangs-spitze.
Er kriegt alles allein hin.
Er macht den Eindruck, definitiv auf der Gewinnerseite im Leben zu stehen.
Wirklich ...
... beneidenswert!
30 (Sonntag)
Elternbesuchstage!
13:00 Uhr

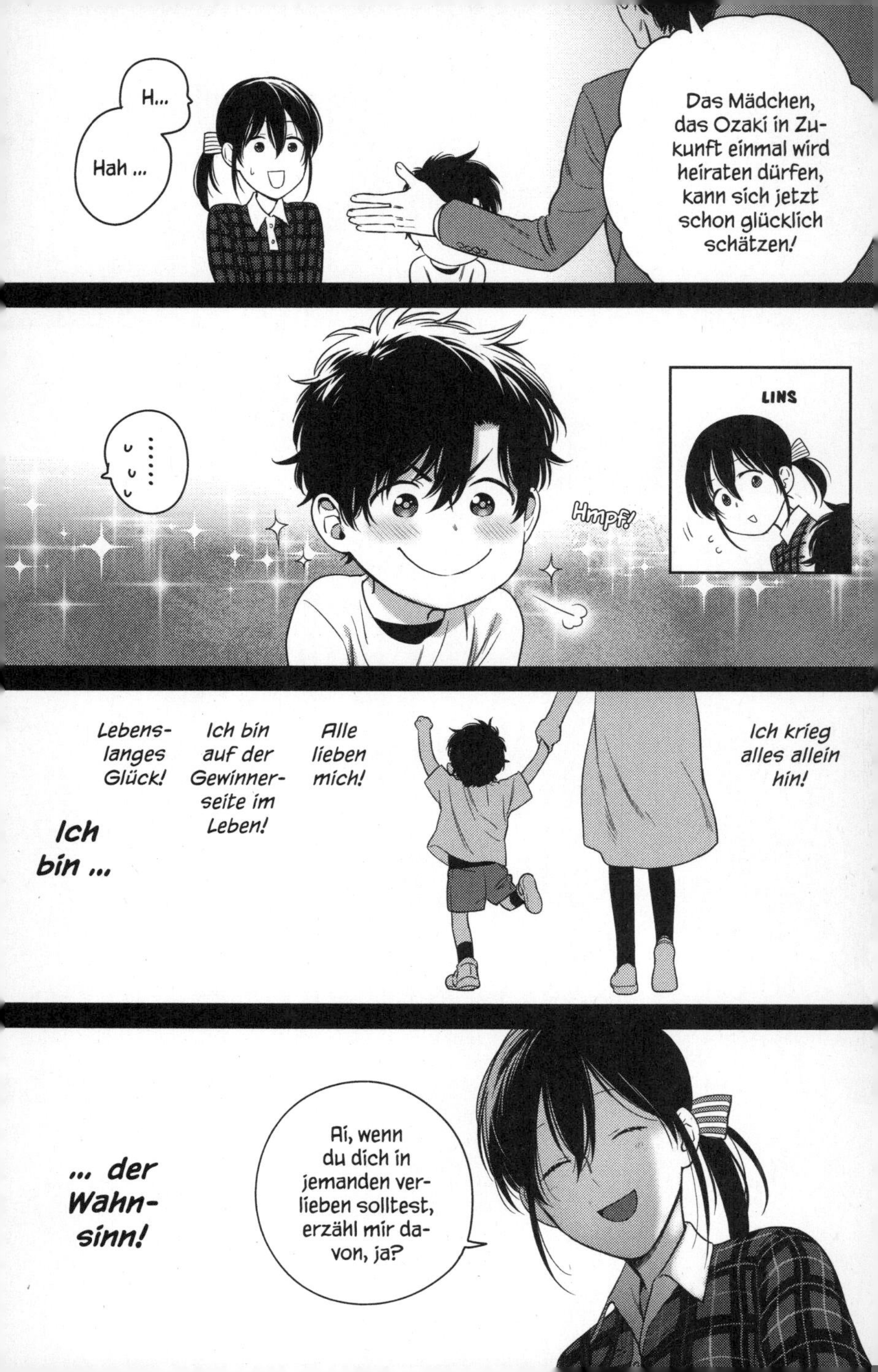
Das Mädchen, das Ozaki in Zukunft einmal wird heiraten dürfen, kann sich jetzt schon glücklich schätzen!
H...
Hah ...
LINS
Hmpf!
Ich krieg alles allein hin!
Alle lieben mich!
Ich bin auf der Gewinnerseite im Leben!
Lebenslanges Glück!
Ich bin ...
Ai, wenn du dich in jemanden verlieben solltest, erzähl mir davon, ja?
... der Wahnsinn!

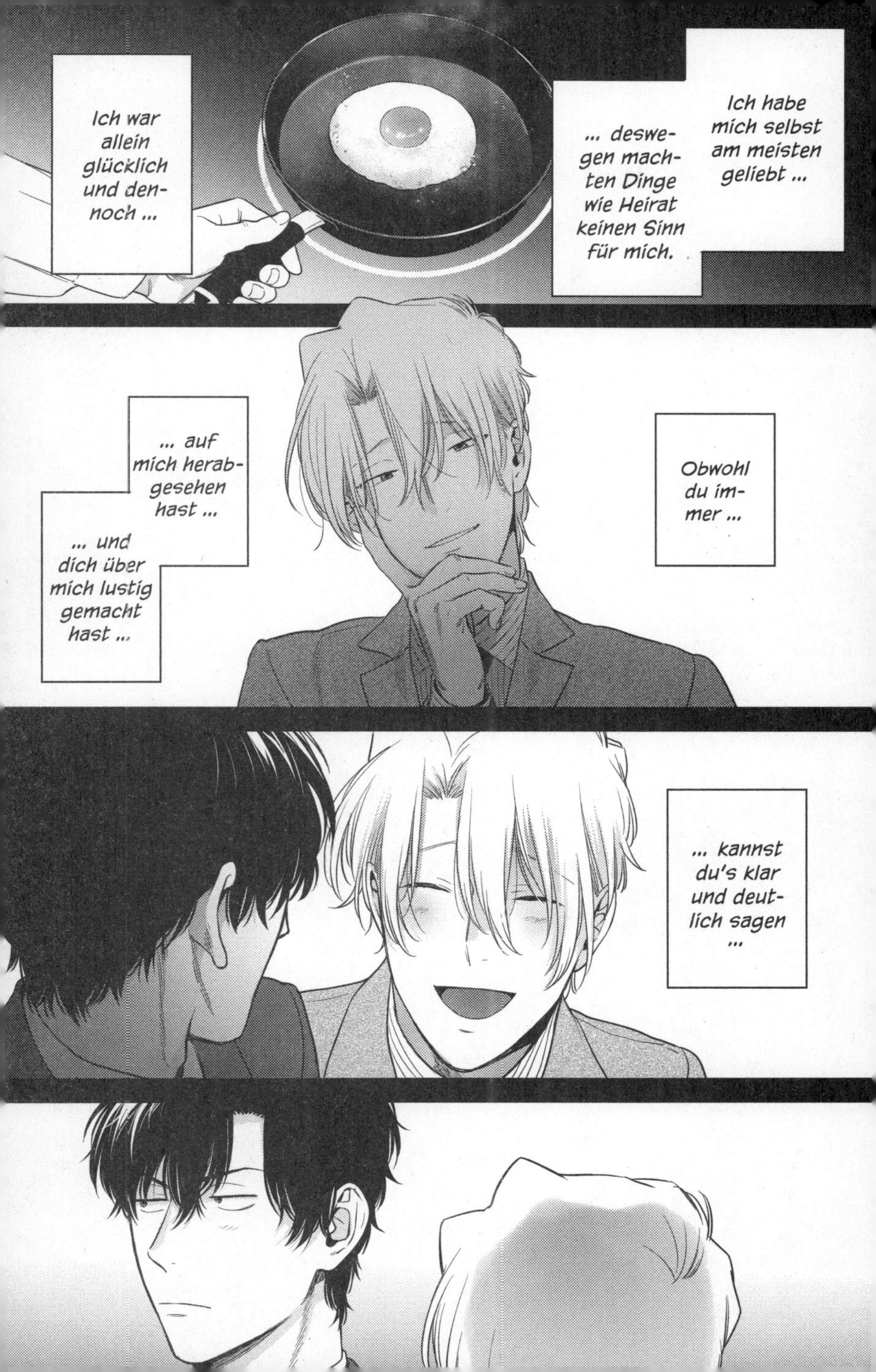
Ich habe mich selbst am meisten geliebt ...
... deswegen machten Dinge wie Heirat keinen Sinn für mich.
Ich war allein glücklich und dennoch ...
Obwohl du immer ...
... auf mich herabgesehen hast ...
... und dich über mich lustig gemacht hast ...
... kannst du's klar und deutlich sagen ...

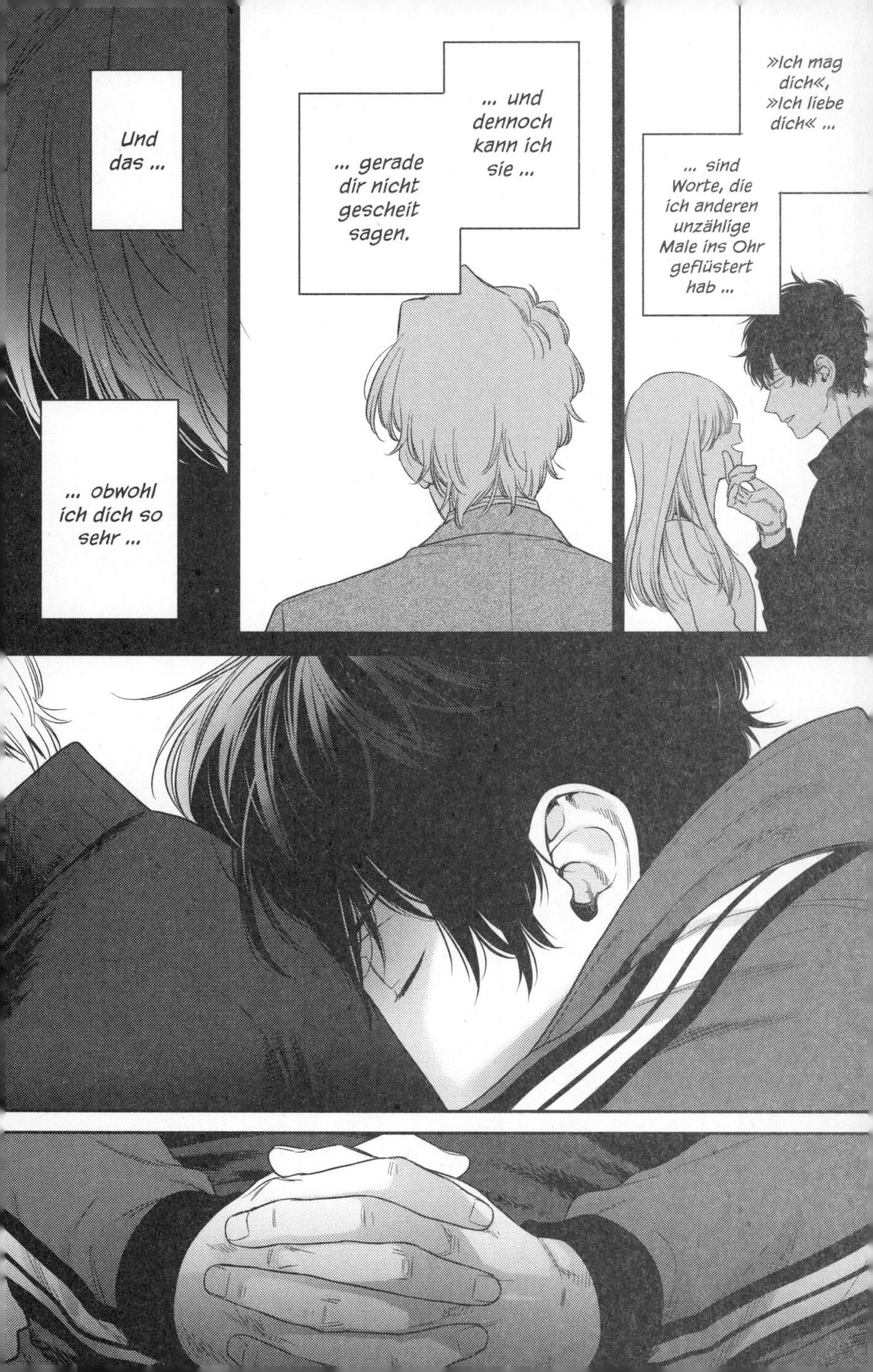
»Ich mag dich«, »Ich liebe dich« ...
... sind Worte, die ich anderen unzählige Male ins Ohr geflüstert hab ...
... und dennoch kann ich sie ...
... gerade dir nicht gescheit sagen.
Und das ...
... obwohl ich dich so sehr ...

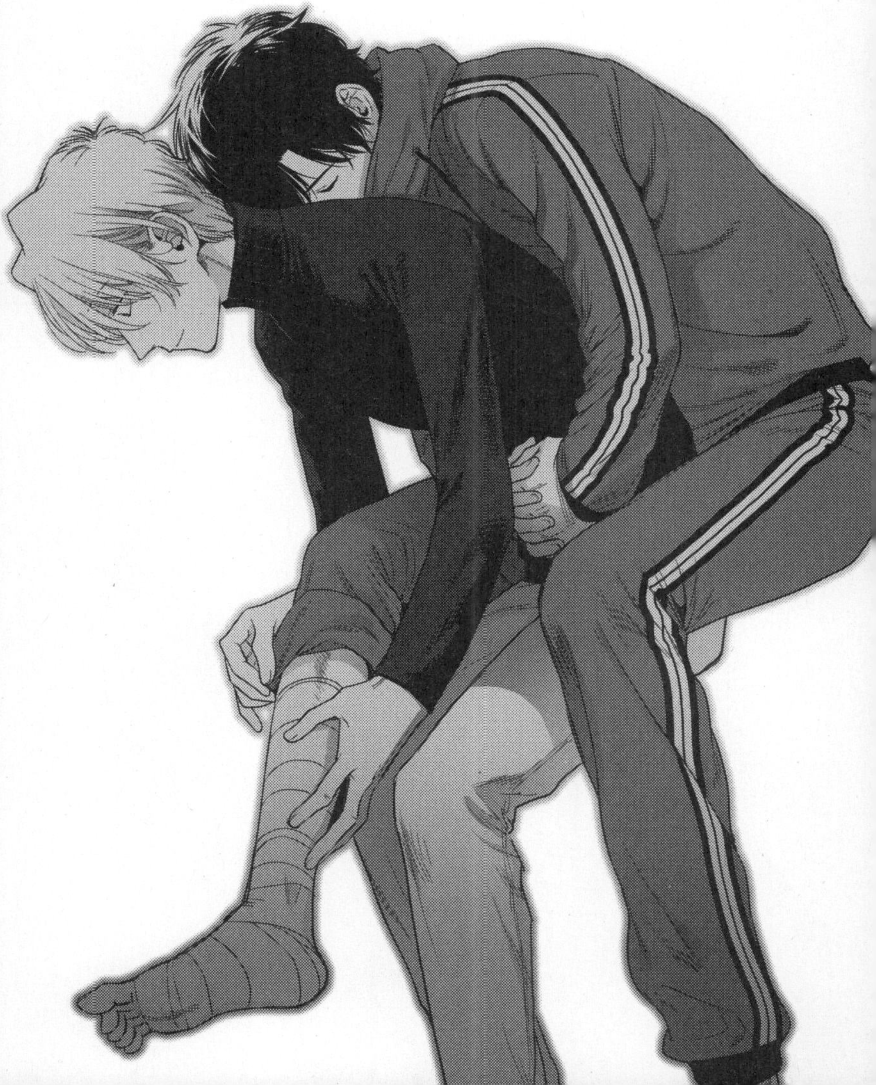

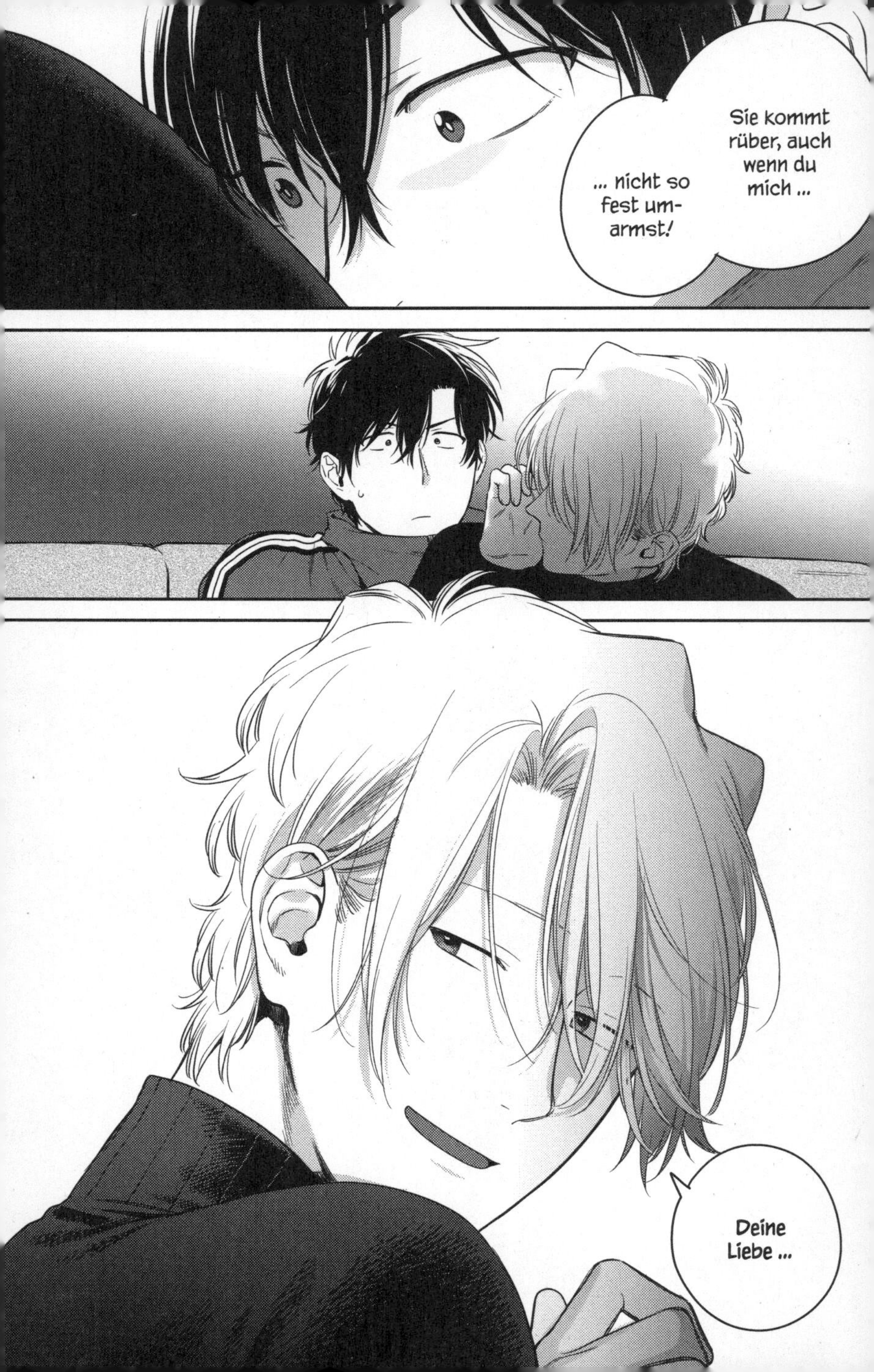

Sie kommt rüber, auch wenn du mich ...
... nicht so fest umarmst!
Deine Liebe ...

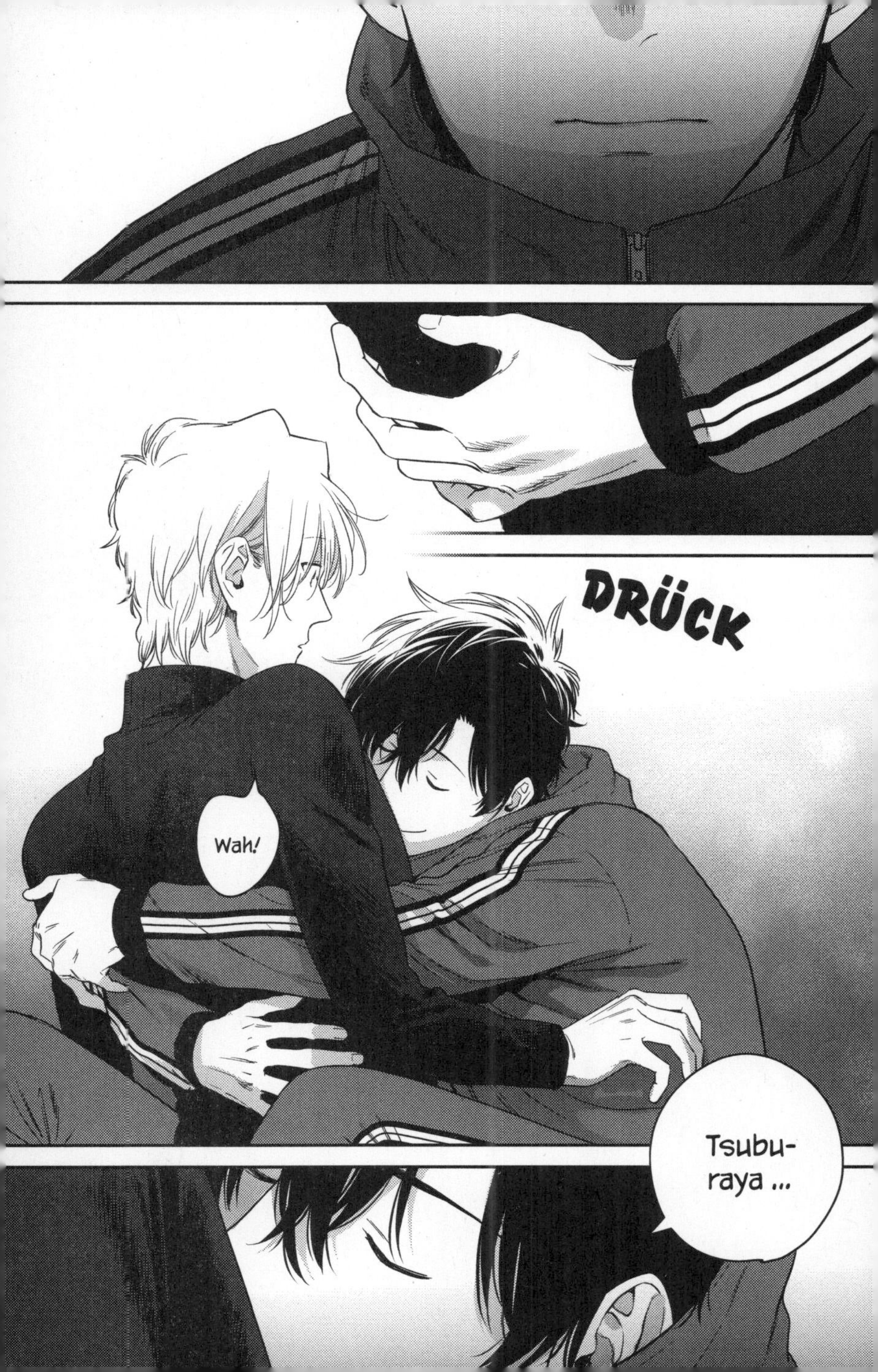
DRÜCK
Wah!
Tsubu-
raya ...

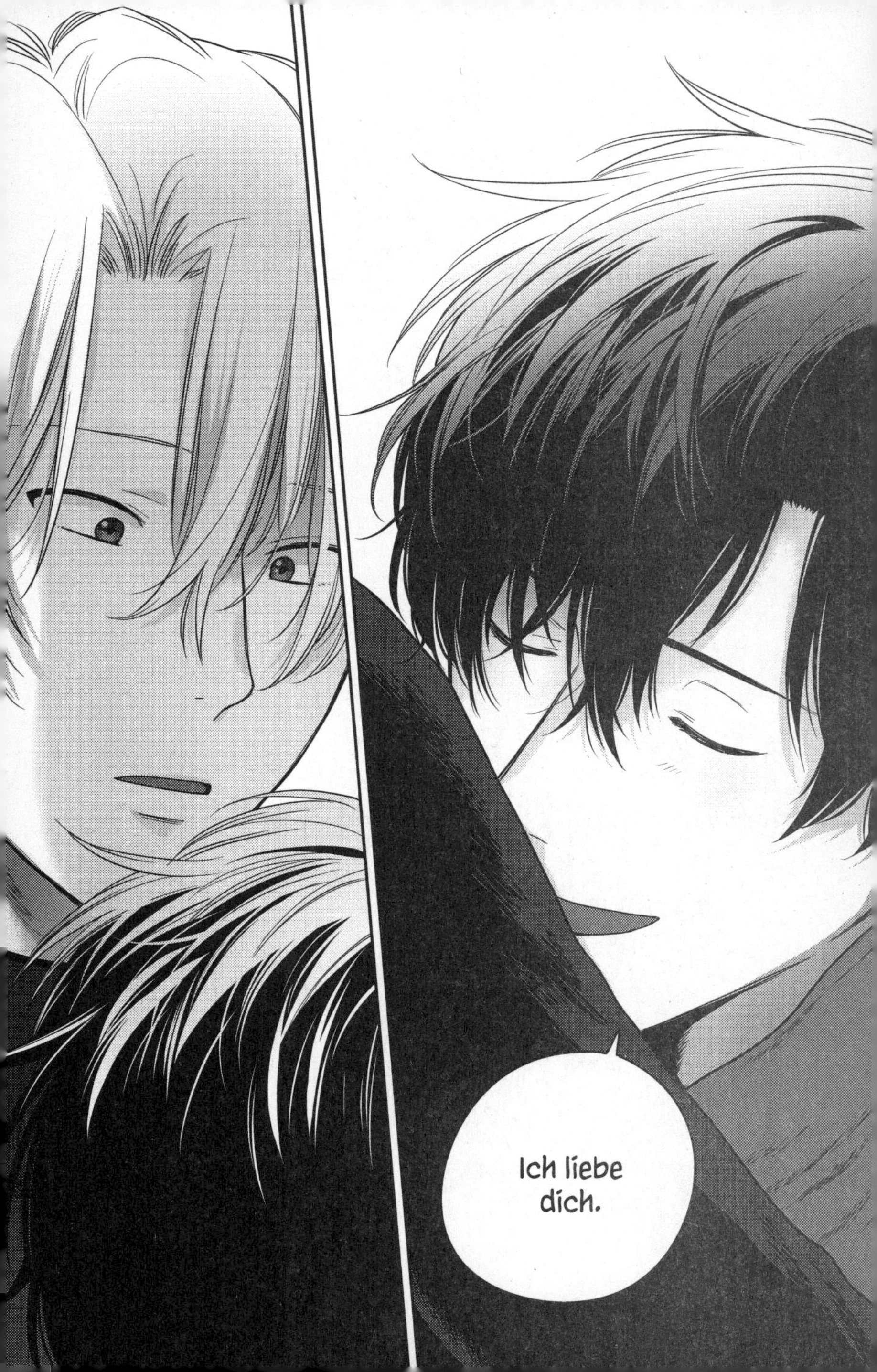
Ich liebe dich.

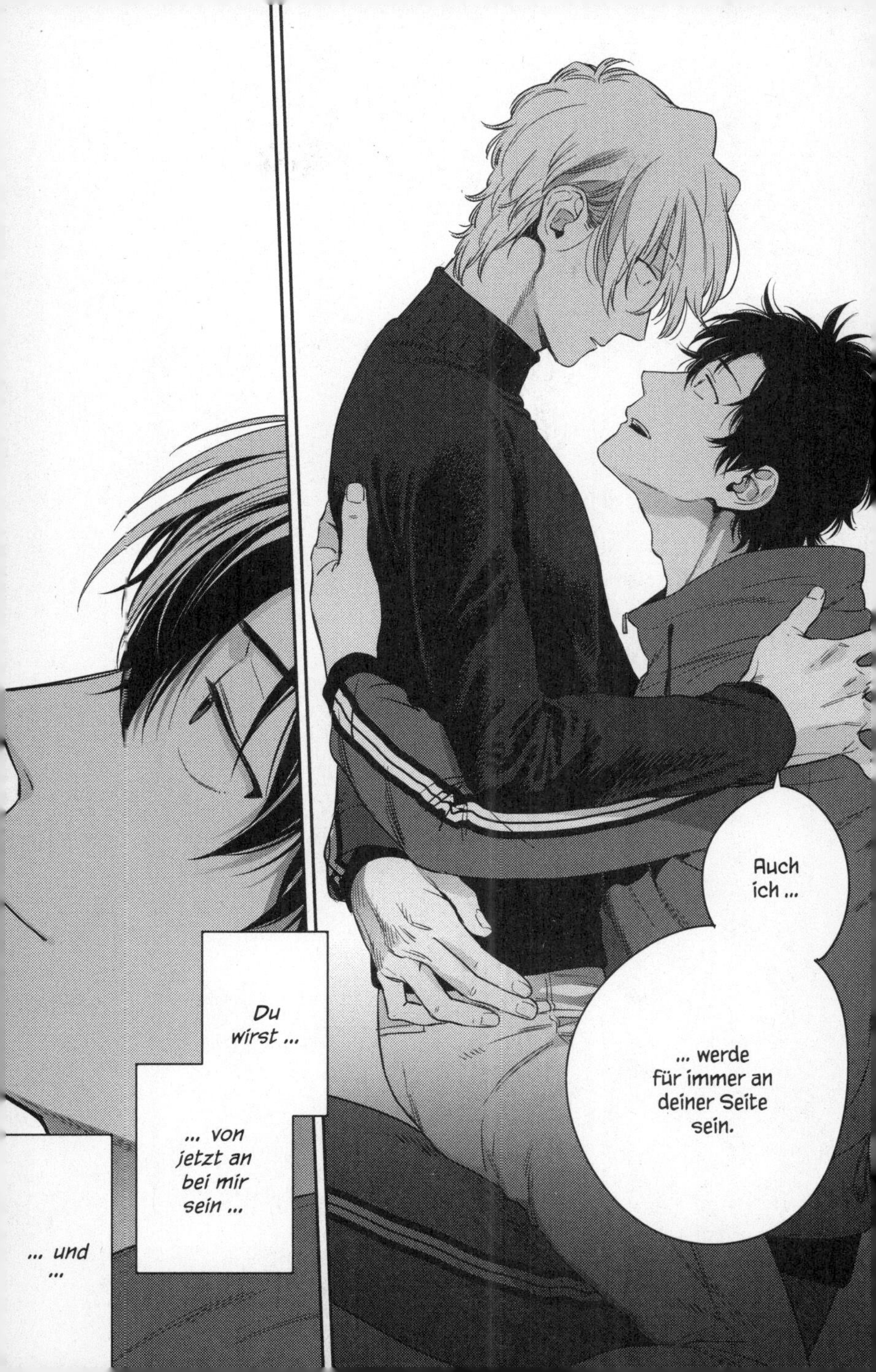
Auch ich ...
... werde für immer an deiner Seite sein.
Du wirst ...
... von jetzt an bei mir sein ...
... und ...

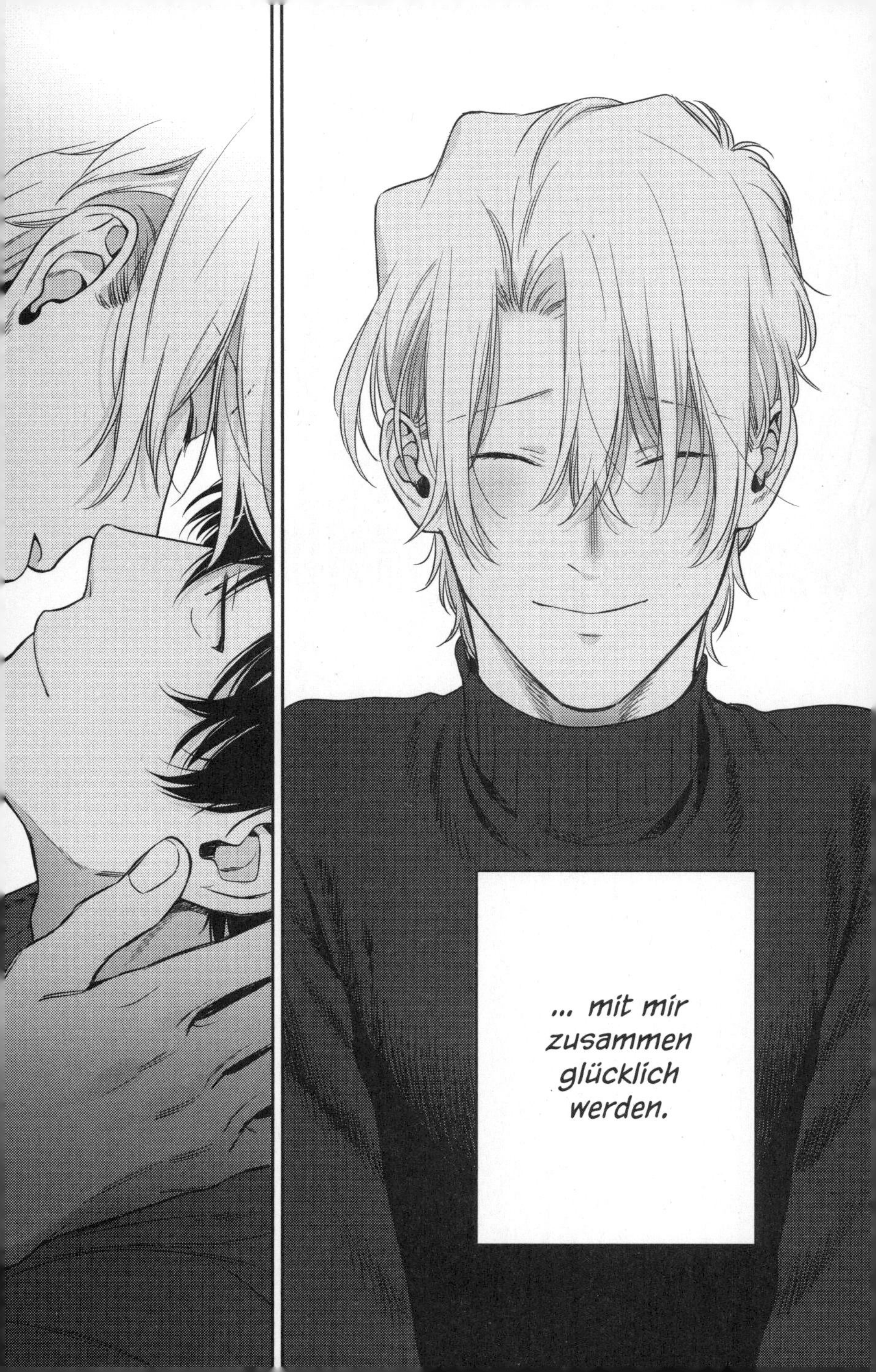
... mit mir zusammen glücklich werden.

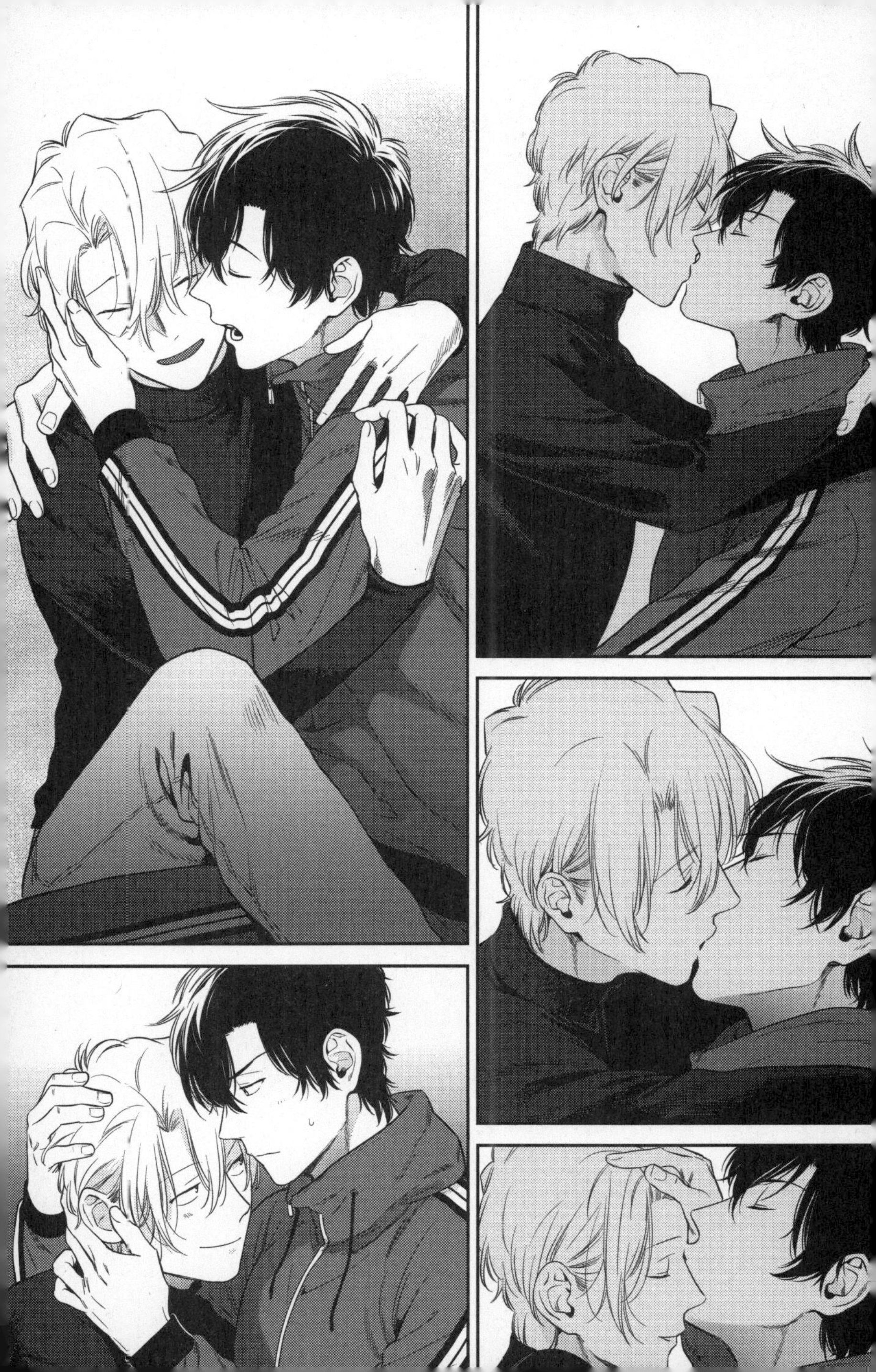

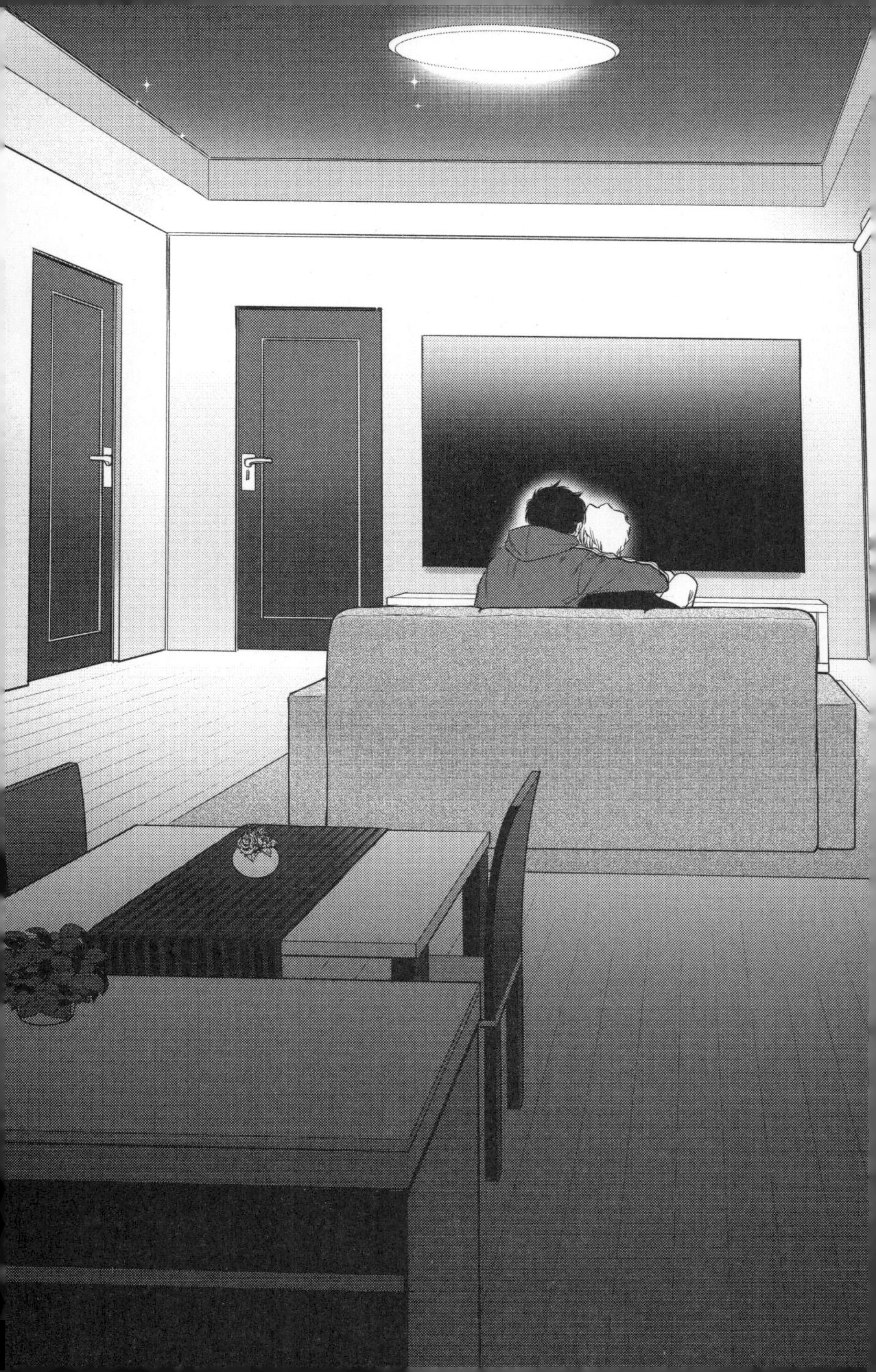

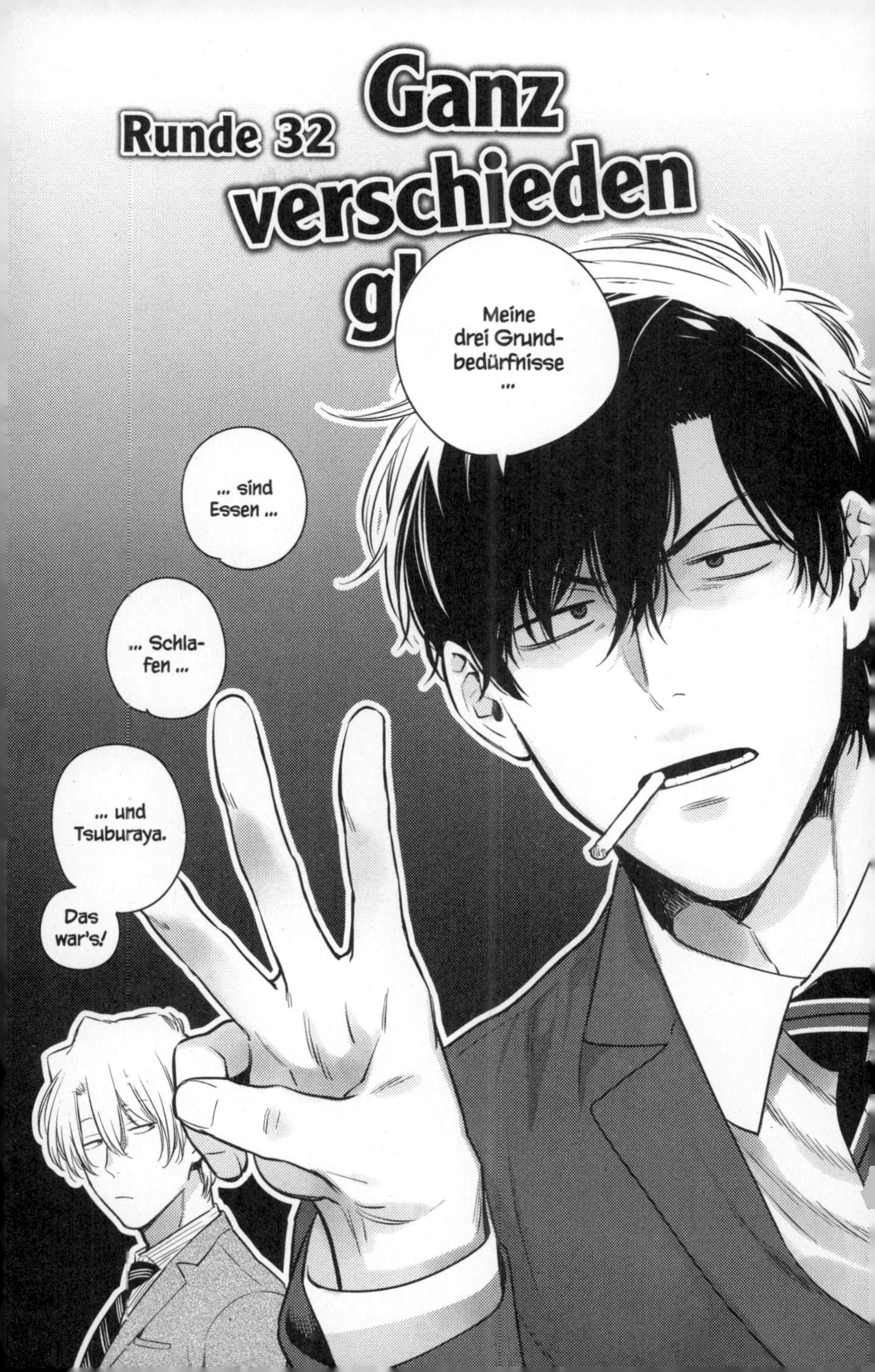
Runde 32
Ganz verschieden gl
Meine drei Grundbedürfnisse ...
... sind Essen ...
... Schlafen ...
... und Tsuburaya.
Das war's!

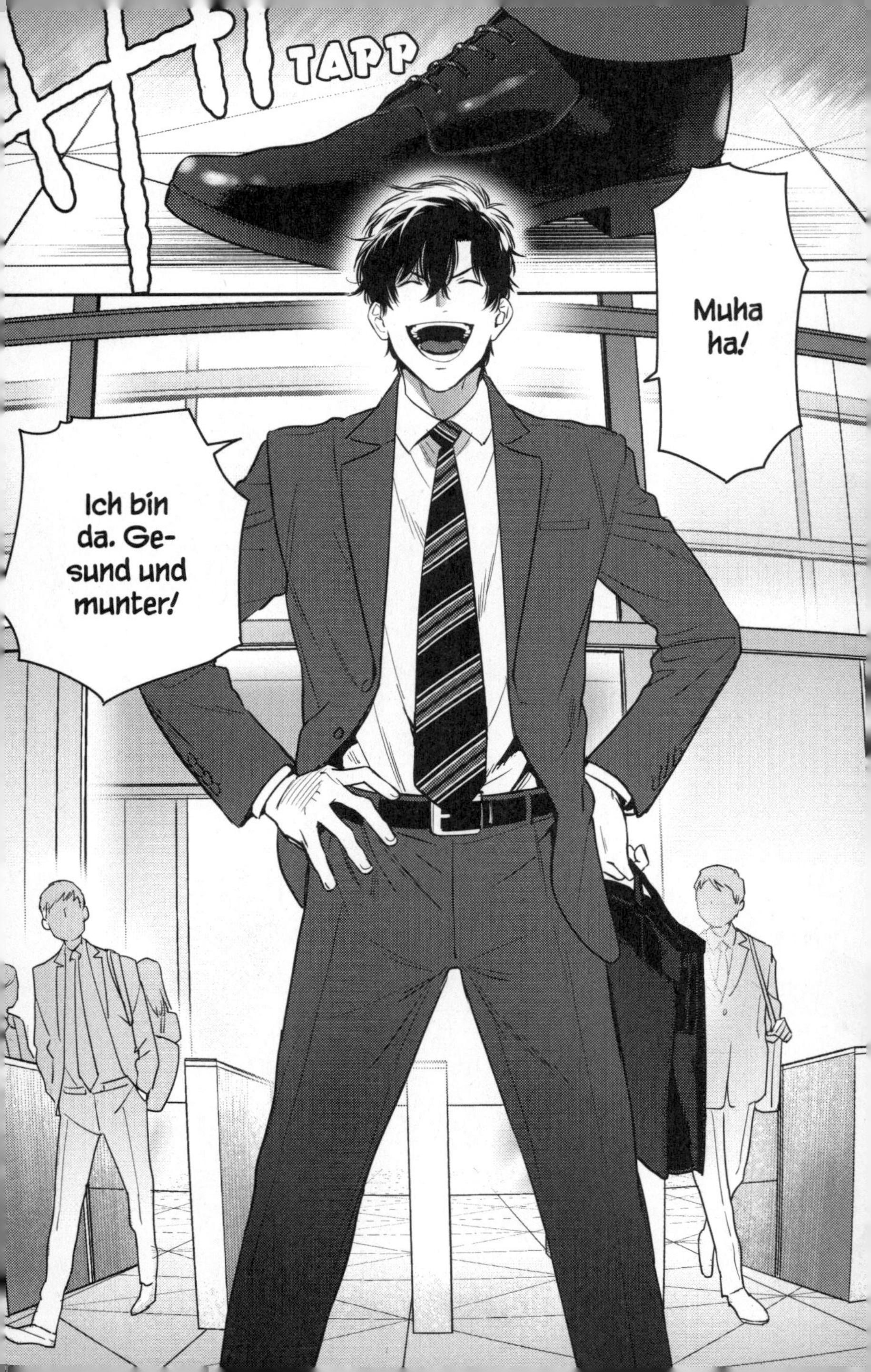
TAPP
Muha ha!
Ich bin da. Gesund und munter!

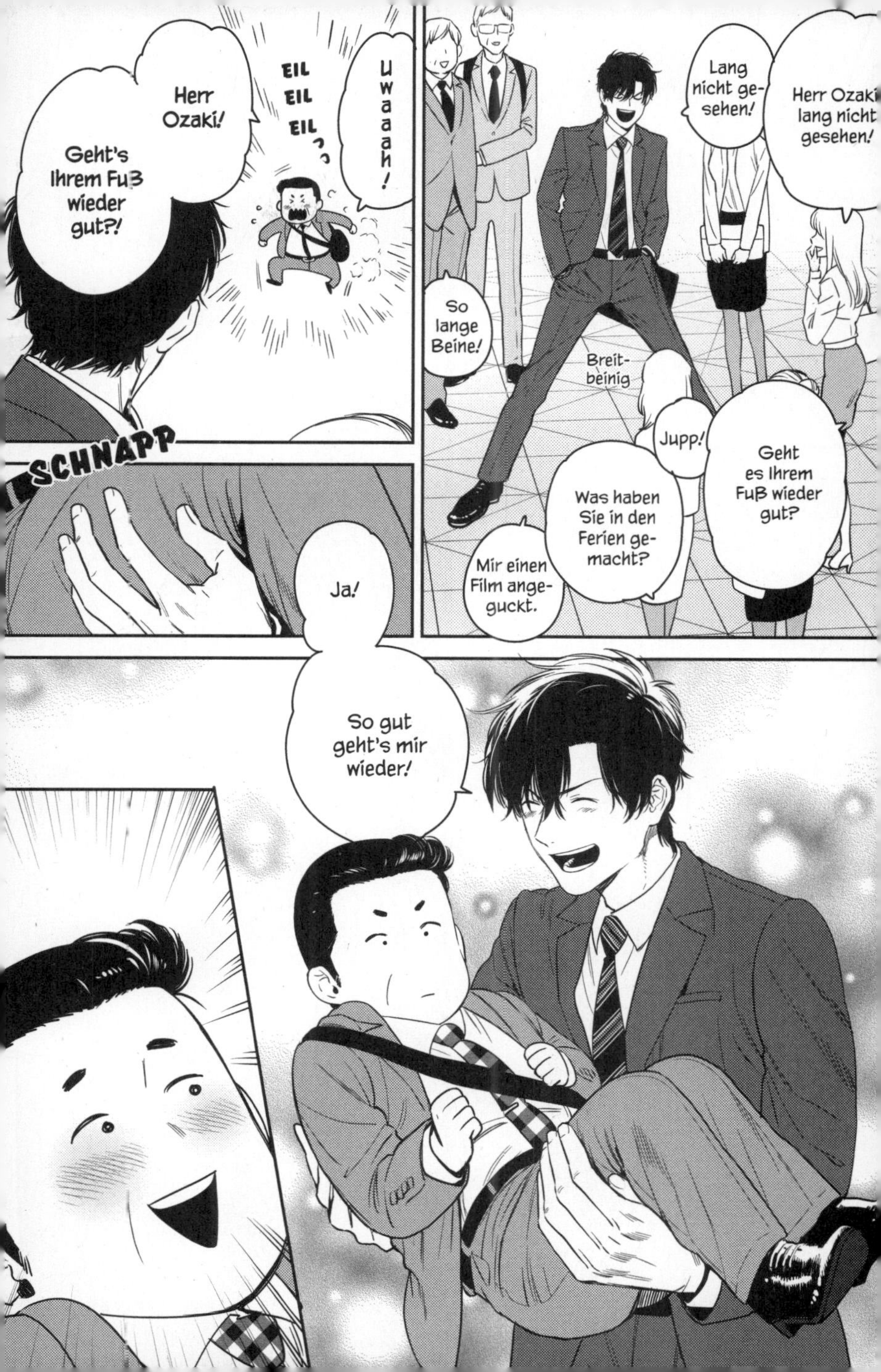

Herr Ozaki lang nicht gesehen!
Lang nicht gesehen!
So lange Beine!
Breitbeinig
Geht es Ihrem Fuß wieder gut?
Jupp!
Was haben Sie in den Ferien gemacht?
Mir einen Film angeguckt.
Uwaaah!
EIL EIL EIL
Herr Ozaki!
Geht's Ihrem Fuß wieder gut?!
SCHNAPP
Ja!
So gut geht's mir wieder!

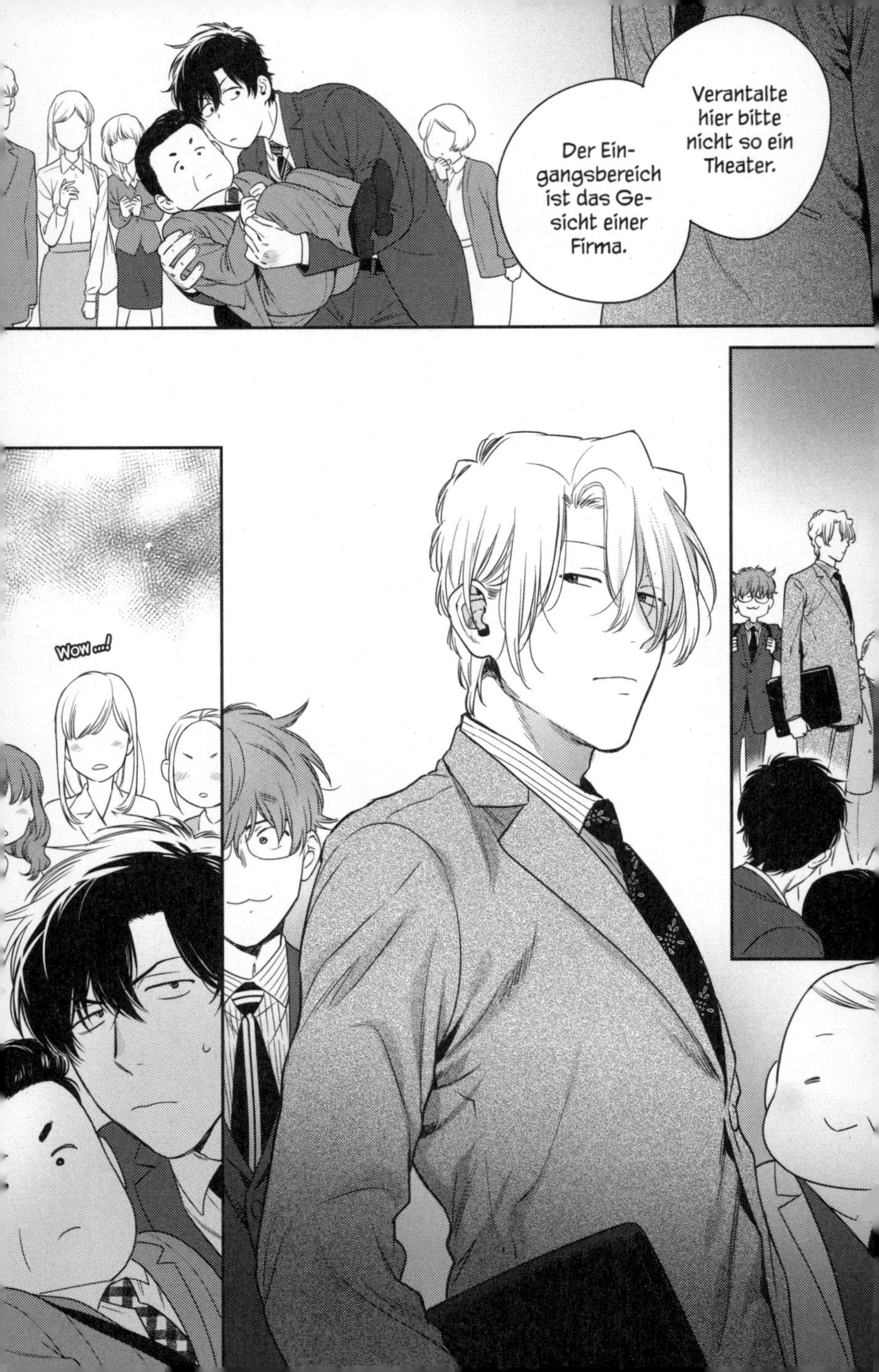
Verantalte hier bitte nicht so ein Theater.
Der Eingangsbereich ist das Gesicht einer Firma.
Wow …!

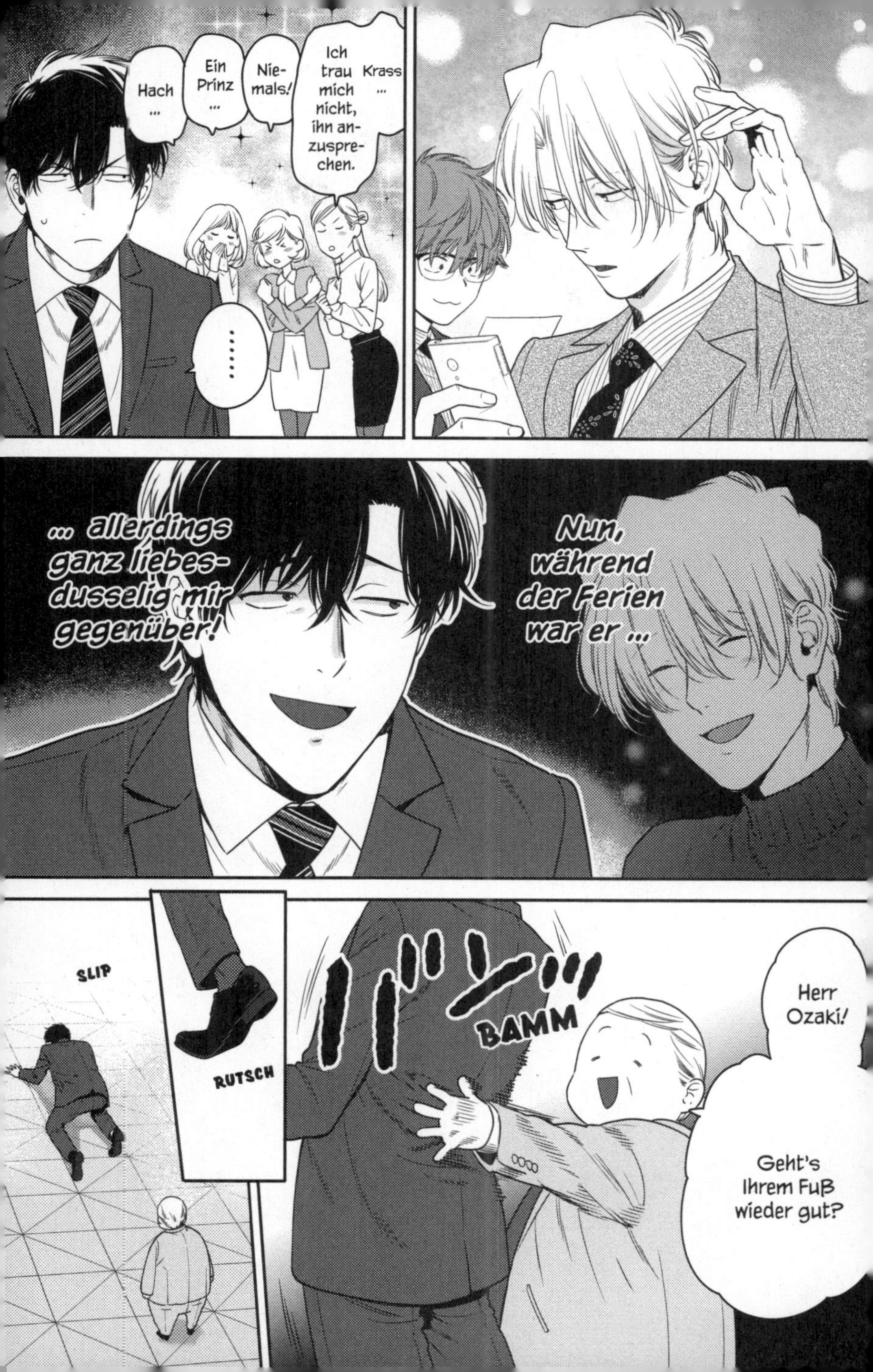
Krass …
Ich trau mich nicht, ihn anzusprechen.
Niemals!
Ein Prinz …
Hach …
……
Nun, während der Ferien war er …
… allerdings ganz liebesdusselig mir gegenüber!
Herr Ozaki!
Geht's Ihrem Fuß wieder gut?
BAMM
RUTSCH
SLIP

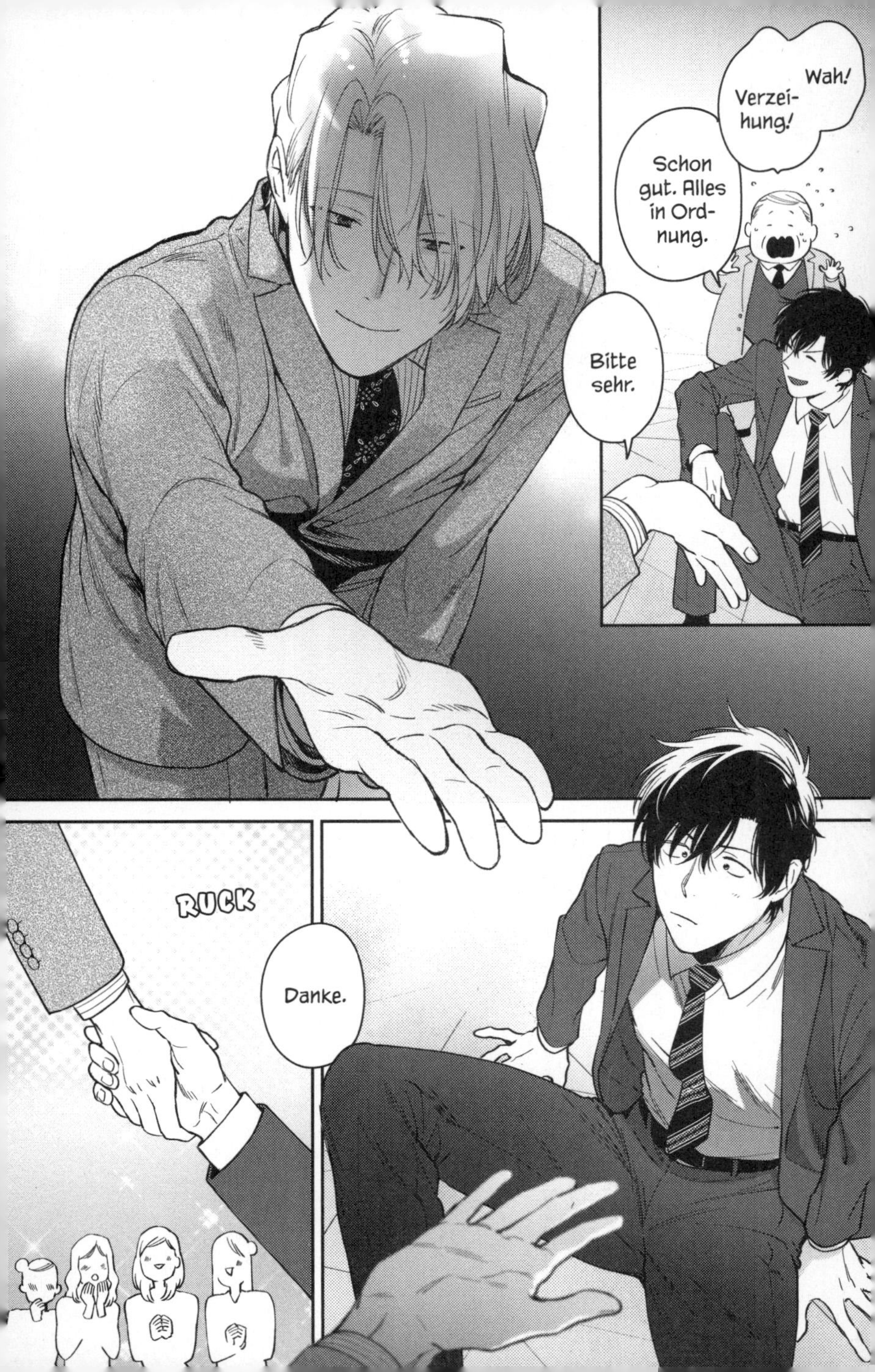
Wah!
Verzeihung!
Schon gut. Alles in Ordnung.
Bitte sehr.
Danke.
RUCK

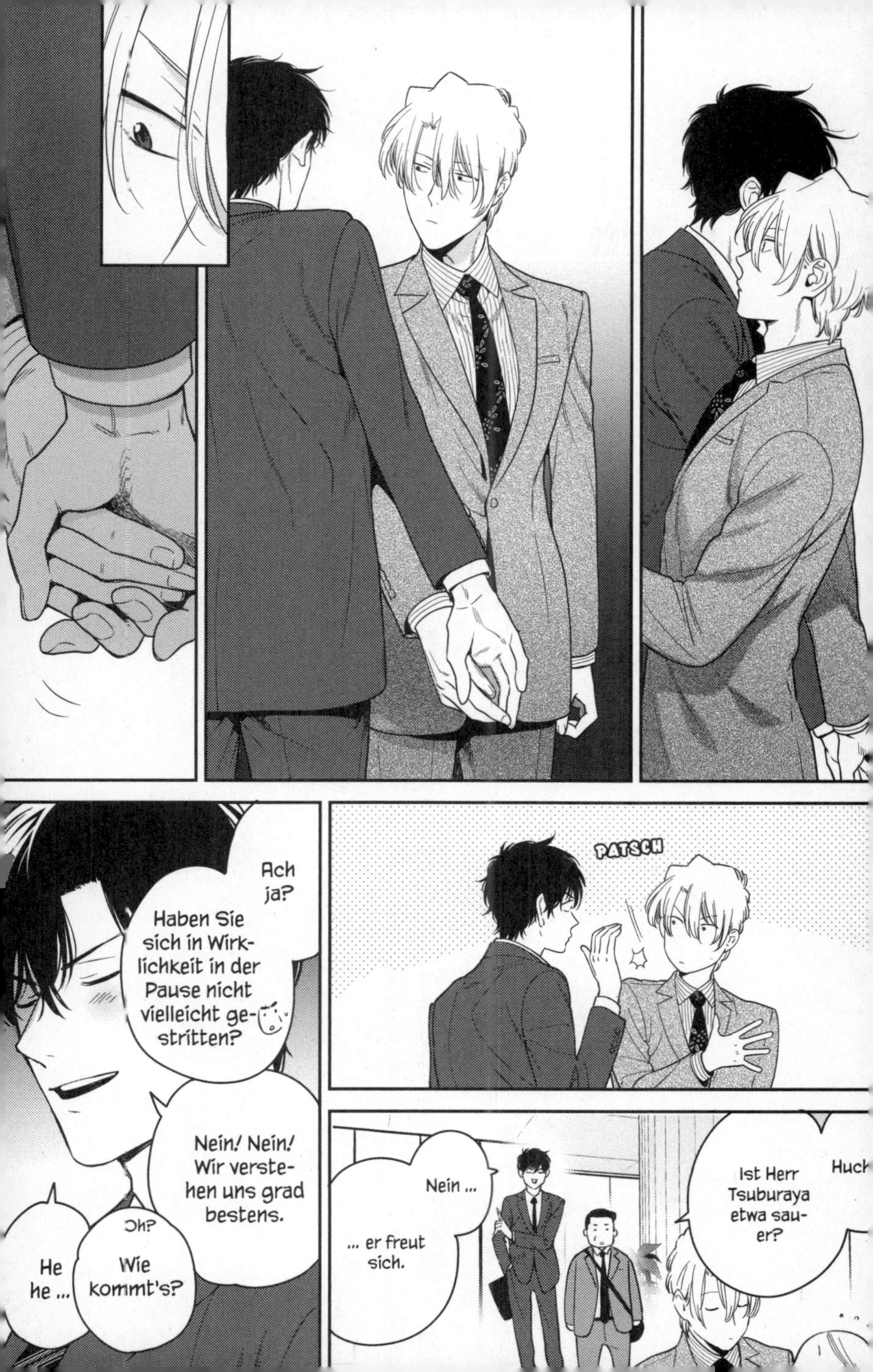
PATSCH
Huch
Ist Herr Tsuburaya etwa sauer?
Nein ...
... er freut sich.
Ach ja?
Haben Sie sich in Wirklichkeit in der Pause nicht vielleicht gestritten?
Nein! Nein! Wir verstehen uns grad bestens.
Oh?
Wie kommt's?
He he ...

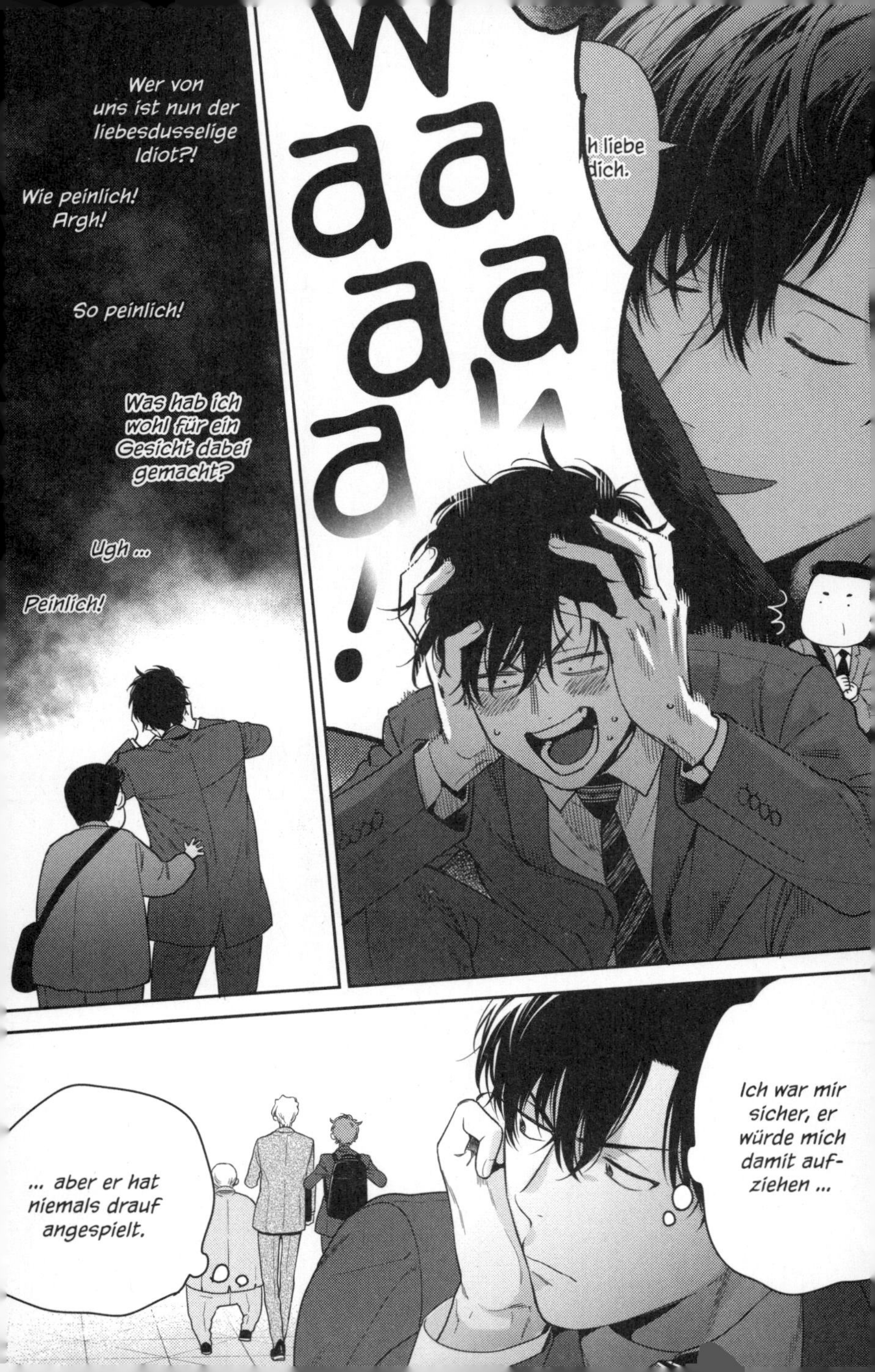

Waaaaa!
…h liebe dich.
Wer von uns ist nun der liebesdusselige Idiot?!
Wie peinlich! Argh!
So peinlich!
Was hab ich wohl für ein Gesicht dabei gemacht?
Ugh …
Peinlich!
Ich war mir sicher, er würde mich damit aufziehen …
… aber er hat niemals drauf angespielt.

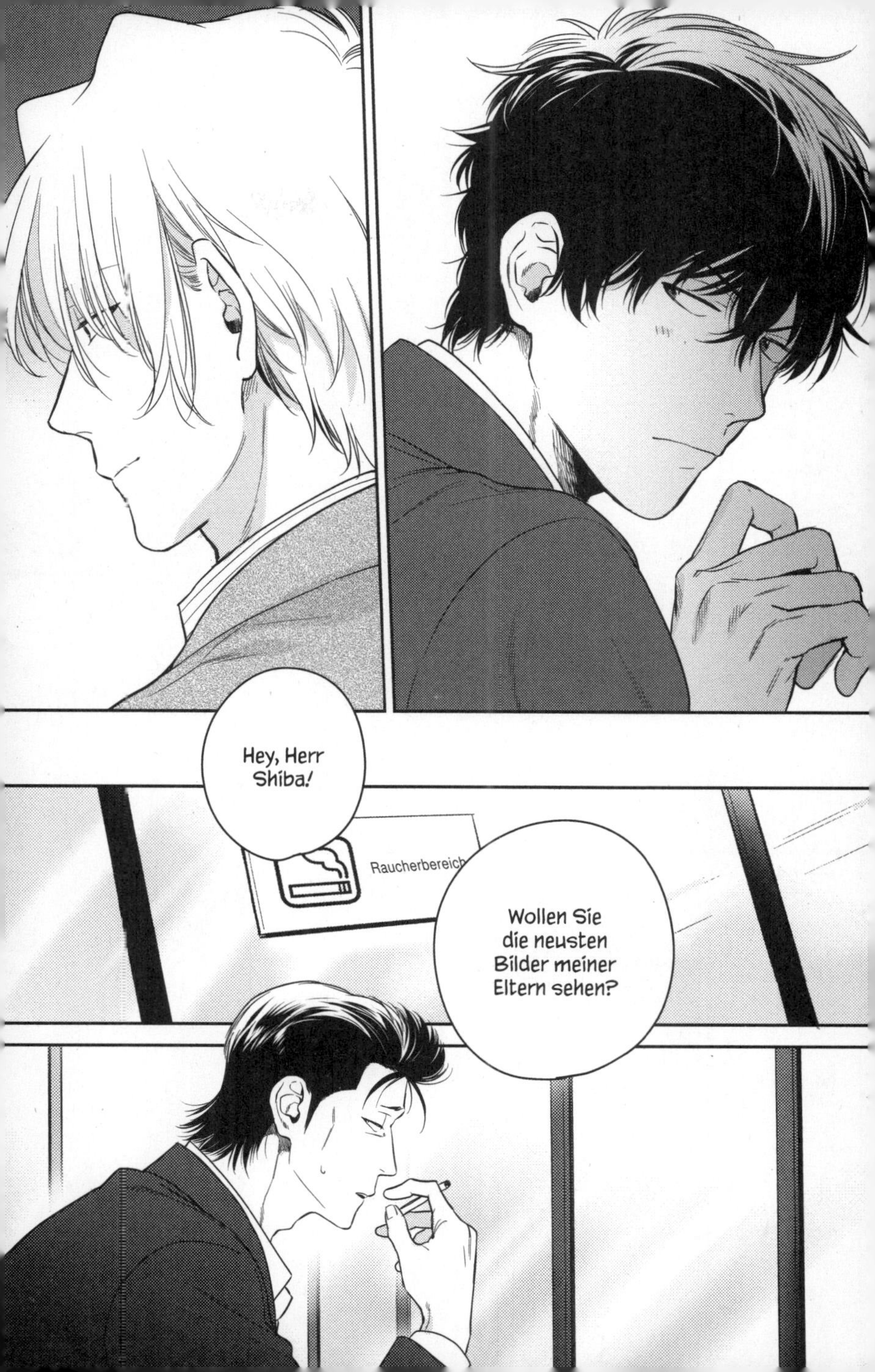
Hey, Herr Shiba!
Raucherbereich
Wollen Sie die neusten Bilder meiner Eltern sehen?

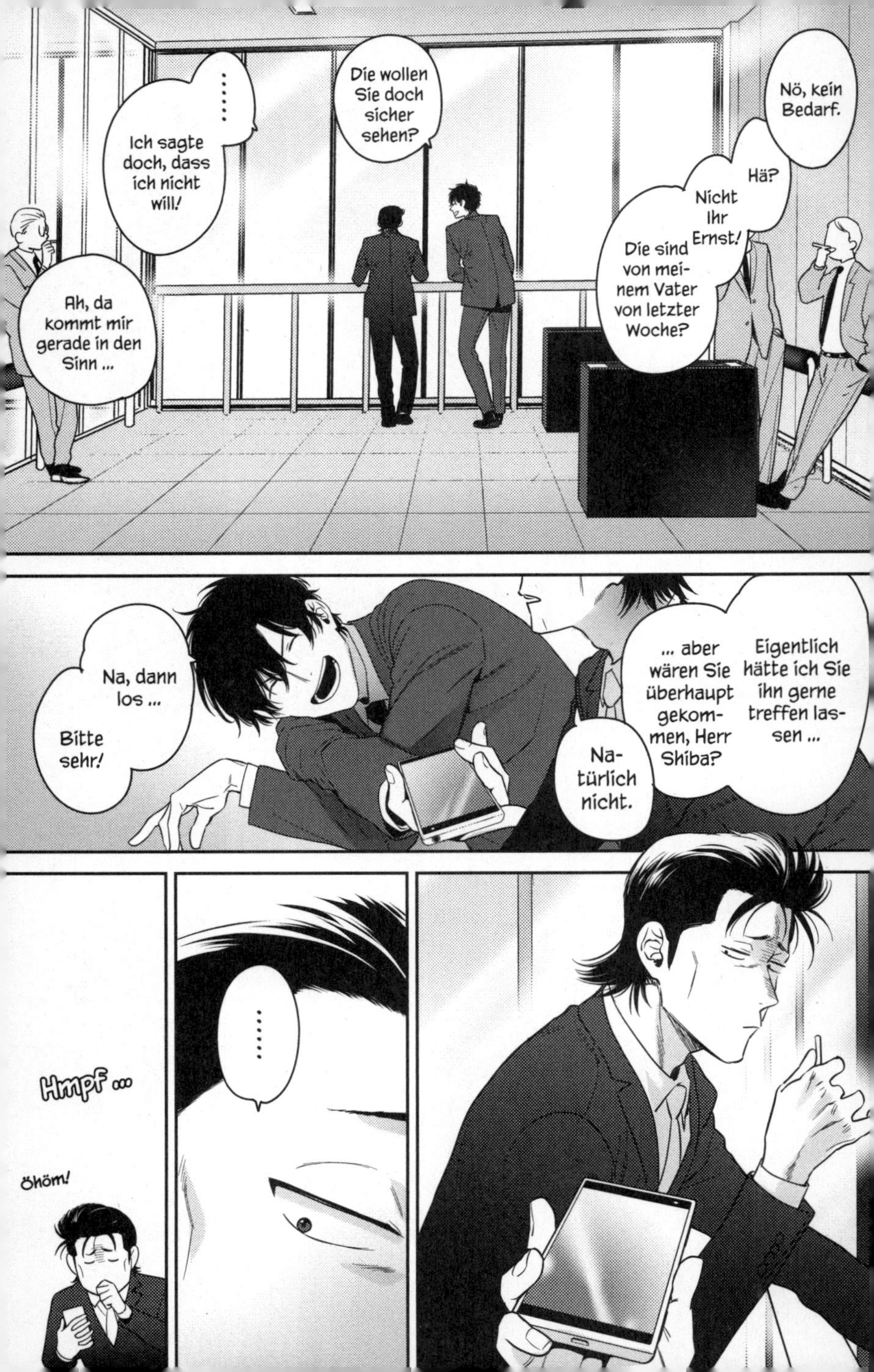

Nö, kein Bedarf.
Hä?
Nicht Ihr Ernst!
Die sind von meinem Vater von letzter Woche?
Die wollen Sie doch sicher sehen?
……
Ich sagte doch, dass ich nicht will!
Ah, da kommt mir gerade in den Sinn …
Eigentlich hätte ich Sie ihn gerne treffen lassen …
… aber wären Sie überhaupt gekommen, Herr Shiba?
Natürlich nicht.
Na, dann los …
Bitte sehr!
……
Hmpf …
Öhöm!

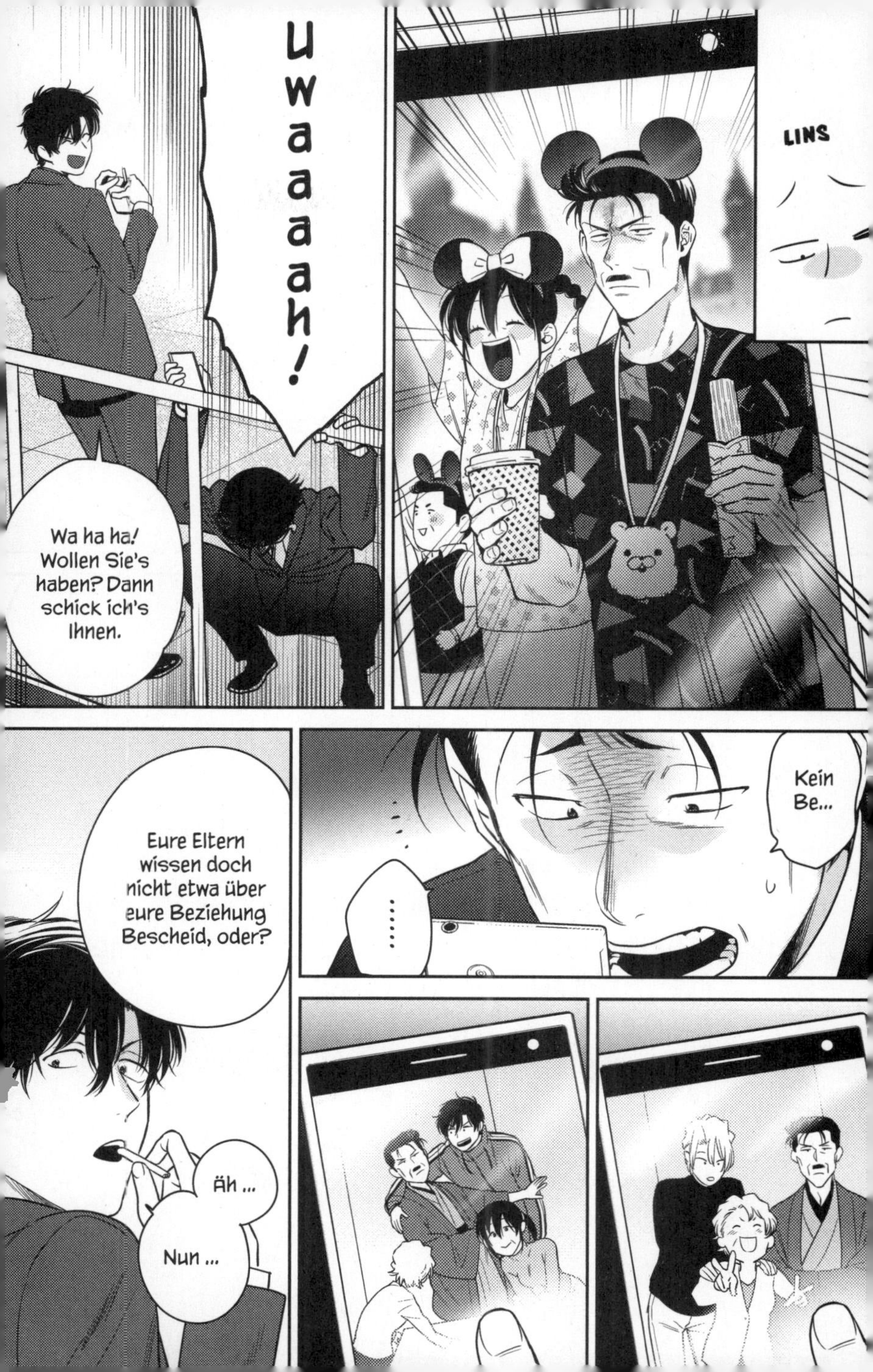

LINS
Uwaaaaah!
Wa ha ha! Wollen Sie's haben? Dann schick ich's Ihnen.
Kein Be...
......
Eure Eltern wissen doch nicht etwa über eure Beziehung Bescheid, oder?
Äh ...
Nun ...

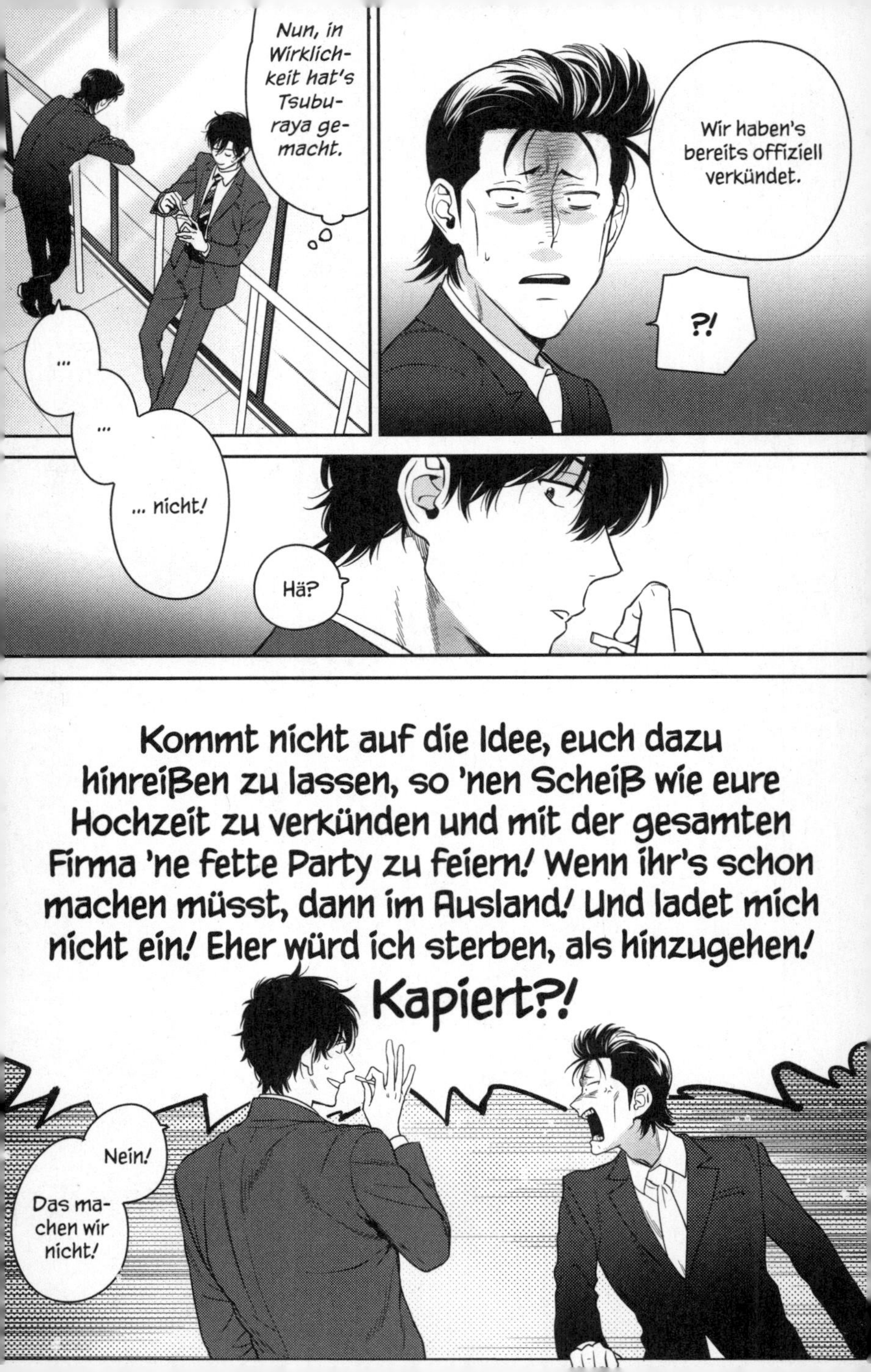
Wir haben's bereits offiziell verkündet.
?!
Nun, in Wirklichkeit hat's Tsuburaya gemacht.
...
...
... nicht!
Hä?
Kommt nicht auf die Idee, euch dazu hinreißen zu lassen, so 'nen Scheiß wie eure Hochzeit zu verkünden und mit der gesamten Firma 'ne fette Party zu feiern! Wenn ihr's schon machen müsst, dann im Ausland! Und ladet mich nicht ein! Eher würd ich sterben, als hinzugehen!
Kapiert?!
Nein!
Das machen wir nicht!

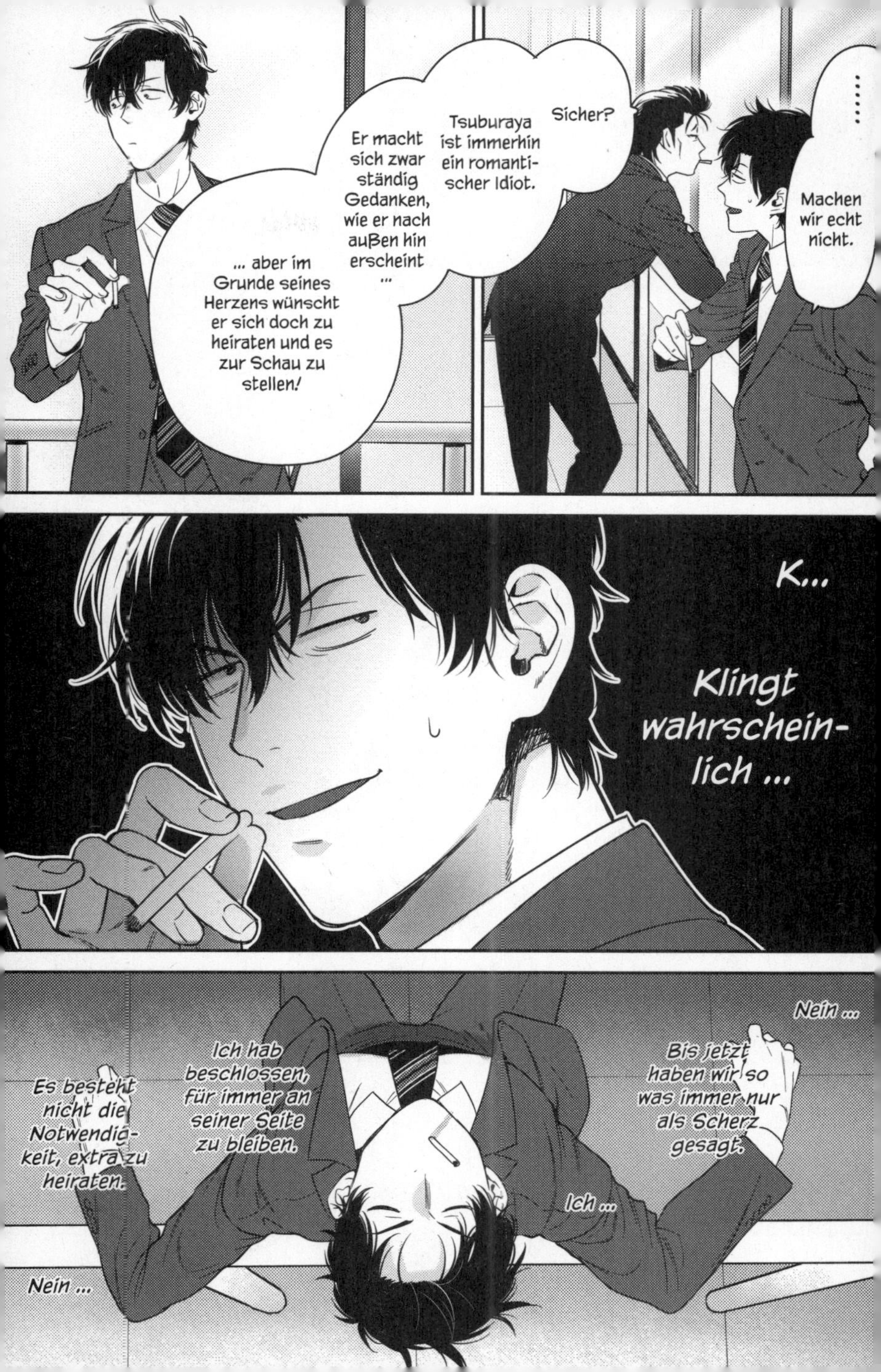
……
Machen wir echt nicht.
Sicher?
Tsuburaya ist immerhin ein romantischer Idiot.
Er macht sich zwar ständig Gedanken, wie er nach außen hin erscheint …
… aber im Grunde seines Herzens wünscht er sich doch zu heiraten und es zur Schau zu stellen!
K…
Klingt wahrscheinlich …
Nein …
Bis jetzt haben wir so was immer nur als Scherz gesagt.
Ich …
Ich hab beschlossen, für immer an seiner Seite zu bleiben.
Es besteht nicht die Notwendigkeit, extra zu heiraten.
Nein …

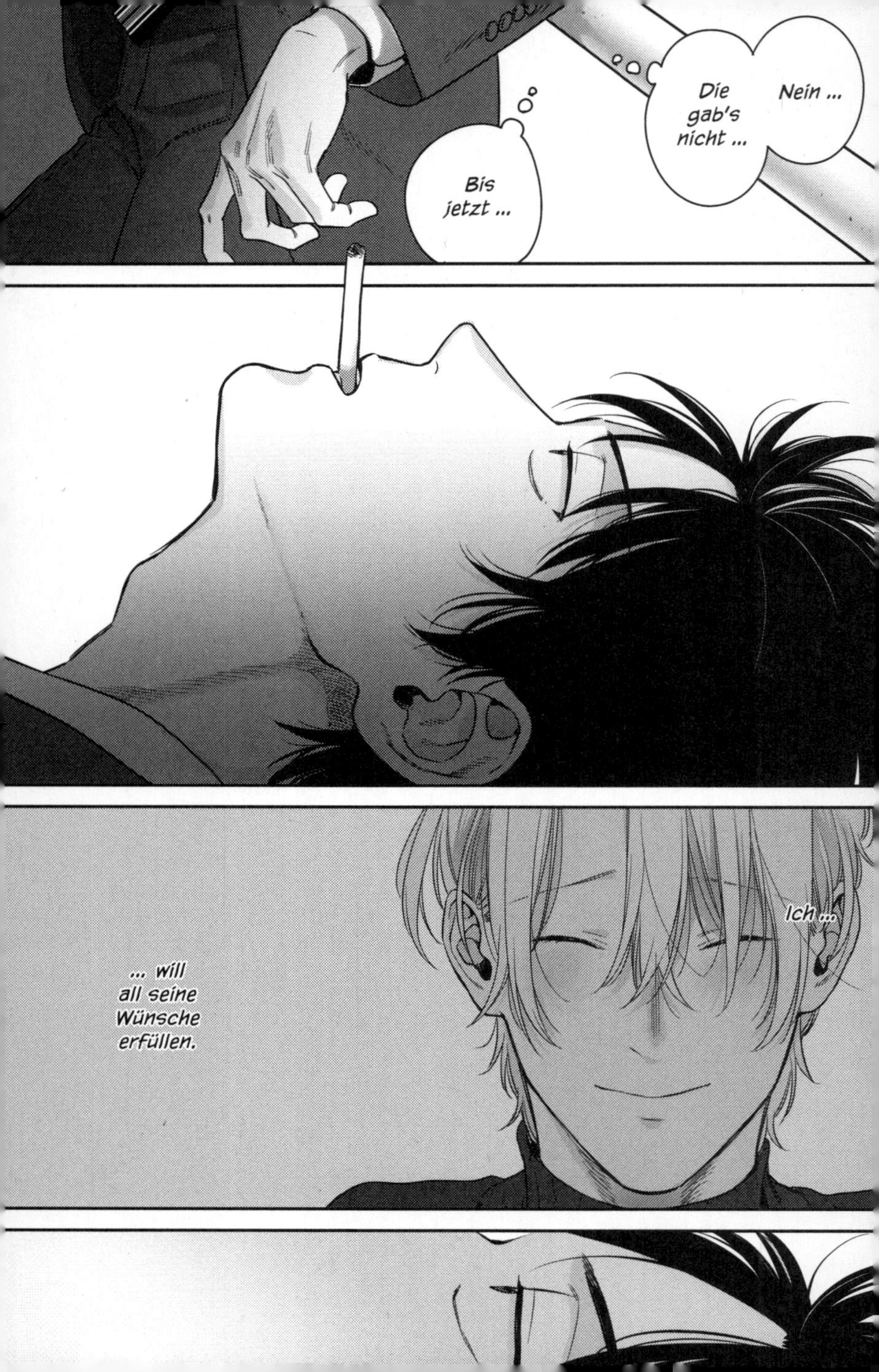
Nein ...
Die gab's nicht ...
Bis jetzt ...
Ich ...
... will all seine Wünsche erfüllen.

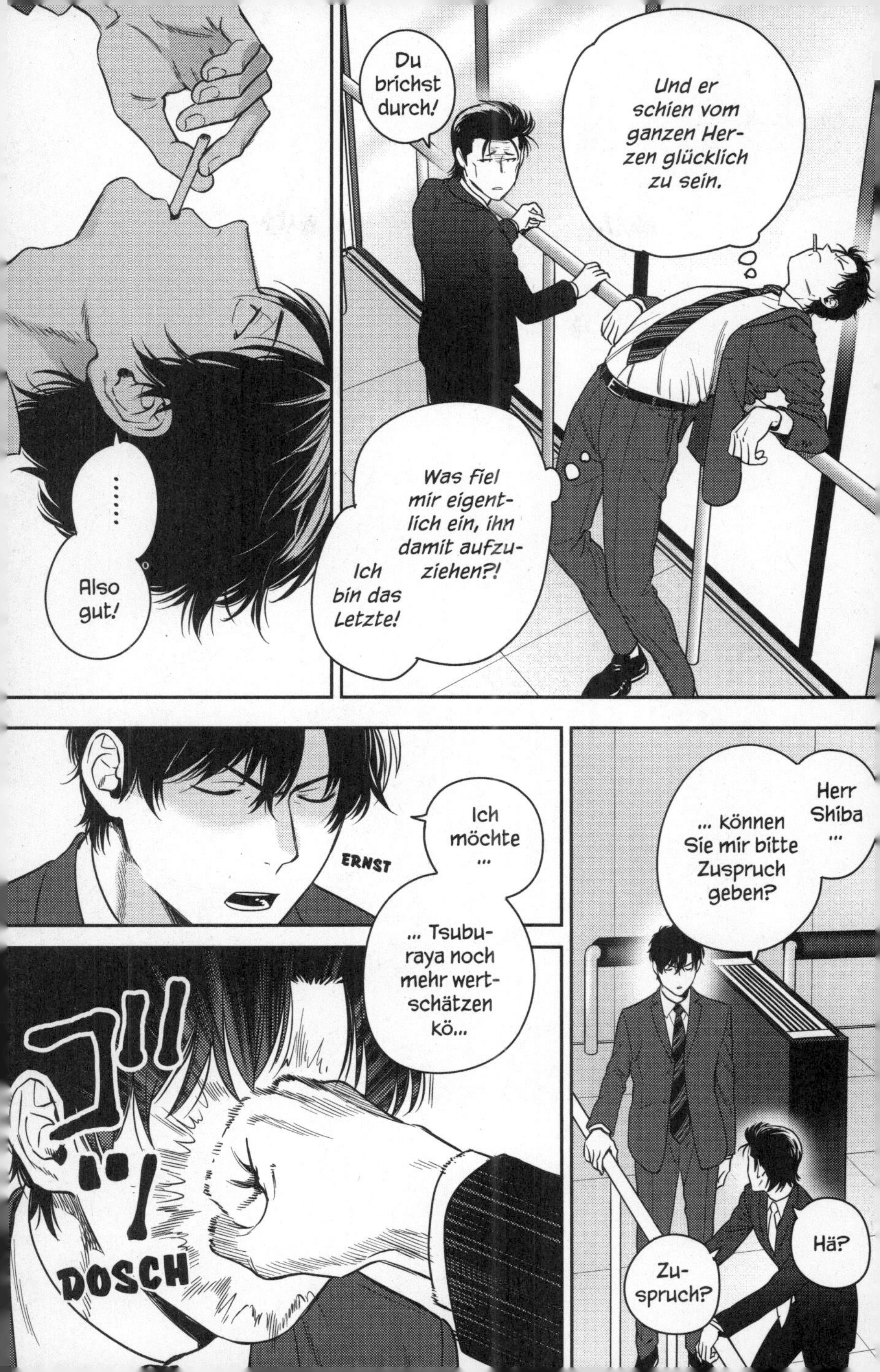
Und er schien vom ganzen Herzen glücklich zu sein.
Du brichst durch!
Was fiel mir eigentlich ein, ihn damit aufzuziehen?!
Ich bin das Letzte!
……
Also gut!
Herr Shiba …
… können Sie mir bitte Zuspruch geben?
Hä?
Zuspruch?
Ich möchte …
ERNST
… Tsuburaya noch mehr wertschätzen kö…
DOSCH

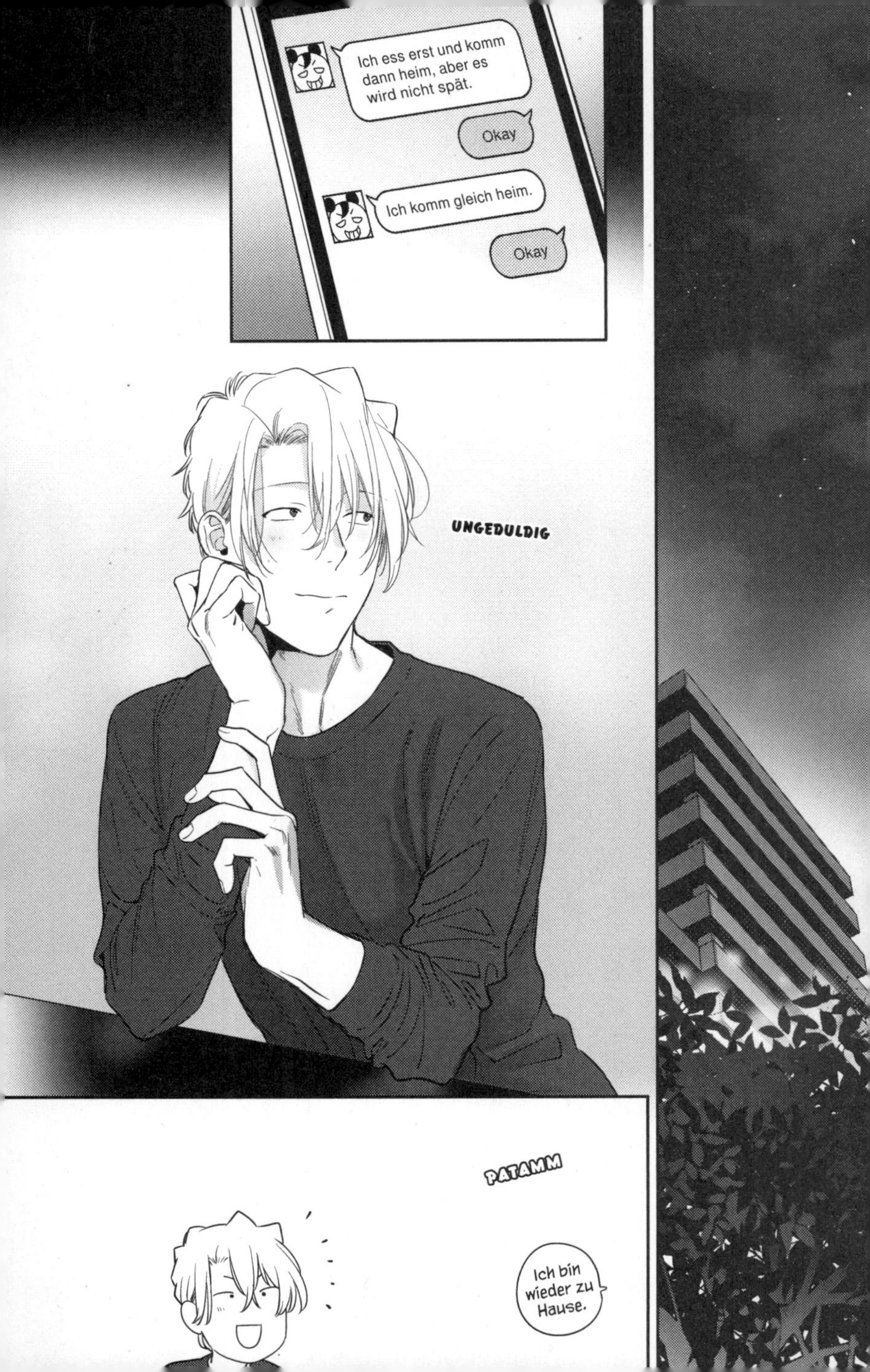

Ich ess erst und komm dann heim, aber es wird nicht spät.
Okay
Ich komm gleich heim.
Okay
UNGEDULDIG
PATAMM
Ich bin wieder zu Hause.

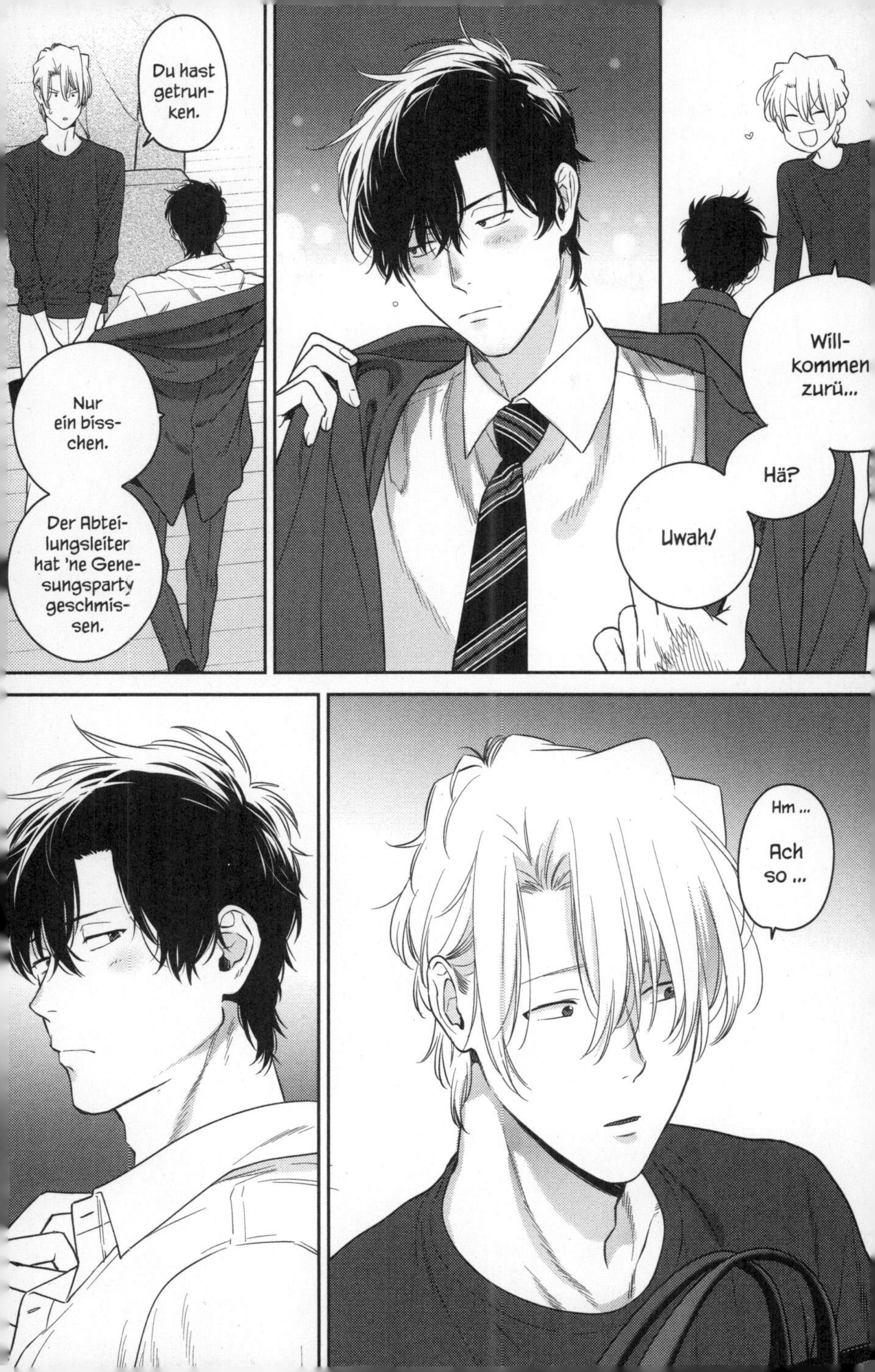
Willkommen zurü...
Hä?
Uwah!
Du hast getrunken.
Nur ein bisschen.
Der Abteilungsleiter hat 'ne Genesungsparty geschmissen.
Hm ...
Ach so ...

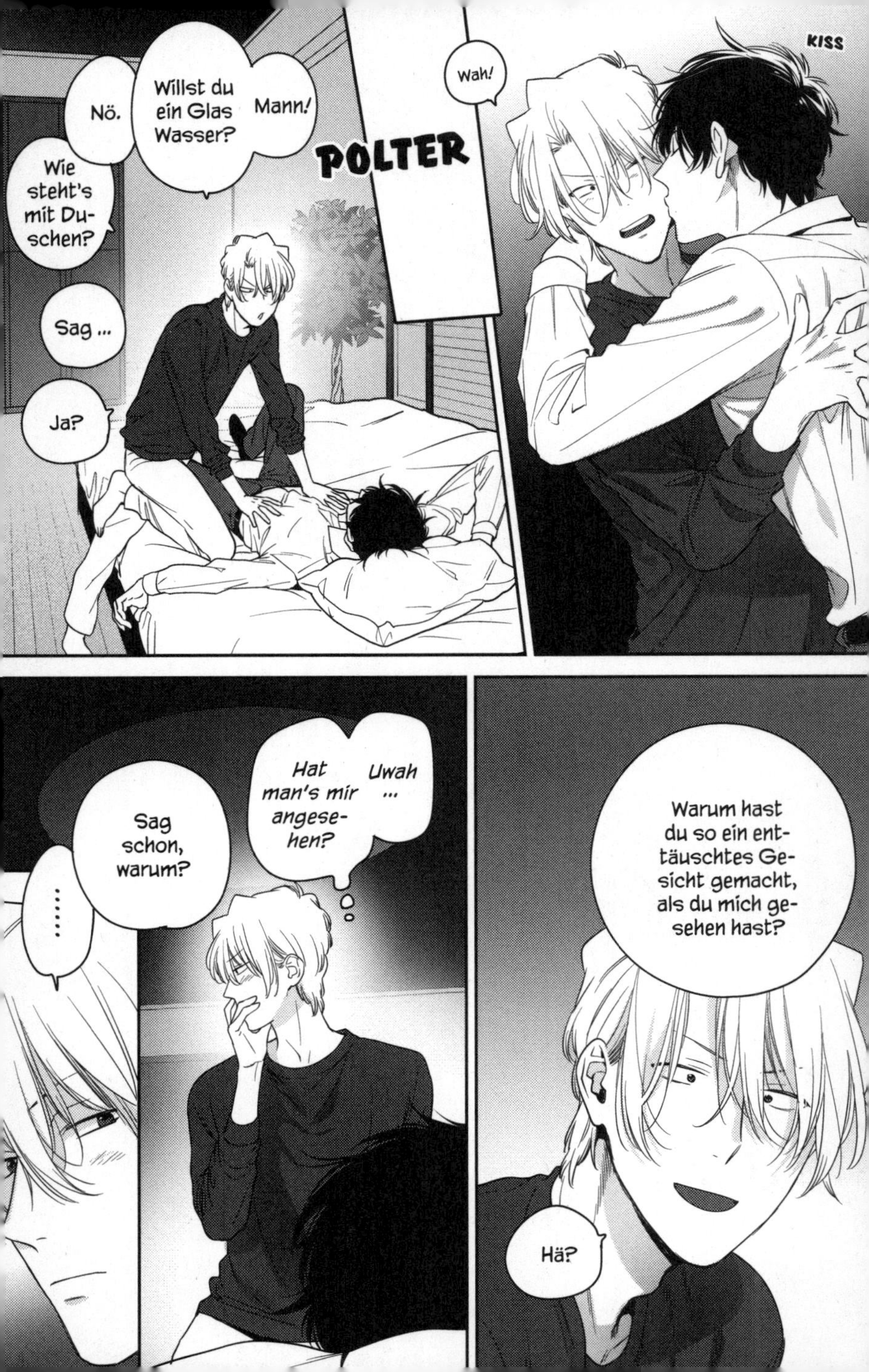
KISS
Wah!
POLTER
Mann!
Willst du ein Glas Wasser?
Nö.
Wie steht's mit Duschen?
Sag ...
Ja?
Warum hast du so ein enttäuschtes Gesicht gemacht, als du mich gesehen hast?
Hä?
Uwah ...
Hat man's mir angesehen?
Sag schon, warum?
......

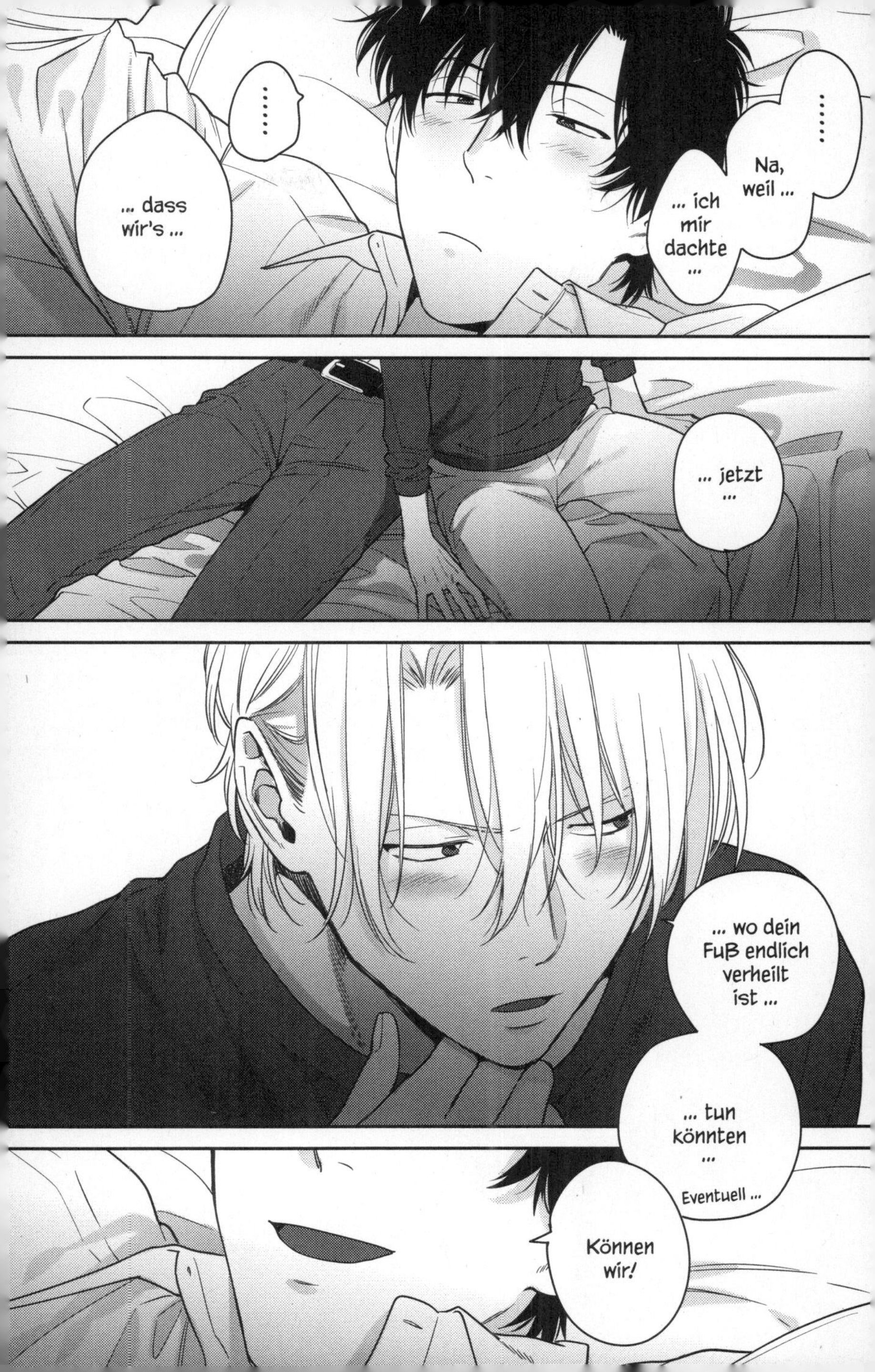
……
Na, weil ...
... ich mir dachte ...
……
... dass wir's ...
... jetzt ...
... wo dein Fuß endlich verheilt ist ...
... tun könnten ...
Eventuell ...
Können wir!

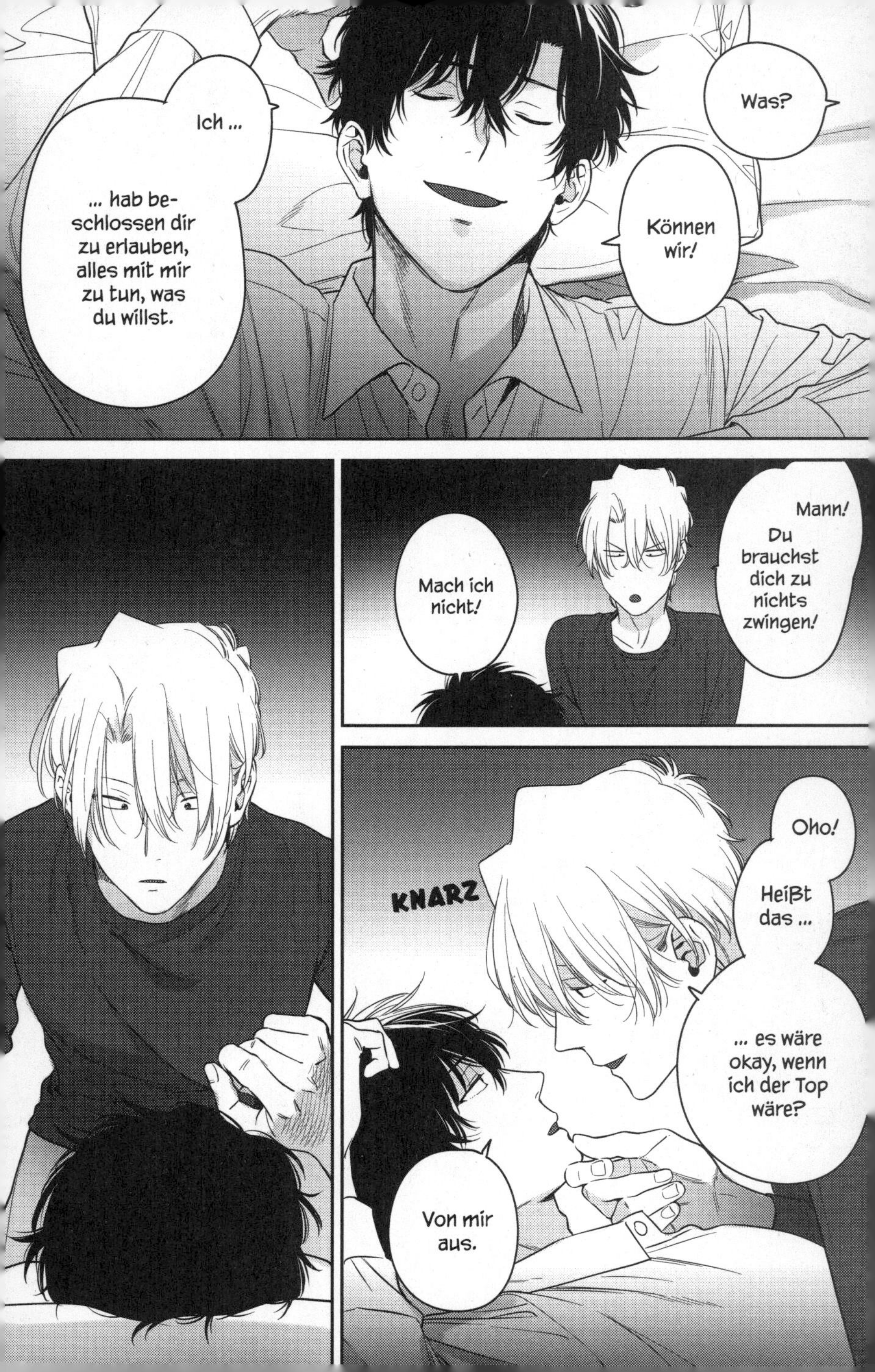
Was?
Können wir!
Ich ...
... hab beschlossen dir zu erlauben, alles mit mir zu tun, was du willst.
Mann! Du brauchst dich zu nichts zwingen!
Mach ich nicht!
Oho! Heißt das ...
... es wäre okay, wenn ich der Top wäre?
KNARZ
Von mir aus.

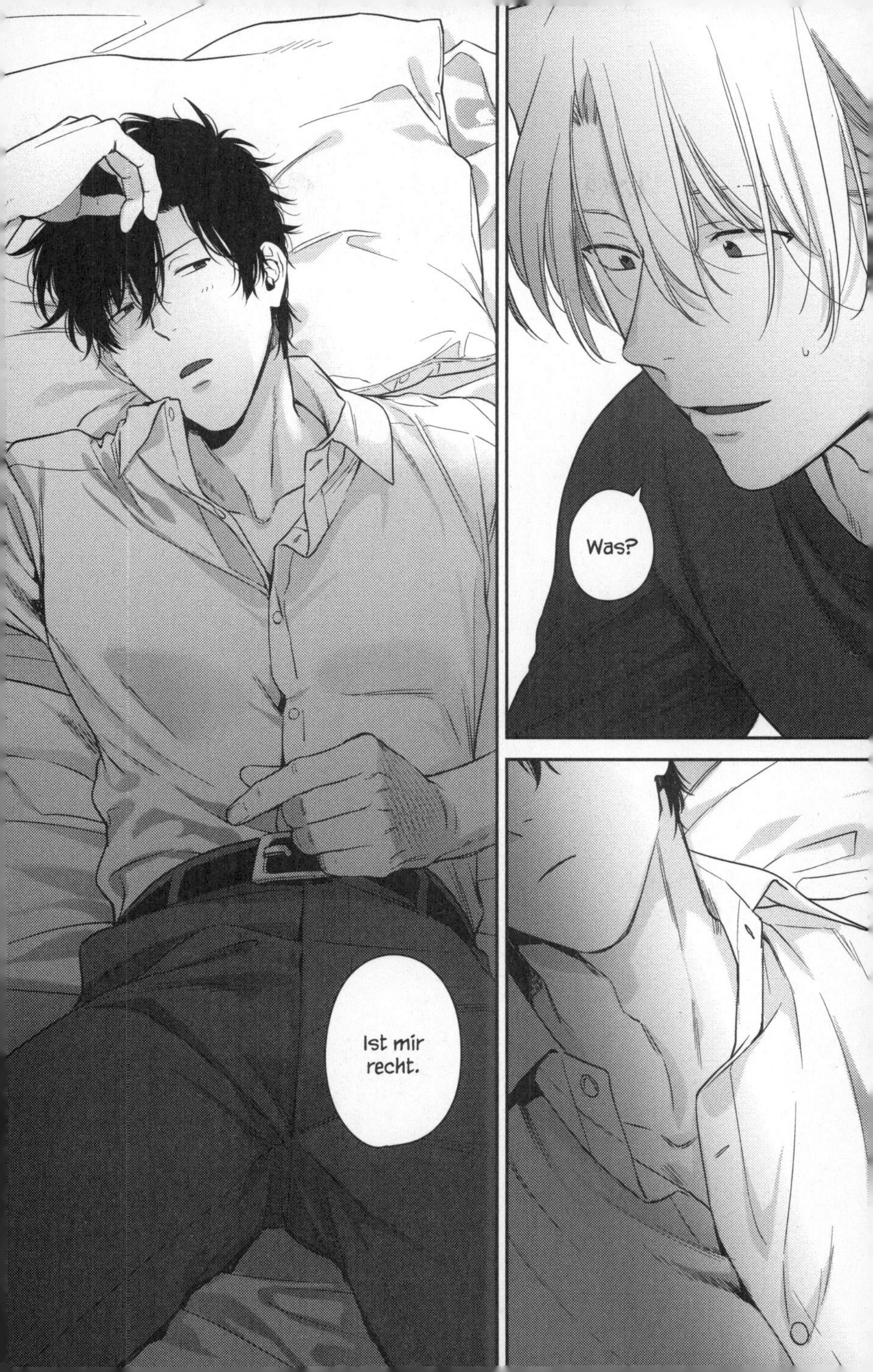
Was?
Ist mir recht.

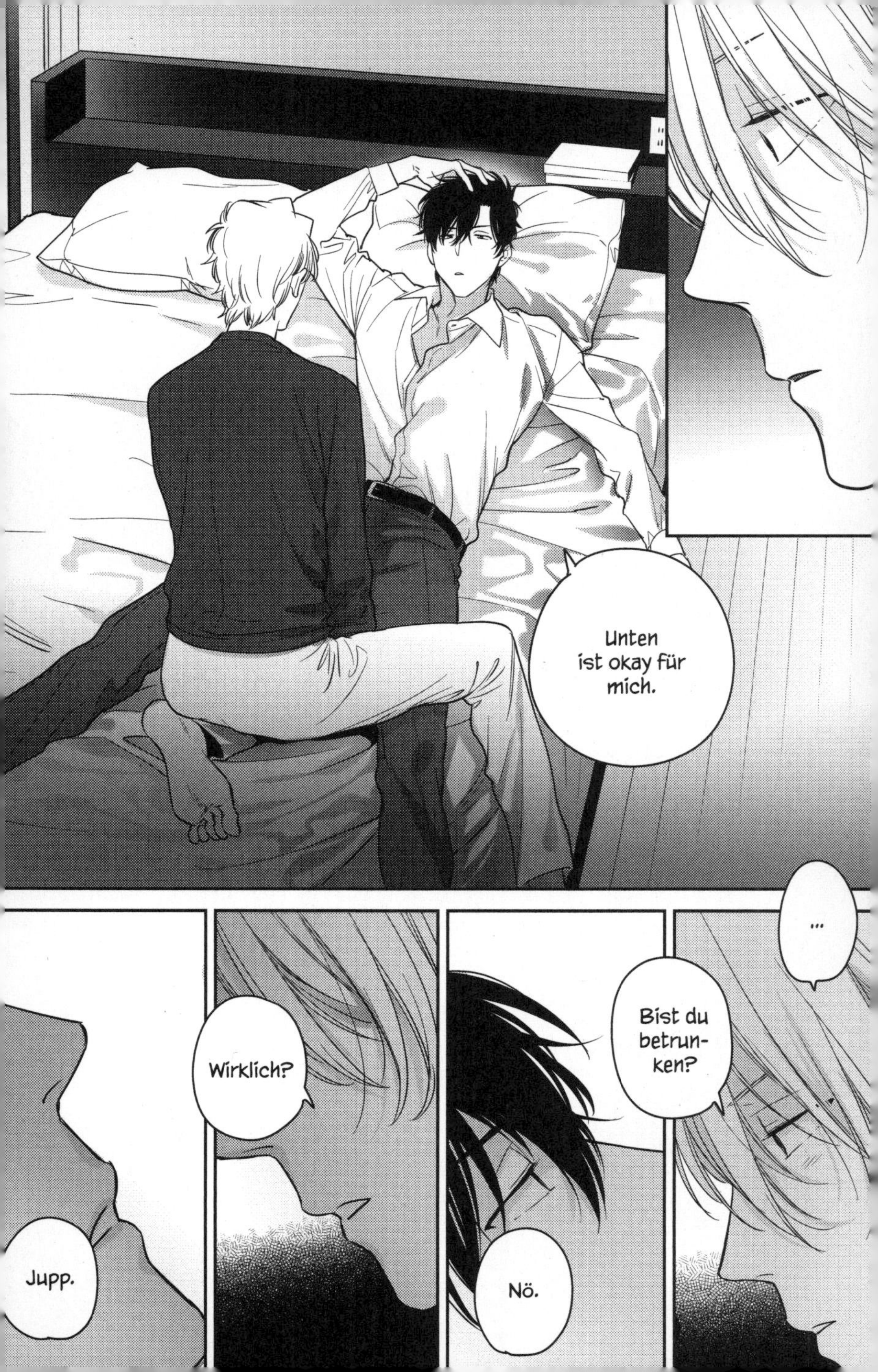
Unten ist okay für mich.
...
Bist du betrunken?
Nö.
Wirklich?
Jupp.

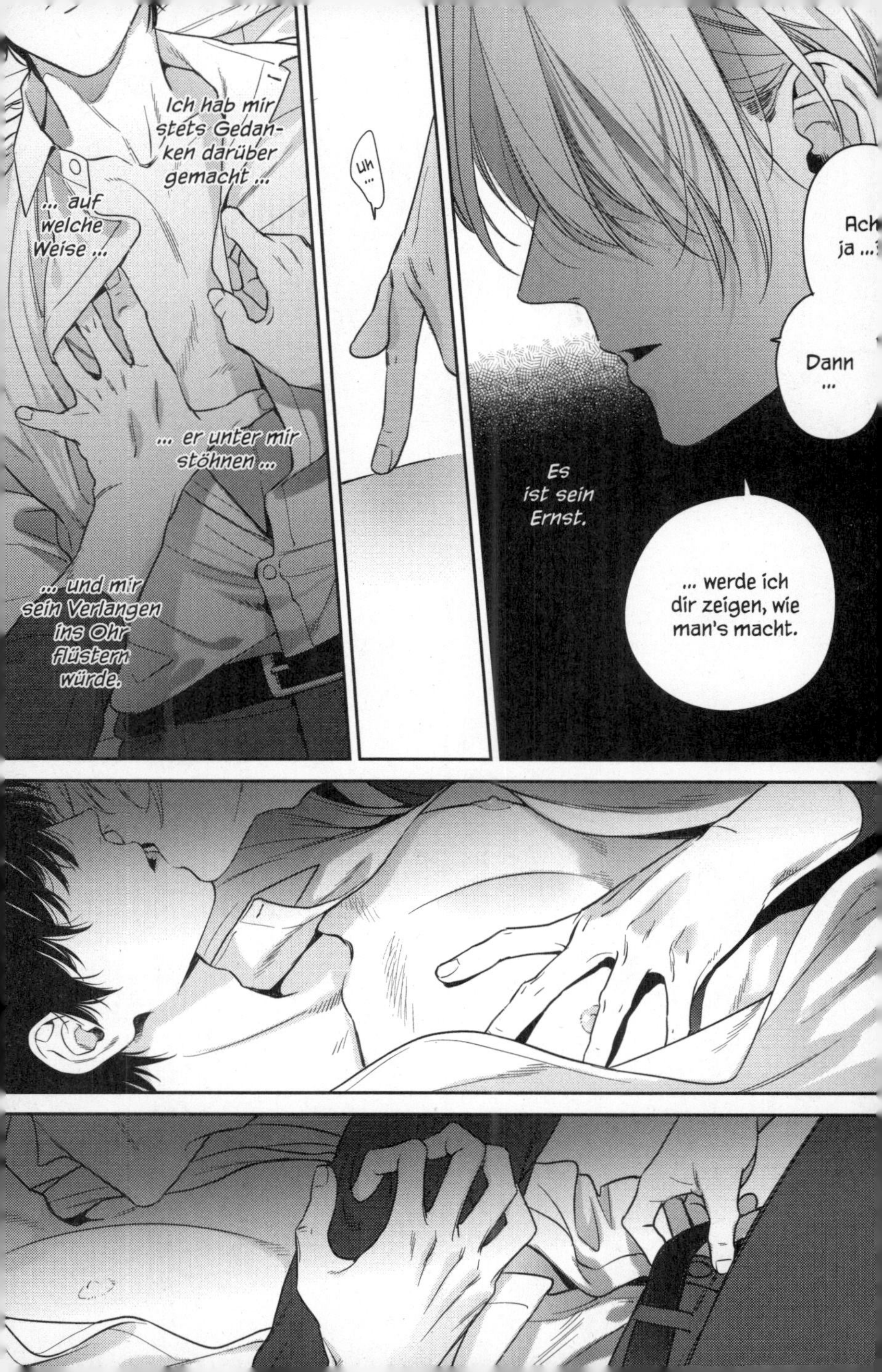
Ach ja ...
Dann ...
... werde ich dir zeigen, wie man's macht.
Es ist sein Ernst.
uh ...
Ich hab mir stets Gedanken darüber gemacht ...
... auf welche Weise ...
... er unter mir stöhnen ...
... und mir sein Verlangen ins Ohr flüstern würde.

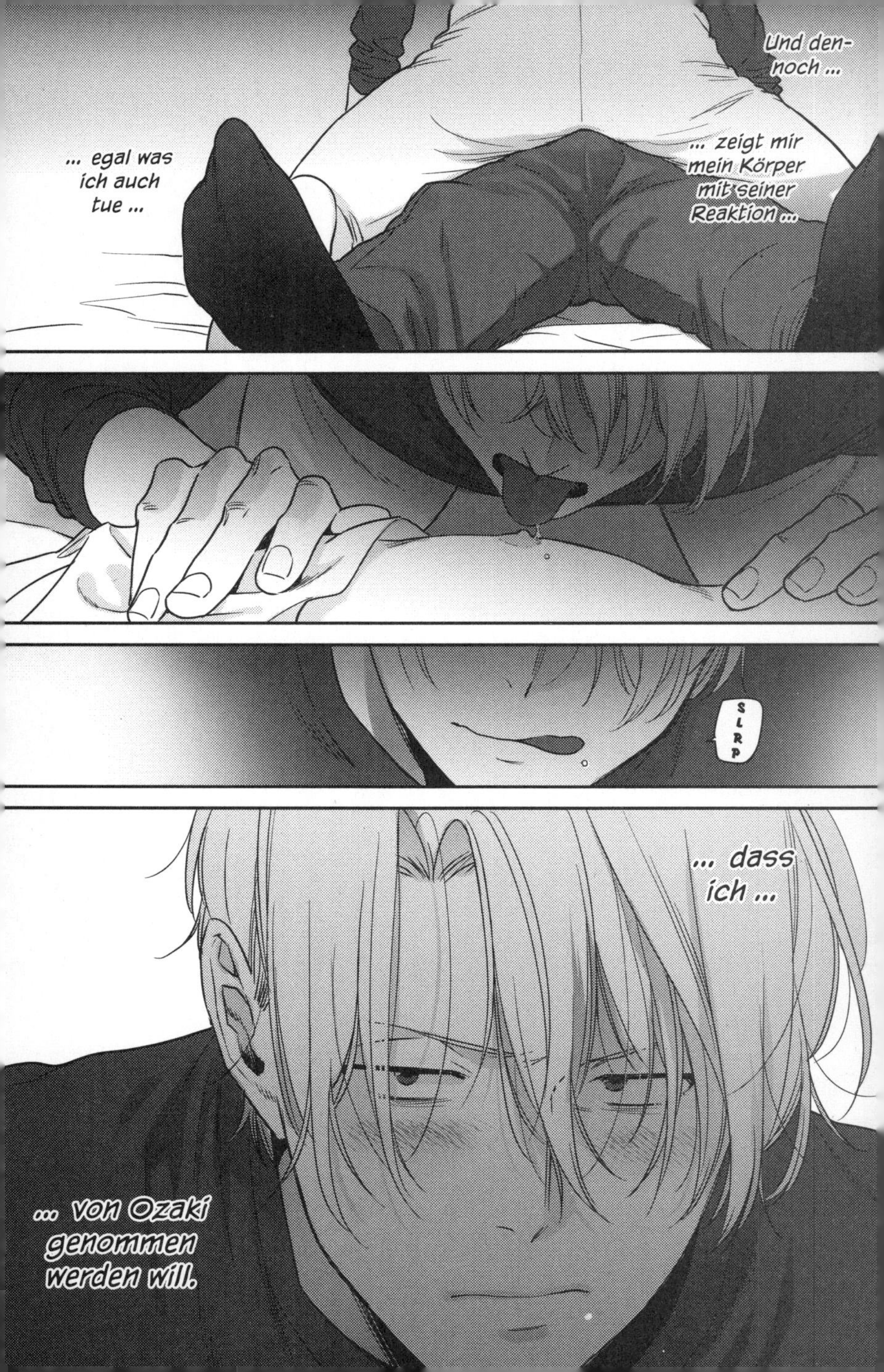
Und den-
noch ...
... egal was
ich auch
tue ...
... zeigt mir
mein Körper
mit seiner
Reaktion ...
SLRP
... dass
ich ...
... von Ozaki
genommen
werden will.

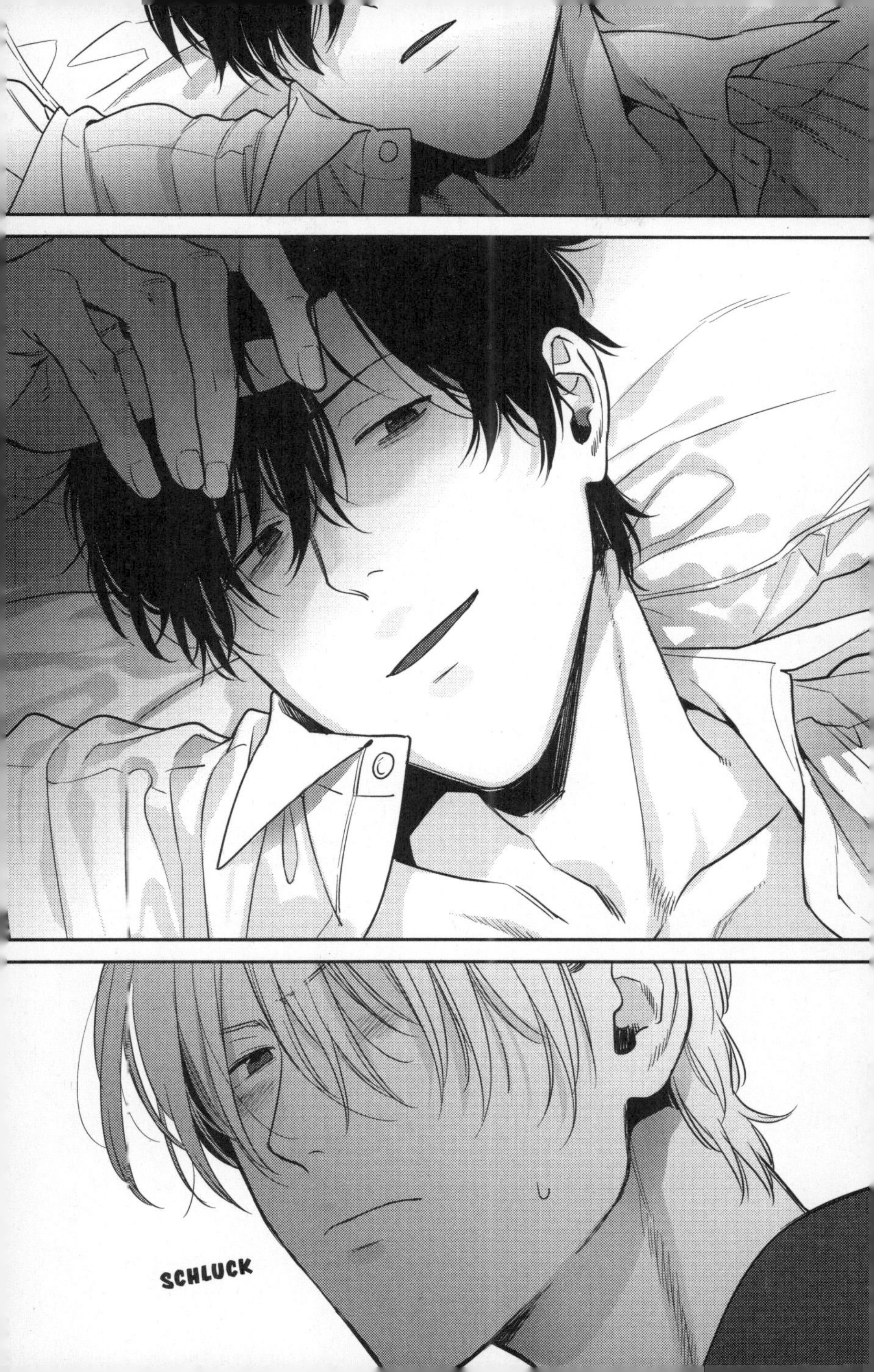
SCHLUCK

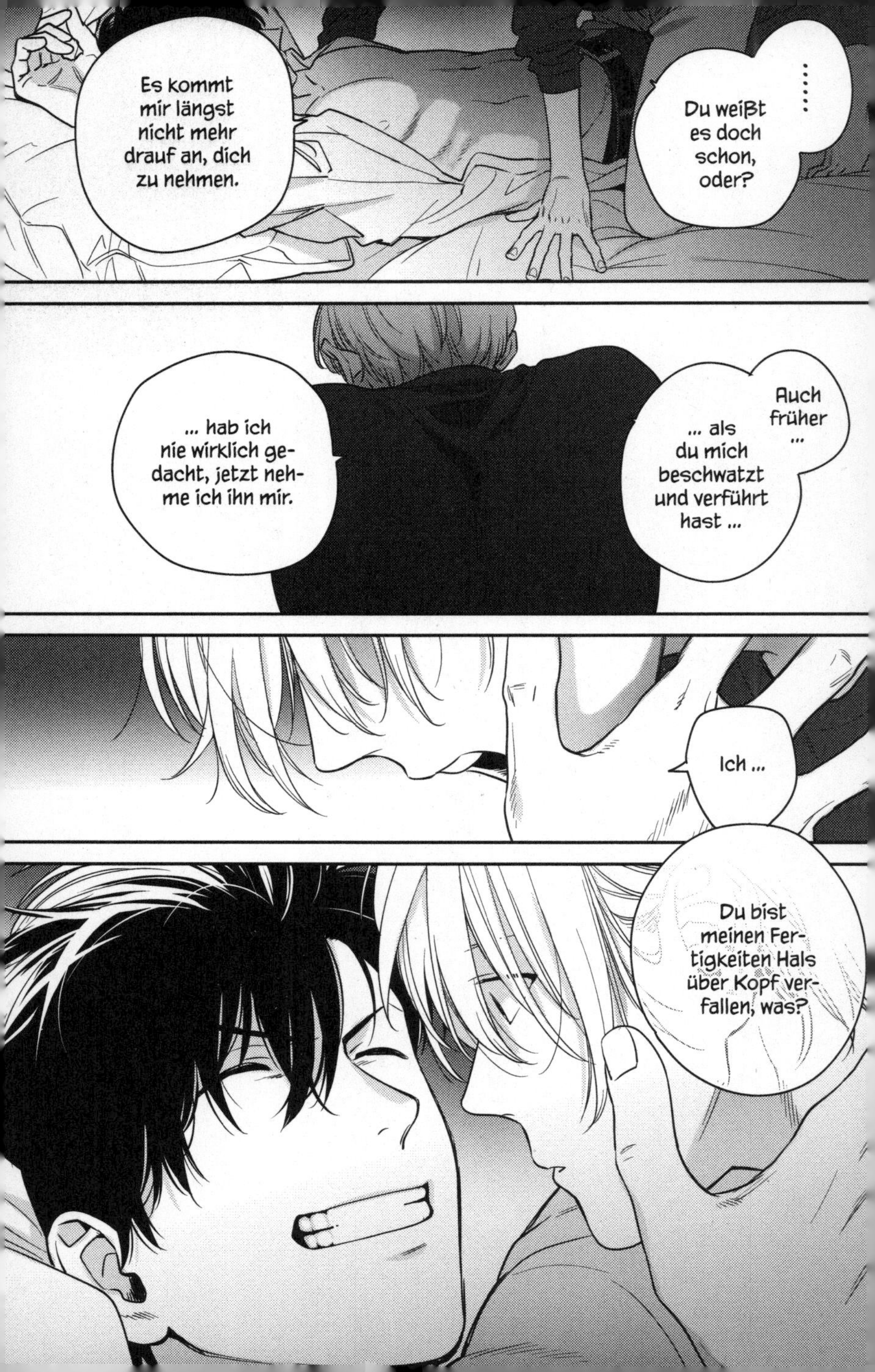
……
Du weißt es doch schon, oder?
Es kommt mir längst nicht mehr drauf an, dich zu nehmen.
Auch früher ...
... als du mich beschwatzt und verführt hast ...
... hab ich nie wirklich gedacht, jetzt nehme ich ihn mir.
Ich ...
Du bist meinen Fertigkeiten Hals über Kopf verfallen, was?

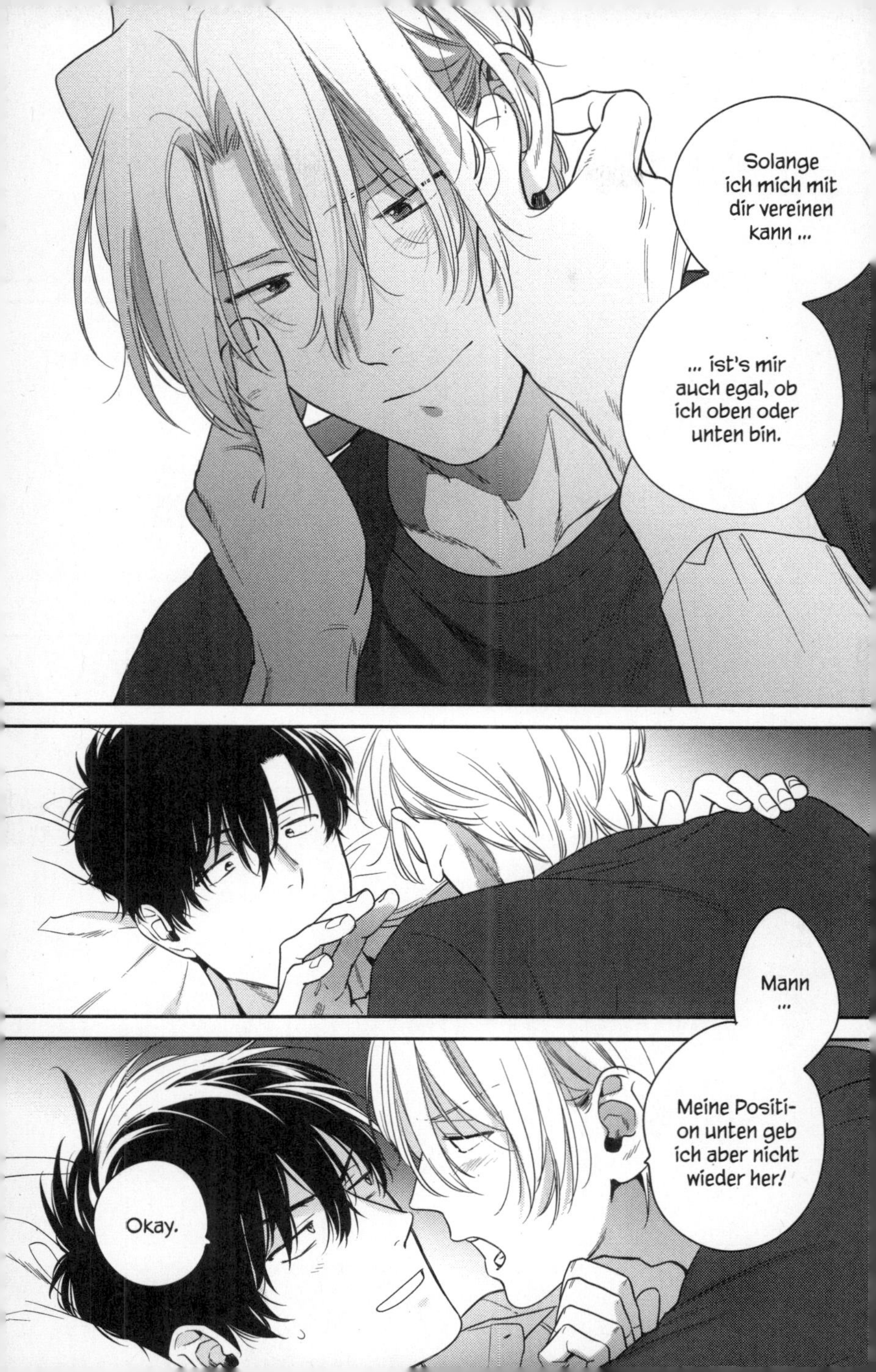
Solange ich mich mit dir vereinen kann ...
... ist's mir auch egal, ob ich oben oder unten bin.
Mann ...
Meine Position unten geb ich aber nicht wieder her!
Okay.

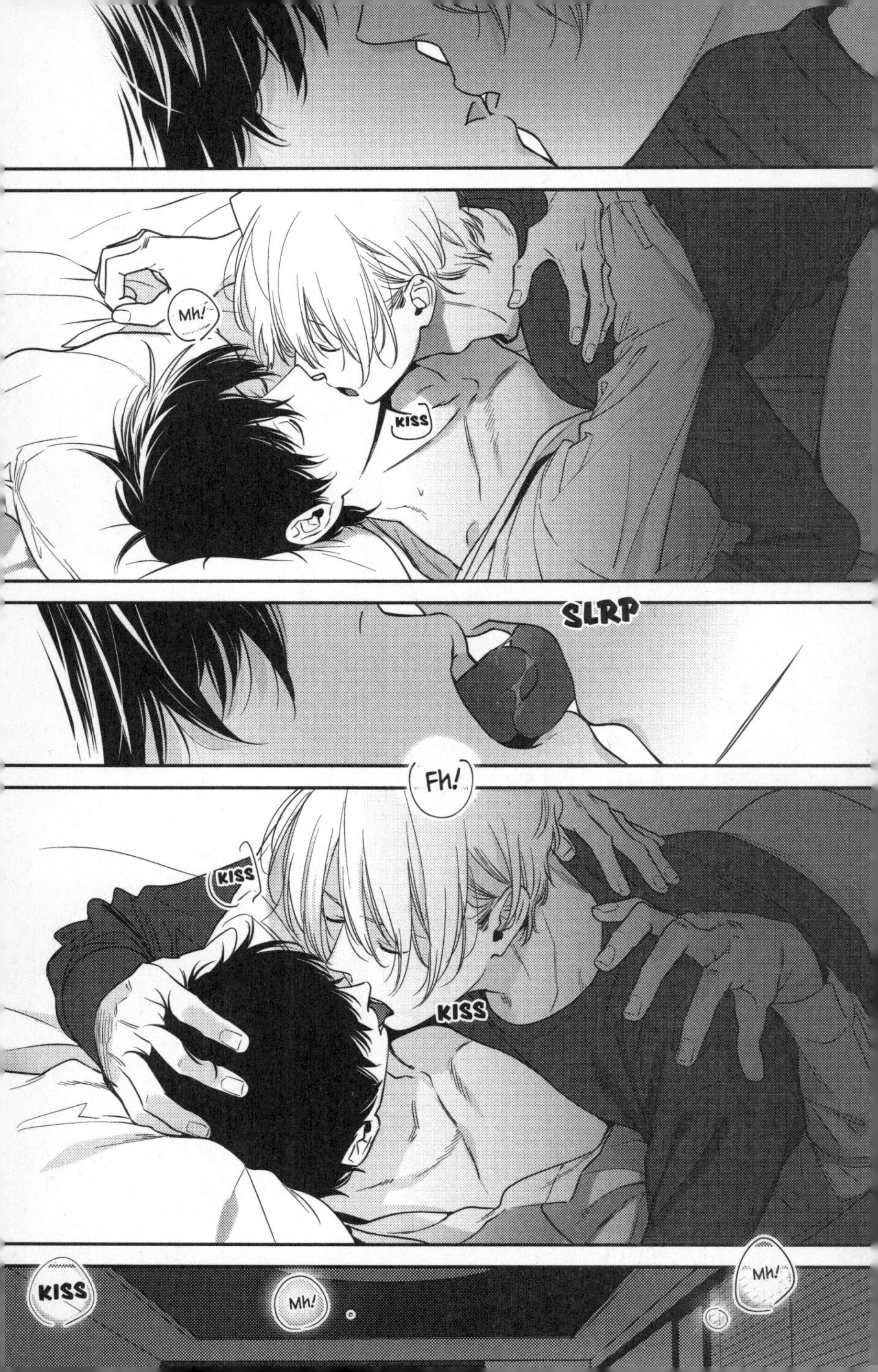
Mh!
KISS
SLRP
Fh!
KISS
KISS
Mh!
Mh!
KISS

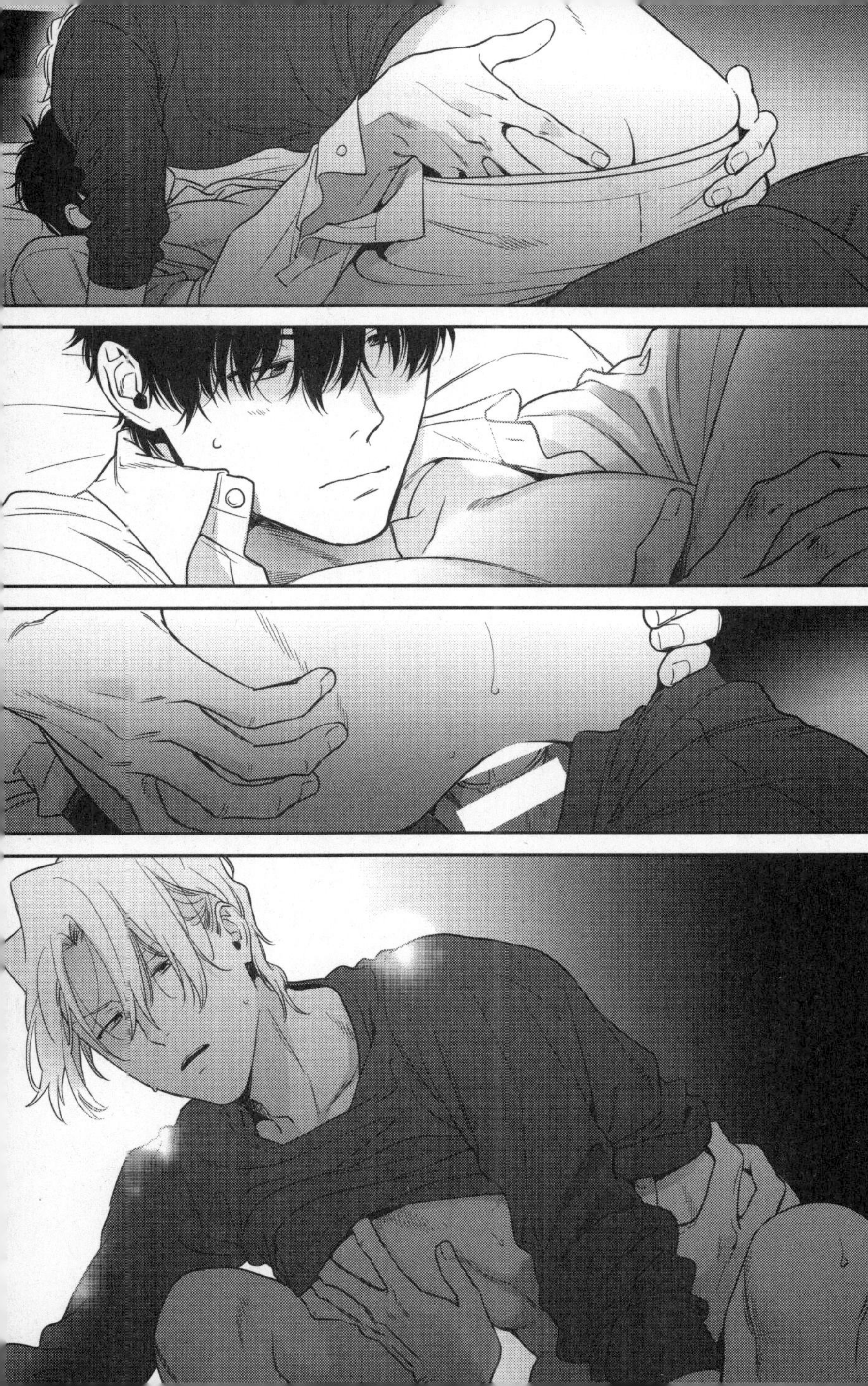

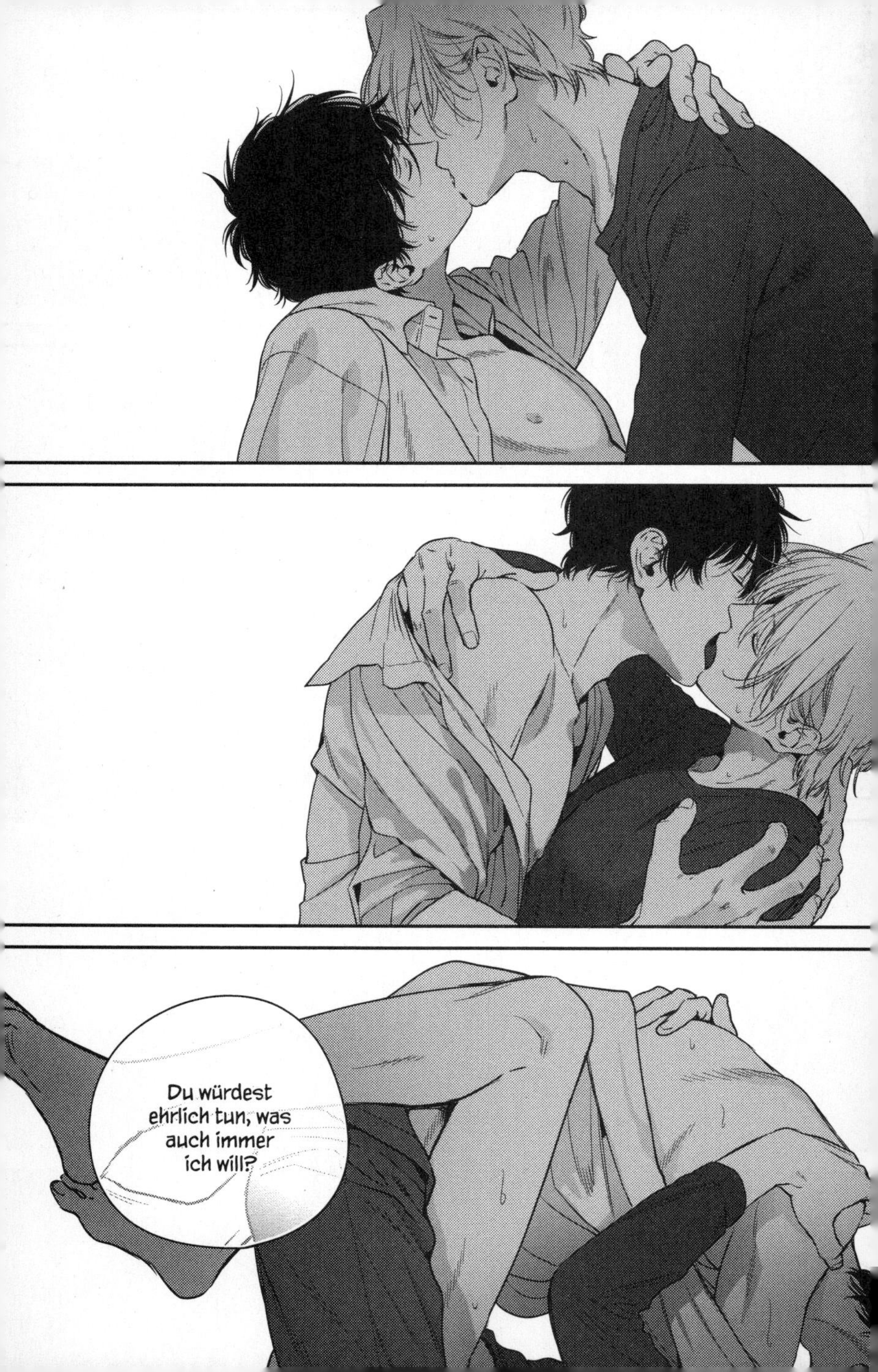
Du würdest ehrlich tun, was auch immer ich will?

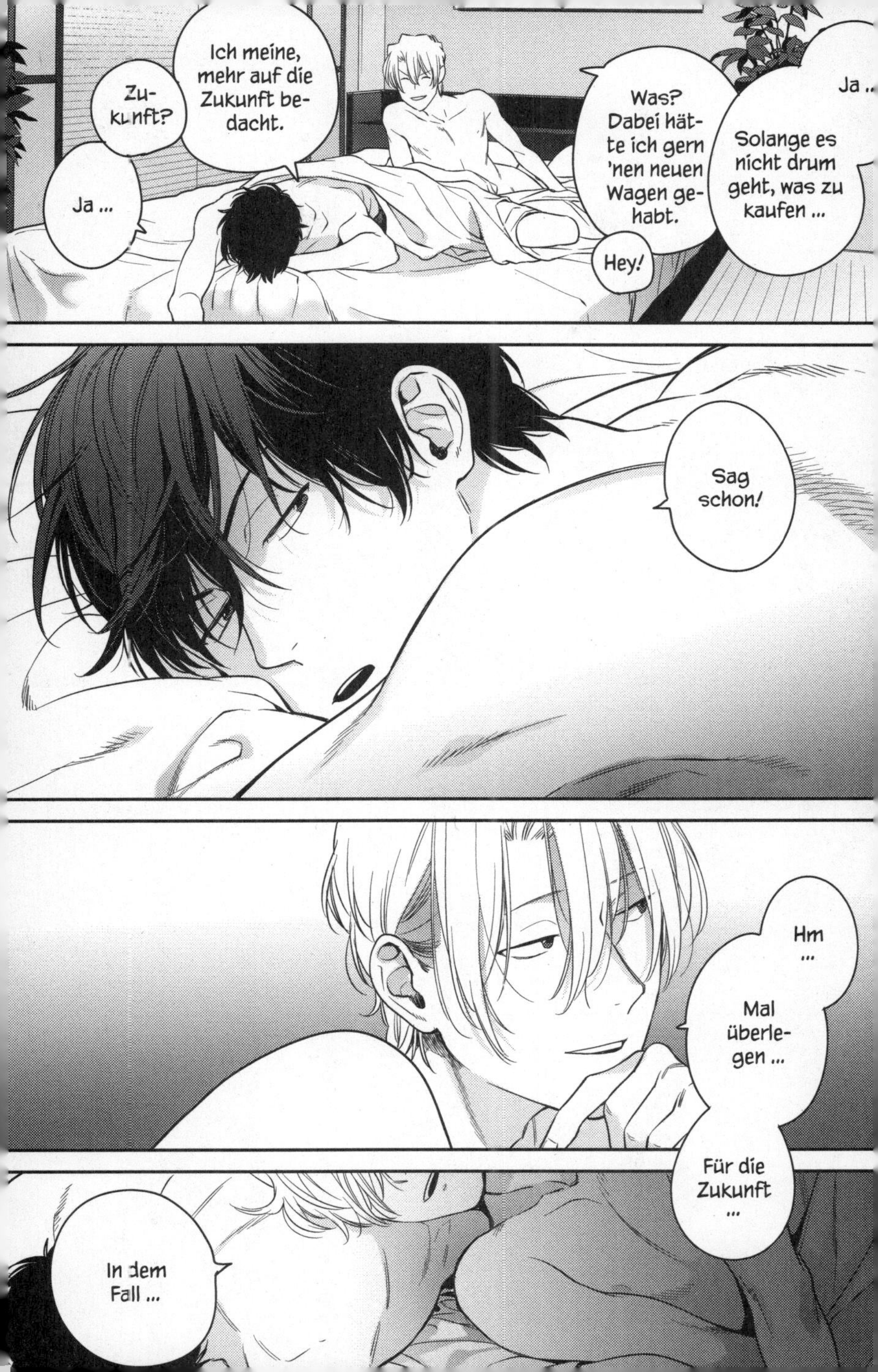
Ja ...
Solange es nicht drum geht, was zu kaufen ...
Was? Dabei hätte ich gern 'nen neuen Wagen gehabt.
Hey!
Ich meine, mehr auf die Zukunft bedacht.
Zukunft?
Ja ...
Sag schon!
Hm ...
Mal überlegen ...
Für die Zukunft ...
In dem Fall ...

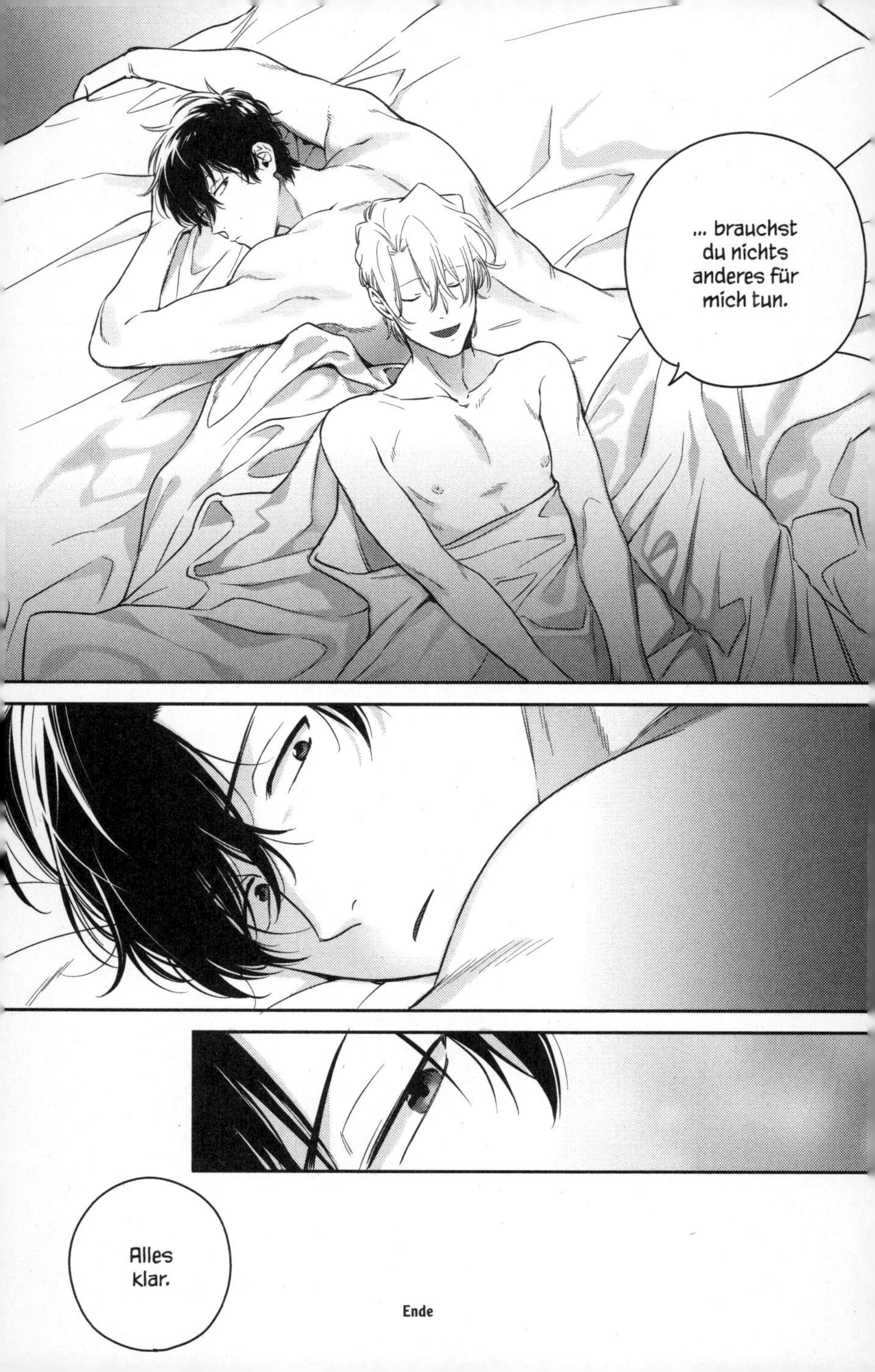
... brauchst du nichts anderes für mich tun.
Alles klar.
Ende

Ganz verschieden gleich

Nozomu Hiiragi präsentiert

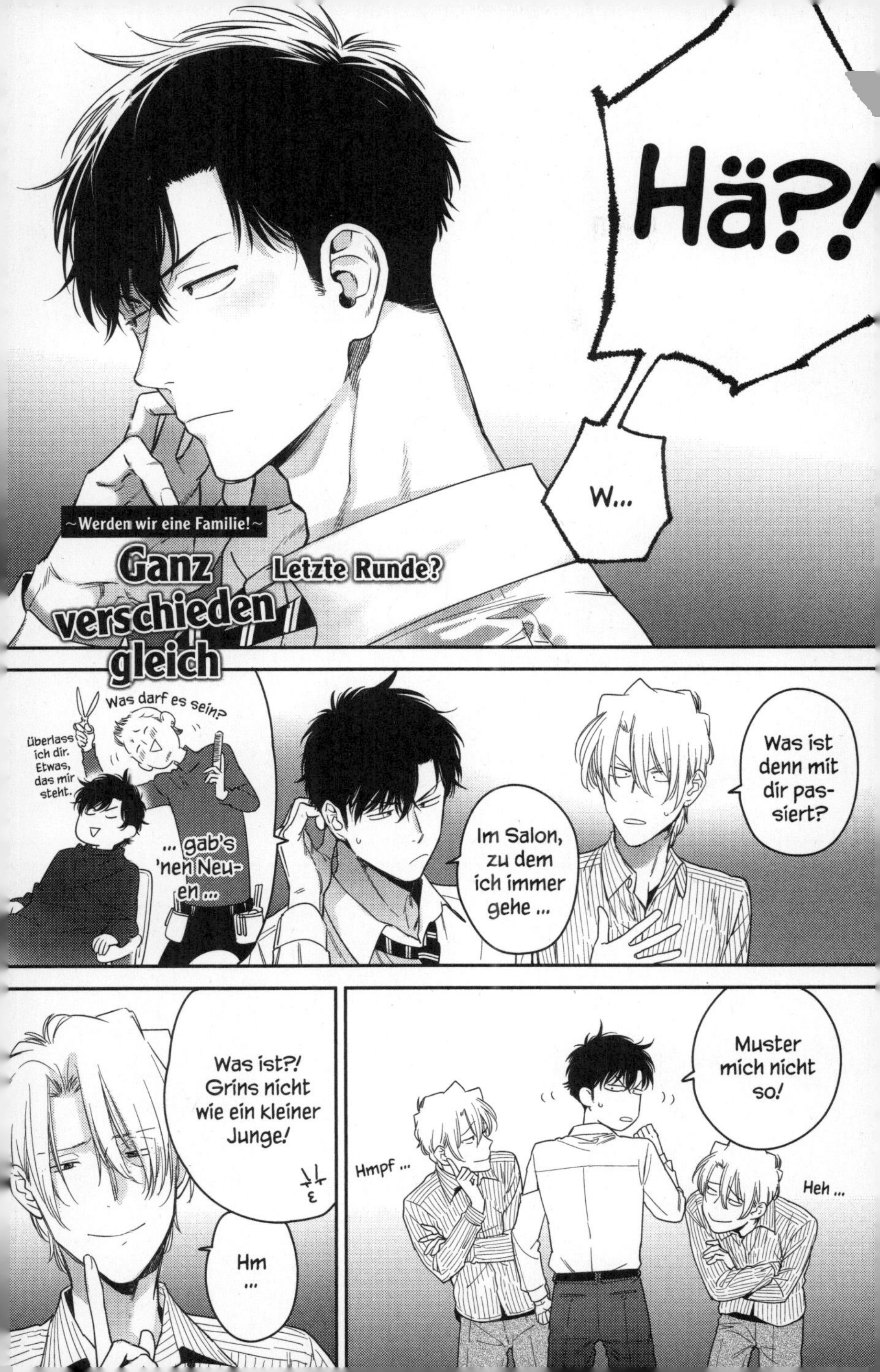
Hä?!
W...
Ganz verschieden gleich
Letzte Runde?
~Werden wir eine Familie!~
Was ist denn mit dir pas-siert?
Im Salon, zu dem ich immer gehe ...
... gab's 'nen Neu-en ...
Was darf es sein?
Überlass ich dir. Etwas, das mir steht.
Muster mich nicht so!
Heh ...
Hmpf ...
Was ist?! Grins nicht wie ein kleiner Junge!
Hm ...

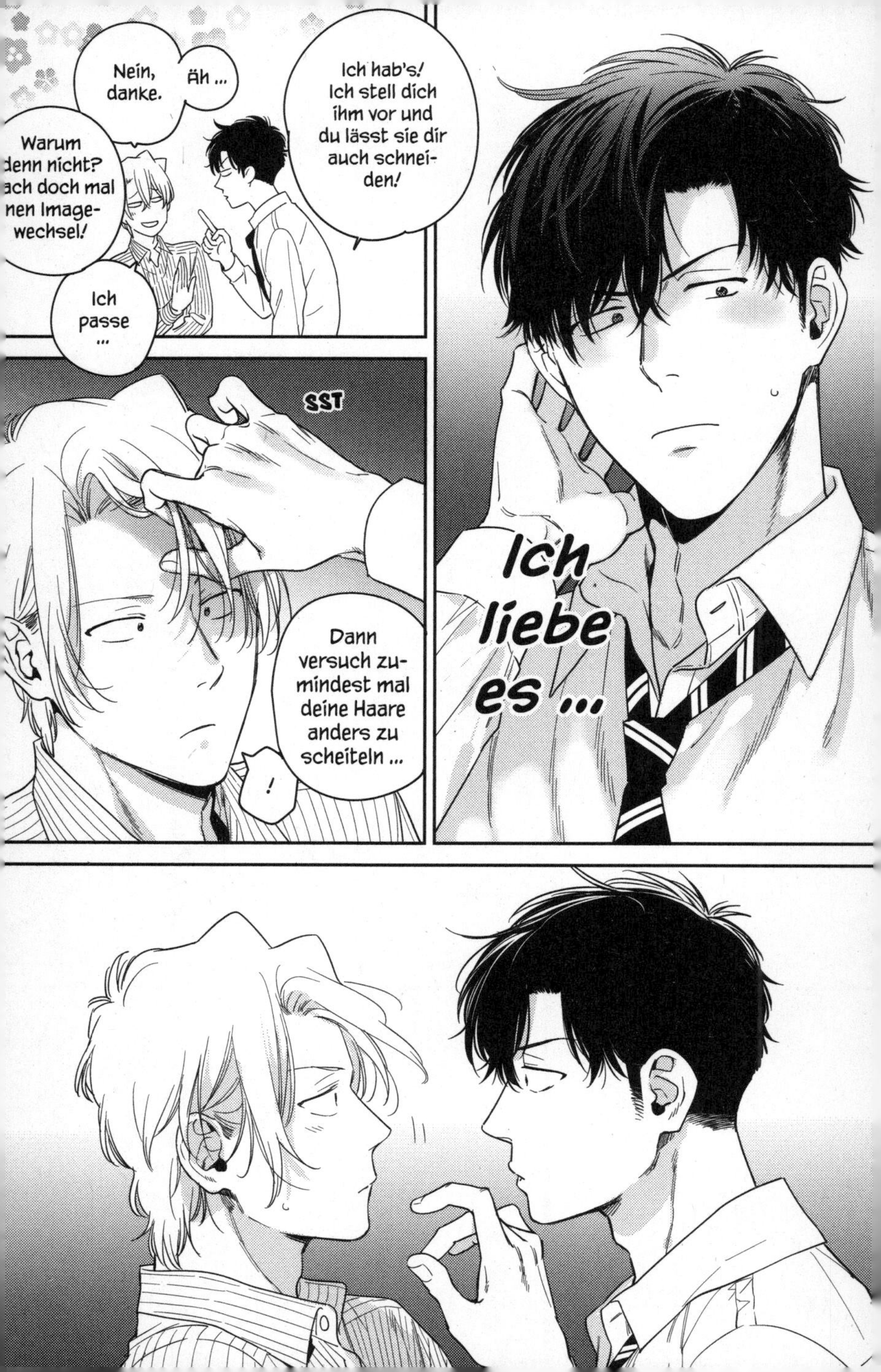

Ich hab's! Ich stell dich ihm vor und du lässt sie dir auch schneiden!
Äh ...
Nein, danke.
Warum denn nicht? ach doch mal nen Imagewechsel!
Ich passe ...
Dann versuch zumindest mal deine Haare anders zu scheiteln ...
SST
!
Ich liebe es ...

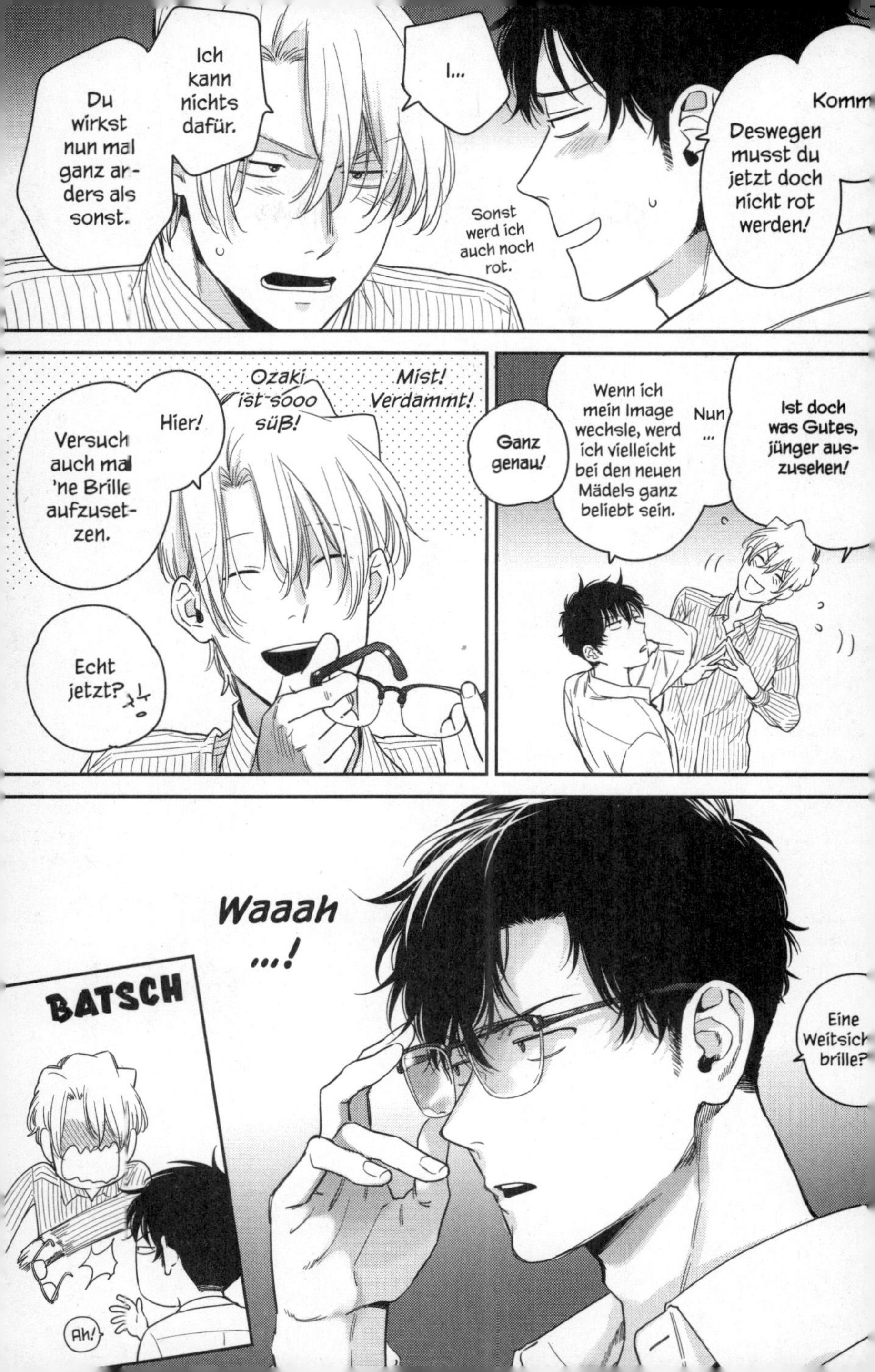
Komm
Deswegen musst du jetzt doch nicht rot werden!
Sonst werd ich auch noch rot.
I...
Ich kann nichts dafür.
Du wirkst nun mal ganz anders als sonst.
Ist doch was Gutes, jünger auszusehen!
Nun ...
Wenn ich mein Image wechsle, werd ich vielleicht bei den neuen Mädels ganz beliebt sein.
Ganz genau!
Mist! Verdammt!
Ozaki ist sooo süß!
Hier!
Versuch auch mal 'ne Brille aufzusetzen.
Echt jetzt?
Eine Weitsich brille?
Waaah ...!
BATSCH
Ah!

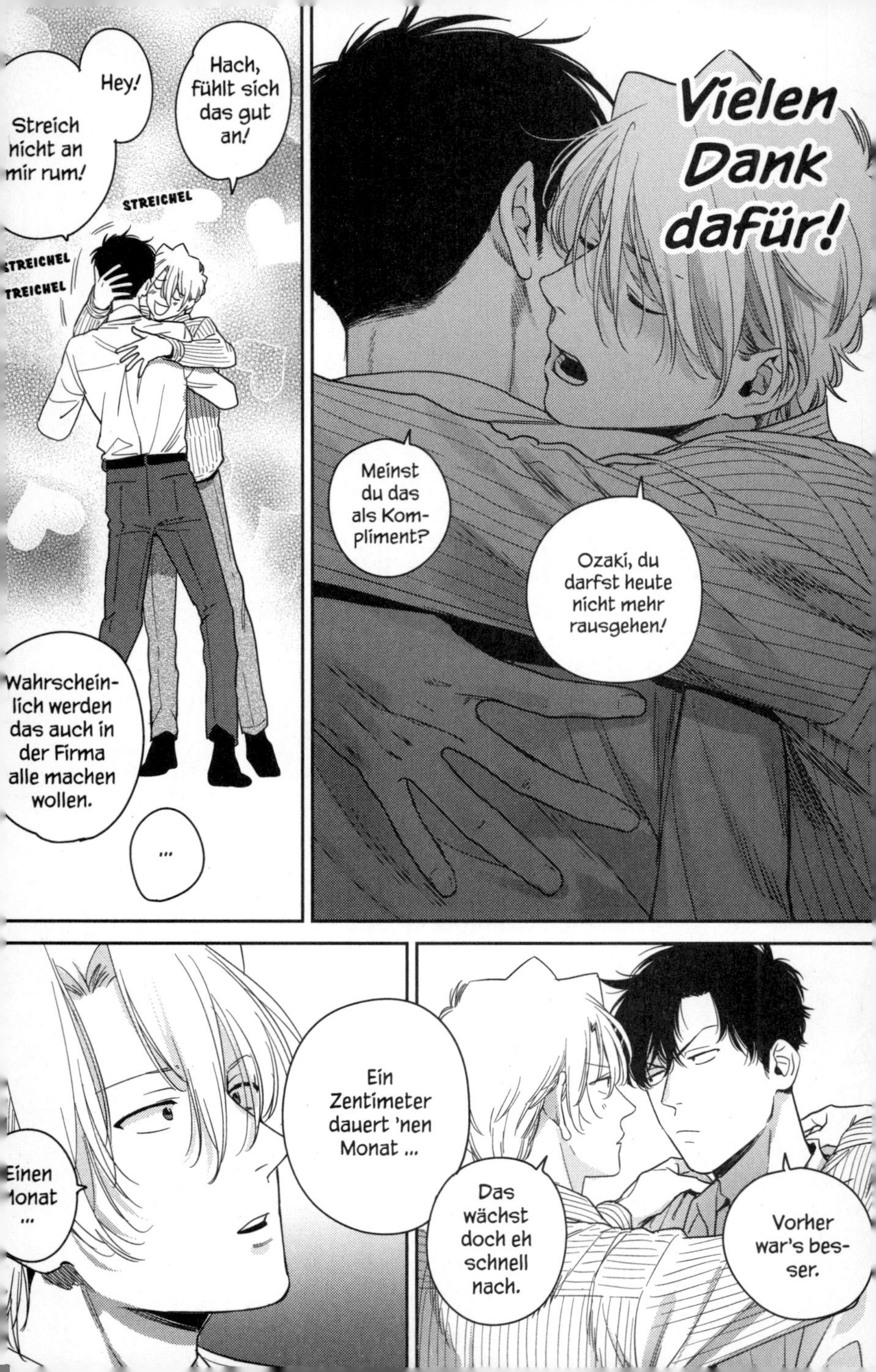
Vielen Dank dafür!
Ozaki, du darfst heute nicht mehr rausgehen!
Meinst du das als Kompliment?
Hach, fühlt sich das gut an!
Hey!
Streich nicht an mir rum!
STREICHEL
STREICHEL
TREICHEL
Wahrscheinlich werden das auch in der Firma alle machen wollen.
...
Vorher war's besser.
Das wächst doch eh schnell nach.
Ein Zentimeter dauert 'nen Monat ...
Einen Monat ...

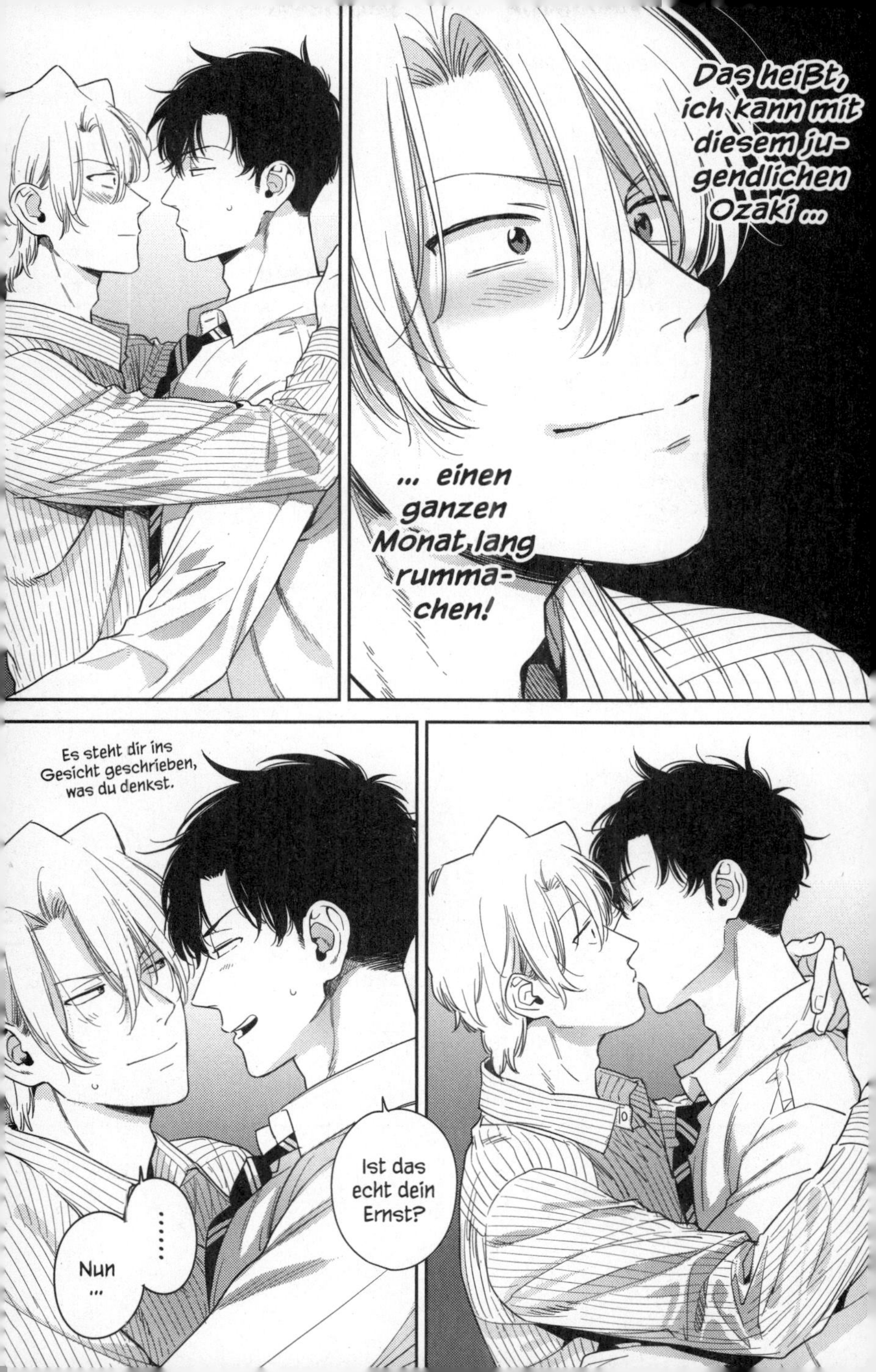
Das heißt, ich kann mit diesem jugendlichen Ozaki ...
... einen ganzen Monat lang rummachen!
Es steht dir ins Gesicht geschrieben, was du denkst.
Ist das echt dein Ernst?
......
Nun ...

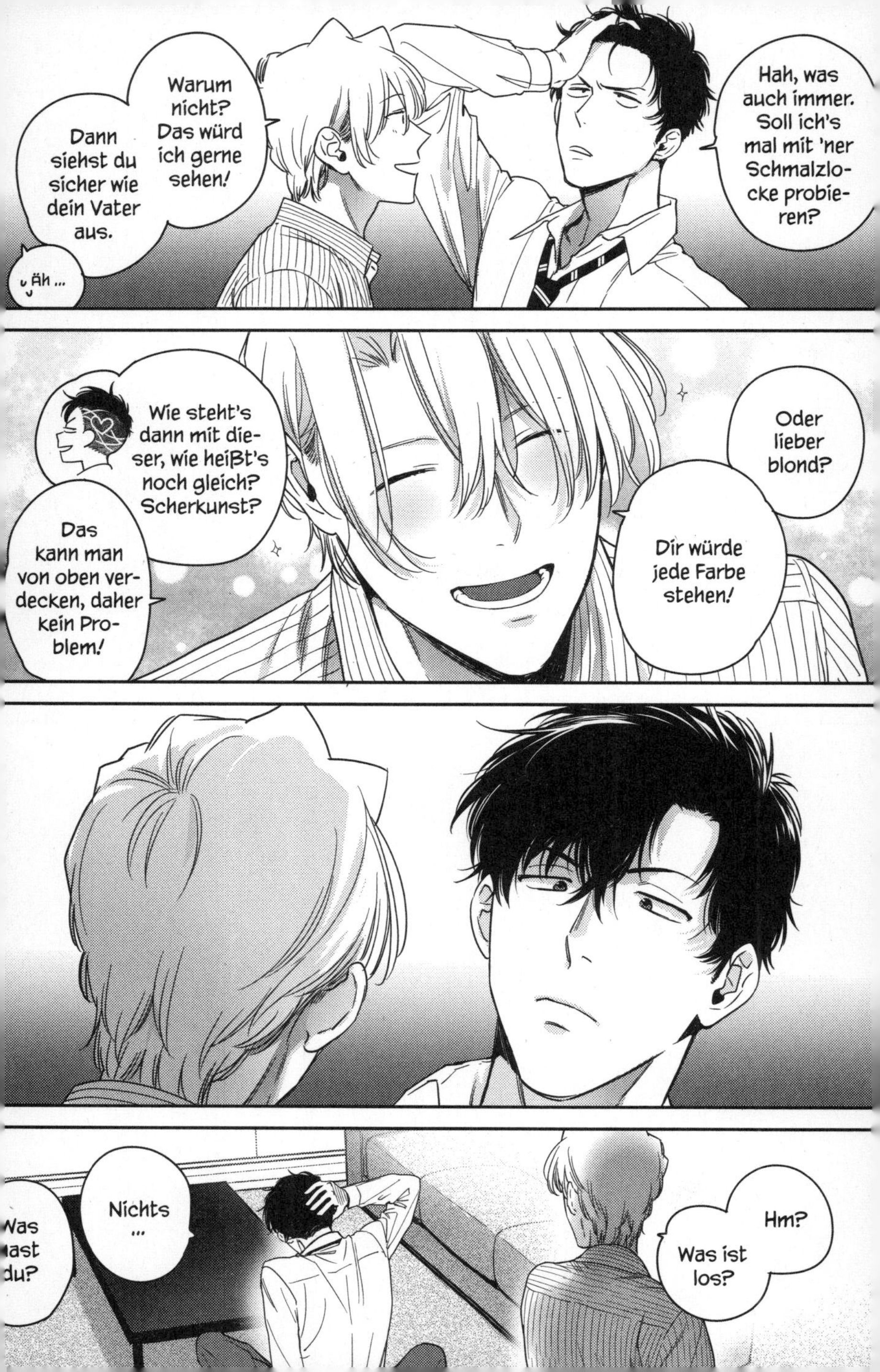
Hah, was auch immer. Soll ich's mal mit 'ner Schmalzlocke probieren?
Warum nicht? Das würd ich gerne sehen!
Dann siehst du sicher wie dein Vater aus.
Äh ...
Oder lieber blond?
Dir würde jede Farbe stehen!
Wie steht's dann mit dieser, wie heißt's noch gleich? Scherkunst?
Das kann man von oben verdecken, daher kein Problem!
Hm?
Was ist los?
Nichts ...
Was ast du?

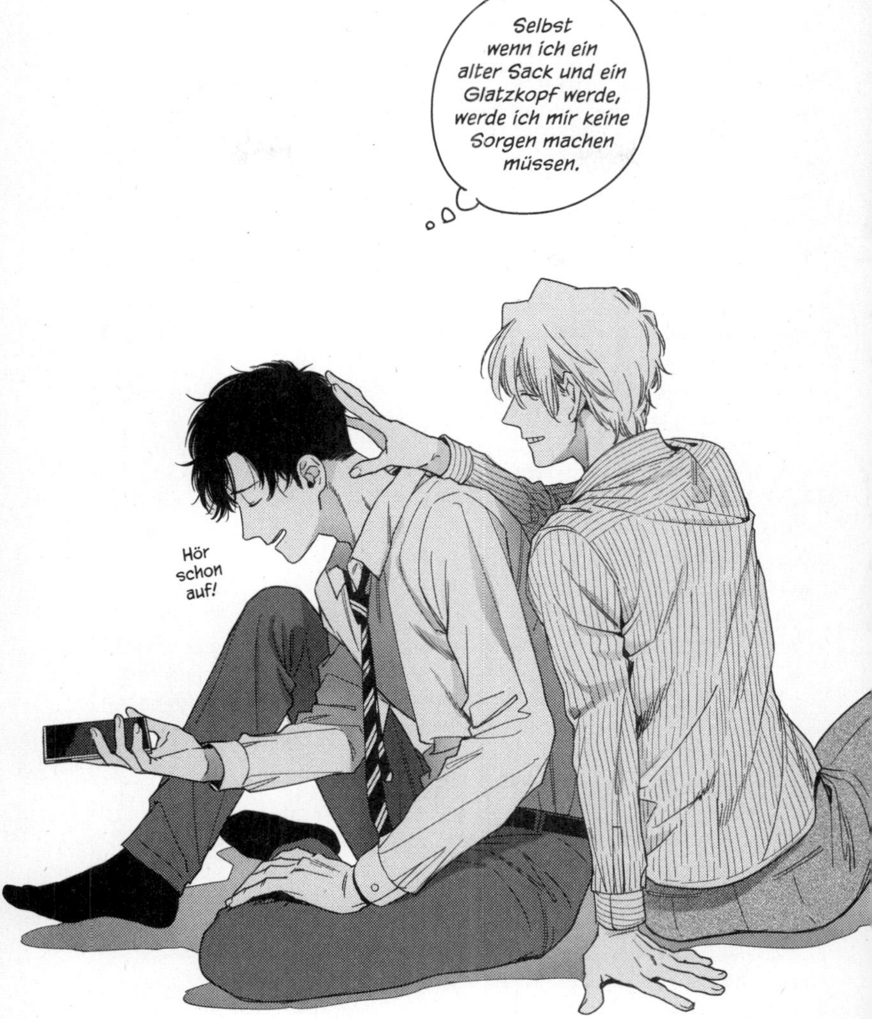
Selbst wenn ich ein alter Sack und ein Glatzkopf werde, werde ich mir keine Sorgen machen müssen.
Hör schon auf!

Ende

Der neunte Band!
Band 10 ist in Reichweite!
Nein, ehrlich, ich bin dankbar, dass es schon neun sind. Jedes Mal hab ich Story-Ideen aus mir rausgepresst und irgendwie bis hierhin durchgehalten ... Ich freu mich! Eure Briefe und Nachrichten wurden zu meinem Lebenselixier. Ich konnte zwar nie antworten, aber ich hab sie alle gelesen! Die Briefe derer, die mir das erste Mal geschrieben haben, hab ich auf dem Boden rumrollend gelesen. (Für die alten Hasen hab ich 'ne eigene Ecke)
Vielen Dank! Ich freu mich sehr!

Was diesen Band angeht, so wollte ich, dass sich ihre Eltern unbedingt treffen. Ich freu mich, dass mein Herzenswunsch in Erfüllung gegangen ist. Und ich hab's während der Veröffentlichung schon mal geschrieben, aber Tsuburaya ist kein Gag-Charakter. Das ist seine Natur. Nun, allerdings bekommt diese nur Ozaki zu sehen. Ozaki kann sich glücklich schätzen ...

Ich wollte die Bonusgeschichte schon vor Ewigkeiten mal einfügen. Da es 'ne abgelehnte Ministory ist, war ich mir höchst unsicher, ob sie zum neunten Band passt. Sie komplett zu verwerfen, wäre aber auch schade gewesen, daher kommt sie doch noch als Bonus-Intermezzo!
(Kurze Haare stehen Ozaki aber echt nicht, oder?)
Übrigens, da die gleichen Frisuren und Anzüge praktisch zur Charakteridentität gehören, muss ich immer meinen ganzen Mut zusammennehmen, wenn ich bei Bonusgeschichten oder im Werk selbst völlig andere Kleidung, wie Sportanzüge, oder andere Haarstile zeichne. Ob das gut war? Wie fandet ihr es? Verratet es mir ...

Das Bett haben sie ganz unauffällig neu gekauft. Und auch was die Unterhemden anbelangt: Sie haben anscheinend an den Brustwarzen gescheuert! Dabei trag ich sie sehr gerne im echten Leben!

In letzter Zeit schlägt mein Redakteur mir immer vor, es so zu beenden, aber na ja ... Wenn möglich, würde ich gerne noch weitermachen und den Nebencharakteren mehr Auftritte einräumen. Aber ich kann nicht einfach meine eigenen Wünsche zeichnen. Wenn es also Geschichten gibt, die ihr gerne mal gezeichnet sehen wollt, würde ich mich sehr freuen, wenn ihr mir davon erzählt. (Mehr noch, es wäre meine Rettung!) Ihr müsst auch nicht zwingend Briefe schreiben. Umfragen ausfüllen oder Nachrichten an das GUSH-Magazin schicken, ist auch völlig okay! Ich bin ganz verzweifelt! Immerhin ist das der neunte Band ... Ich hab Angst! Ich werde schwächer, meine Fitness nimmt ab, aber ich will weiterzeichnen! Auch wenn's egoistisch ist.

Also dann, vielen Dank fürs Lesen! Bis zum nächsten Mal!

Nozomu Hiiragi Danke für die Hilfe beim Rastern, T! (Auch beim Porträt)

TOKYOPOP GmbH
Hamburg

TOKYOPOP
1. Auflage, 2023
Deutsche Ausgabe/German Edition

Aus dem Japanischen von Iga Marta Handtke

First published in Japan in 2021
by Kaiohsha Publishing Co., Ltd..
German translation rights arranged
with Kaiohsha Publishing Co., Ltd.
through Blue Air Rights Ltd..

Redaktion: Lisa Duty
Lettering: Vibrant Publishing Studio
Herstellung: Alina Kronenberg
Druck und buchbinderische Verarbeitung:
CPI–Clausen & Bosse GmbH, Leck
Printed in Germany

MIX Papier FSC FSC® C083411

Wir achten auf die Umwelt.
Dieses Produkt besteht aus FSC®-zertifizierten und anderen kontrollierten Materialien.

ISBN 978-3-8420-8267-0

www.tokyopop.de

Ganz verschieden gleich

I LOVE YOU, COWARD!

Rico Sakura

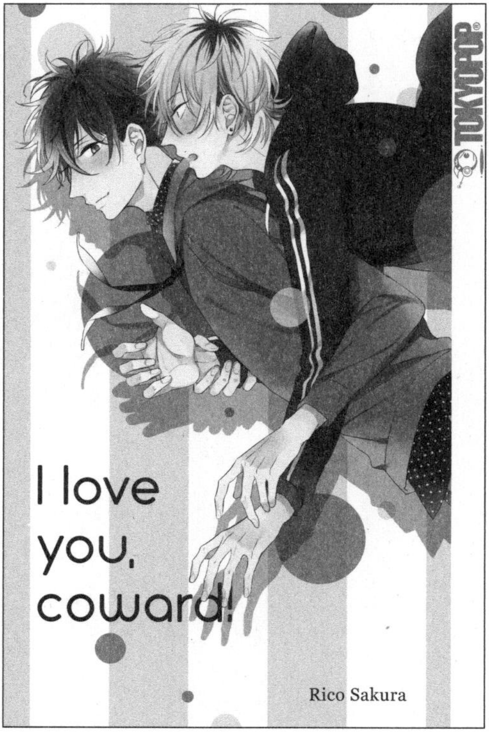

Ein unheilbarer Fall von Liebesallergie?!

Shogo beginnt sein Leben als Student in Tokyo, doch er hat es nicht leicht. Aufgrund seines finsteren Gesichtsausdrucks findet er bei seinen Kommilitonen keinen Anschluss. Nur der freundliche Barista Hinata aus seinem Lieblingscafé begegnet ihm offen und heitert ihn auf. Als Shogo Hinata aus der Klemme hilft, entwickeln die beiden eine tiefe Freundschaft. Doch Hinata wird von einem seltsamen Phänomen geplagt: Er hat eine Liebesallergie! Wird Shogo ihm dennoch seine Zuneigung zeigen können?

BLUE LUST

Hinako

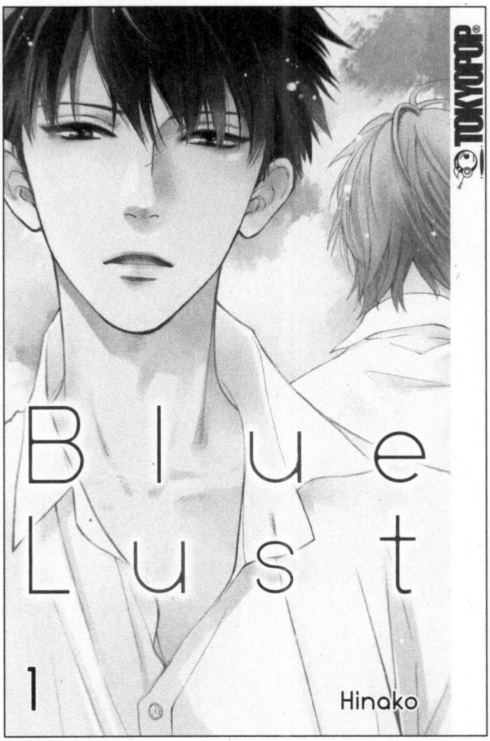

Warum machen wir dieselben Fehler immer wieder?

Durch Zufall kann Hayato seinen neuen Mitschüler Soma von einem Selbstmordversuch abhalten. In der Folge entwickelt er eine Art Beschützerinstinkt gegenüber dem kontaktscheuen Jungen und hilft ihm dabei, sich sozial zu integrieren. In der Mittelschule hatte Hayato einen schwulen Freund geoutet, der somit zum Mobbingopfer wurde, was ihm noch nachhängt. Doch als Soma mehr von ihm will, sieht sich Hayato mit einer ähnlichen Situation wie damals konfrontiert ...

TOKYOPOP®

www.tokyopop.de

MINATO'S COIN LAUNDRY

Sawa Kanzume / Yuzu Tsubaki

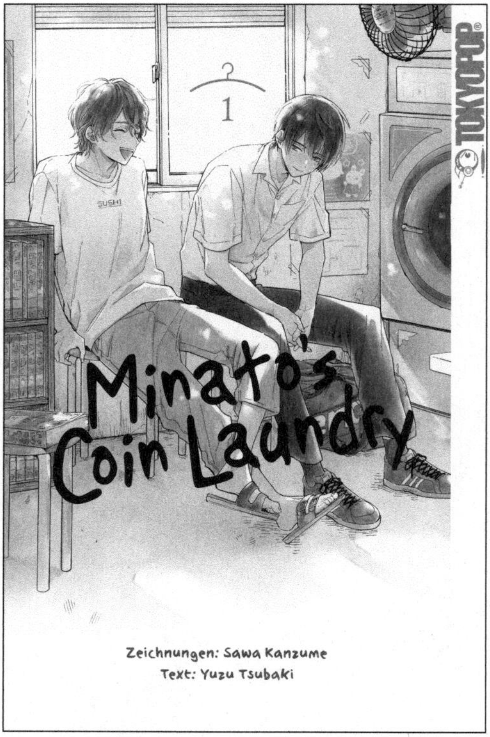

Gefühle im Schleudergang

Mit Anfang dreißig hängt Minato aufgrund gesundheitlicher Probleme seinen Bürojob an den Nagel und übernimmt den alten Münzwaschsalon seines Großvaters. Die Stammgäste sind hauptsächlich ältere Nachbarn, doch an einem flirrenden Sommertag taucht dort der Schüler Shintaro auf. Als sich Minato auf holprige Weise als homosexuell outet, reagiert Shintaro zunächst irritiert. Einige Tage später bekundet er allerdings offen sein Interesse an ihm und überhäuft ihn fortan mit Aufmerksamkeiten. Obwohl der Schüler genau sein Typ ist, ist Minato aufgrund des Altersunterschiedes eher zurückhaltend. Er schlägt daher vor, dass sie erst mal eine Freundschaft aufbauen sollten ...

TOKYOPOP®

www.tokyopop.de

DIE NATUR EINER REINEN SEELE

Syaku

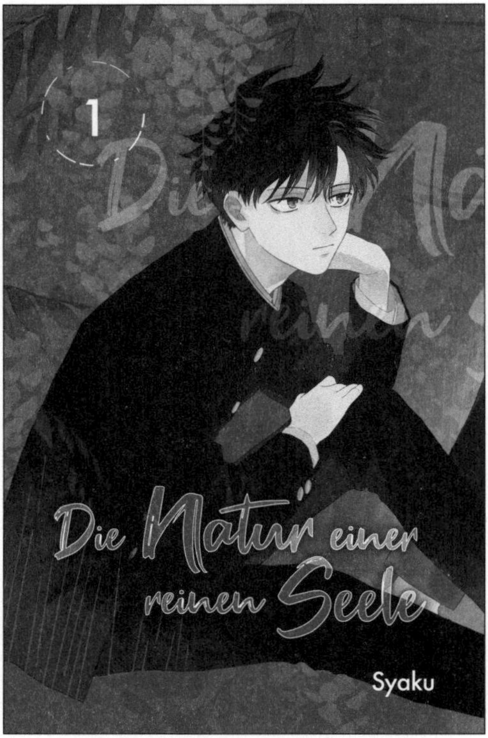

Mein unsterblicher Lehrer

Yashio führt ein Einsiedlerleben wider Willen: Er wohnt allein in den Bergen, umgeben von dichten Wäldern. Als er in diesen erneut die Orientierung verloren hat, steht plötzlich ein Unbekannter vor ihm, der sich als unsterbliches Mononoke vorstellt. Toki, wie sich dieses Geisterwesen nennt, macht es sich zur Aufgabe, ihn in die Welt der Rituale und Zeremonien einzuführen. Denn laut Toki sei Yashio »unrein« und müsse lernen, sich und seine Umwelt wertzuschätzen. Das ist der Start einer ungewöhnlichen Wohngemeinschaft ... Abgeschlossen in zwei Bänden.

LET ME BE YOUR PRISONER

Chise Ogawa

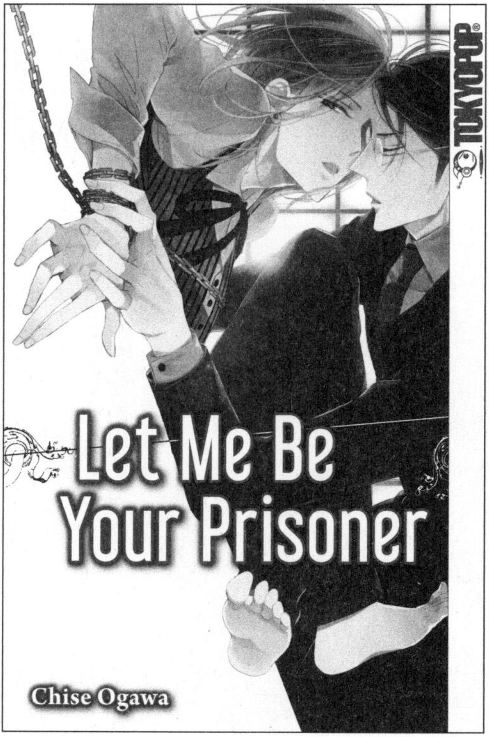

Dem hübschen Yuzuru sieht man nicht sofort an, dass er sich als Kleinkrimineller mit zwielichtigen Machenschaften über Wasser hält. Um wieder an etwas Geld zu kommen, kehrt er in sein altes Elternhaus zurück. Dieses musste er schon früh verlassen, als sein Vater bankrott ging und die Familie auseinanderbrach. Ausgerechnet sein ehemaliger Diener Iwase lebt nun in dem Anwesen, denn aus ihm ist mittlerweile ein erfolgreicher Jungunternehmer geworden. Dass sich Menschen über die Jahre verändern, wissen beide nur zu gut. Und doch verläuft das Wiedersehen anders als gedacht ...

TOKYOPOP®

www.tokyopop.de

CASTE HEAVEN

Chise Ogawa

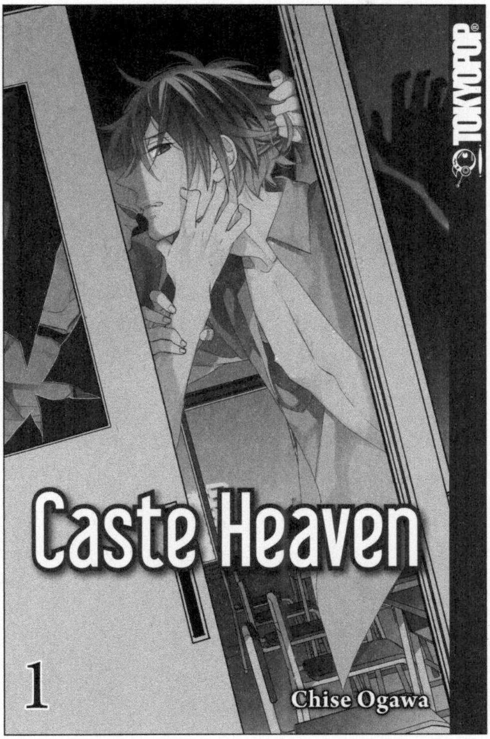

Pass auf, wem du vertraust!

Ein Spiel hält die Schüler in Atem: Wer auf dem Schulgelände die Spielkarte des Kings findet, wird über die Klasse herrschen. Azusa ist bereits seit einiger Zeit der King und hat es geschafft, sich Gefolgsleute heranzuzüchten. Doch sein treuester Zögling spielt plötzlich ein falsches Spiel. Karino hat genug von Azusas Schreckensherrschaft und reißt sich die Karte des Kings unter den Nagel ...

GOODBYE HARLEQUIN

Keri Kusabi

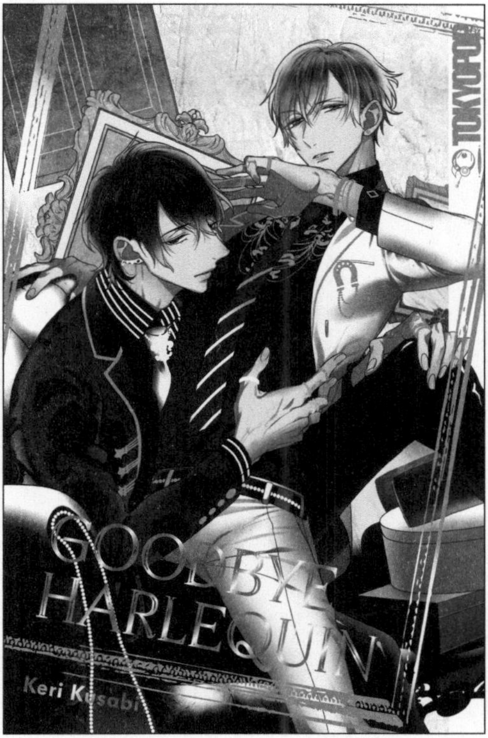

Glamourös, amourös, skandalös!

Akinos erklärtes Ziel ist es, ein gefeierter Designer zu werden, damit er endlich die Person wiedersehen kann, die seine Leidenschaft für Mode entfacht hat. Dabei handelt es sich um Eichi, der bereits zu Highschool-Zeiten zu den Topmodels der Branche zählte. Tatsächlich gelingt es Akino nach einigen Jahren endlich einen Deal zwischen seiner Firma und Eichis Agentur einzufädeln. Eichi ist über die Zusammenarbeit jedoch alles andere als erfreut, denn im Gegensatz zu Akino hat er kein Interesse, an die Vergangenheit erinnert zu werden ...

STOPP!

Dies ist die letzte Seite des Buches!
Du willst dir doch nicht den Spaß verderben und das Ende zuerst lesen, oder?

Um die Geschichte unverfälscht und originalgetreu mitverfolgen zu können, musst du es wie die Japaner machen und von rechts nach links lesen. Deshalb schnell das Buch umdrehen und loslegen!

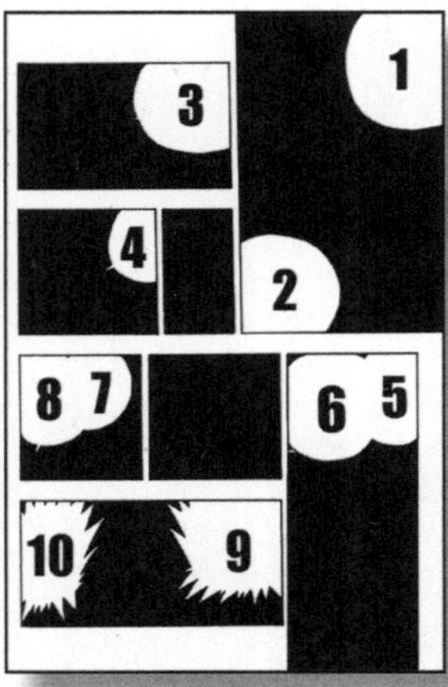

So geht's:

Wenn dies das erste Mal sein sollte, dass du einen Manga in den Händen hältst, kann dir die Grafik helfen, dich zurechtzufinden: Fang einfach oben rechts an zu lesen und arbeite dich nach unten links vor. Viel Spaß dabei wünscht dir TOKYOPOP®!